李嘉诚讲给年轻人的财富课

秦浦　编著

中华工商联合出版社

图书在版编目（CIP）数据

李嘉诚讲给年轻人的财富课/秦浦编著. –– 北京：
中华工商联合出版社，2017.7（2021.6 重印）
ISBN 978-7-5158-2055-2

Ⅰ.①李… Ⅱ.①秦… Ⅲ.①李嘉诚－商业经营－经
验 Ⅳ.① F715

中国版本图书馆 CIP 数据核字（2017）第 174949 号

李嘉诚讲给年轻人的财富课

作　　者：秦　浦
责任编辑：林　立
装帧设计：北京东方视点数据技术有限公司
责任审读：李　征
责任印制：迈致红
出版发行：中华工商联合出版社有限责任公司
印　　刷：唐山富达印务有限公司
版　　次：2018 年 1 月第 1 版
印　　次：2021 年 6 月第 2 次印刷
开　　本：710mm×1020mm　1/16
字　　数：210 千字
印　　张：16
书　　号：ISBN 978-7-5158-2055-2
定　　价：78.00 元

服务热线：010-58301130
销售热线：010-58302813
地址邮编：北京市西城区西环广场 A 座
　　　　　19-20 层，100044
http://www.chgslcbs.cn
E-mail: cicap1202@sina.com（营销中心）
E-mail: gslzbs@sina.com（总编室）

工商联版图书

凡本社图书出现印装质量问
题，请与印务部联系。
联系电话：010-58302915

　　李嘉诚，商界泰斗，香港"超人"，也是财富和成功的象征。他有智慧和胆魄，总是在任何时候都能看到商机，将财富收入囊中。2013年《福布斯》全球富豪排行榜上，84岁高龄的李嘉诚以个人资产310亿美元排名第八位，稳居世界华人首富的宝座。他的成功之道，是无数梦想成功的人渴望了解的秘密。

　　李嘉诚书写了一个让人惊叹的创业神话——14岁投身商界，22岁正式创业，30岁即成为千万富翁。他已经成为一个传奇、一种象征，他以自己雄厚的实力和庞大的商业帝国赢得了人们的尊敬，更赢得了"超人"的美誉。

　　相信这也是每一个血气方刚、热血沸腾的年轻人梦寐以求的辉煌人生，我们都希望像李嘉诚一样通过自己的努力，抓住机遇，成就自己的财富梦想，创造属于自己的传奇人生。但想要创业，想要积累财富，规划自己的人生，又谈何容易！当遇到困难、失败，对未来迷茫、对自己快要失去信心的时候，我们不妨看看李嘉诚的人生财富路：他少小离乡，在战乱中颠沛流离；由于父亲的不幸早逝，他小小年纪便步入社会，担起了生活的重担，为一家人的生计四处奔波。他当过察言观色的小伙计，做过受人白眼的商业推销员，直到他成为一个雄心勃勃的塑胶花工厂主，赢得"塑胶花大王"的美誉，才开始大展宏图。他涉足地产业，成立长江实业；之后走向世界，实现跨国跨地区投资；后辗转股市，成为屡战屡胜的大赢家；又涉足货运行业、网络传媒……如今，李嘉诚旗下长和系的业务已经遍及全球 56 个国家和地区，涉及投资产业、地产、货柜码头、石油、电讯、网络科技、文化传媒、零售、航空等多个领域，这使他成为华人历史上横跨产业最多、国家和地区最多的企业家。李嘉诚缔造的商业神话，已不仅仅是一个人们津津乐道的话题，而成为众多创业人士和追求成功者反思、学习的典范。

事实上，很多人都具备获得财富的权利和潜质，但并不是每一个人都能如愿以偿。纵观李嘉诚在商海搏击几十年的经历，不难看出，他能够在投资领域从白手起家到功成名就，不仅仅是依靠艰苦奋斗，还有与众不同的投资理念和眼光。他的成功经验能够给我们以深刻的启迪，他追逐巨大财富的经历能给我们以积极的借鉴。在飞速发展、竞争日趋激烈的当代社会，我们不能完全依照李嘉诚的财富道路规划自己的人生，但是那些富有巨大价值的成功经验是亘古不变的。

本书深刻总结了李嘉诚纵横商场的宝贵经验，详细解读了李嘉诚如何获取财富的智慧，多角度论述了他取得财富的方法与胆略，并以建议与忠告的形式呈现给希望成就财富人生的年轻人。这些内容精辟、实用，力求为那些站在十字路口，不知道该何去何从的年轻人指明方向。本书没有就经商论经商，而是将为人处世和经商有机地融合在一起讲述，这样更易于让希望通过经商实现自己财富梦想的广大年轻人理解和接受。

成功不能复制，但经验可以借鉴。相信每一个有志于成功的人，都能在书中找到自己需要的东西。吸收和借鉴李嘉诚的人生成功经验，并为之努力，你也可以打开属于自己的财富之门。

Contents 目 录

1

实业为基——以实业聚财，累积财富真资本

广撒网才能多丰收

超级富翁的"超级"形容的不仅仅是他资产的多寡，一定程度上也指他涉及领域的庞大规模。聪明的商人明白其中的真谛，"播种"越多，才会有更多更好的收成。

怎样才能赚大钱？投资房产、买股票、搞航运还是涉足其他行业？只要具有精明的商业头脑和前瞻的智慧，每个行业都可以赚大钱。现代社会，优秀商人已不仅仅将眼光局限在某一特定领域，一个行业赚钱再多，总显得有些"单调"。真正有大气魄的商人会尽量涉足多种行业，他们明白多投多得的道理，如同种地，春华秋实，播种越多，收获越丰盈。

李嘉诚不仅在塑胶业大有建树，而且在地产业也可谓如鱼得水，不但在香港稳坐宝座，而且还把触角伸到了世界几十个国家，真可谓世界级地产家。与此同时他还在电讯业、石油、货港码头、网络、零售业等市场叱咤风云。所谓广撒网才能多丰收。只有一粒种子，若想套住多只珍稀鸟类，无异于痴人说梦；但若是撒上各类种子，则或可以每有对路，一网打尽。

同李嘉诚一样，香港商业大亨霍英东也是这样一个成功商人。他一生经营领域众多：房产、博彩、石油、酒店、航运等都留下过他投资的身影。

霍英东原籍广东番禺，幼时家境相当贫困，全家靠父亲的驳船生意生活。霍英东小时候，父亲因为翻船溺水身亡，两个哥哥也在随后的一次台风中身亡。有人说，霍英东或许是香港亿万富翁中身世最苦的一个。但苦难没有摧毁霍英东的斗志，反而更加激励他去创业。

20 世纪五六十年代之后，香港金融业发展迅猛，霍英东觉得金融的发展必然会推动商业住宅楼的发展，他断定房地产业将大有可为，就率先投资 280 万港币大兴土木，创立立信置业建筑有限公司。通过购房者的定金建造楼房，他也因此大赚一笔，一举打破当时香港房产生意的最高纪录。此后，霍英东当上香港房地产建筑商会会长，拥有香港 70% 的房产生意，他也由此得到了香港"土地爷"的美名。

20 世纪 60 年代，淘沙在香港商界还是个被"遗弃"的行业，它需要投入大量劳力和资金，但回报相对很小。通过在房产行业的打拼，霍英东意识到淘沙业的丰厚利润，毅然投入大笔资金从泰国购入一艘大型挖沙船，正式挺进淘沙业。随着香港经济的飞速发展，无数高楼大厦拔地而起，建筑用沙成为抢手货，霍英东的淘沙船又一次挖得满满黄金，霍英东也得到了"海沙大王"的美称。

霍英东还参股澳门娱乐有限公司，经营澳门博彩业。据资料显示，澳门娱乐每年给他的分红颇为丰厚，从 5000 万到 2 亿港币不等——1984 年 5000 多万港币，1992 年达到 2.6 亿港币。此外，他于 1962 年成立的信德船务有限公司，专营港澳海运，在吸引香港旅客到澳门旅游的同时，也间接刺激了澳门的博彩业。1973 年信德船务在香港上市，20 世纪 90 年代，它成为香港最大的上市公司之一，市值一度达到 120 亿港币，霍英东每年也有一两亿港币进账。

20 世纪 70 年代，霍英东又在广东中山兴建宾馆。宾馆动工之时，内部设备和用品全需进口，在宾馆建成的时候，总计投入 4000 万港币，占地 100 万平方米。1982 年中山宾馆的营业额在全国第五，跻身内地五大宾馆之列。

李嘉诚和霍英东都是集亿万财富于一身，除了倚仗过人的商业智慧外，敢于在多领域投资的魄力和胆识也是他们成为富豪的重要原因。试想一下，如果当年李嘉诚在自己创业成功的某一领域一直做下去，即使做大做强，也只是某一领域的大亨。

一条路再宽，也只是一个方向、一种途径，不会有更多新的发现。富豪们正是敢于在不同行业尝试，才不断地淘出金子。平凡的我们也应该这样，条条大路通罗马，财富的道路也不止一条，要学会从多个行业赚钱，这样你才会成为富翁。

不要小看零售业的"蝇头小利"

一只蝴蝶在巴西扇动翅膀，有可能在美国的得克萨斯州引起一场龙卷风。蝴蝶效应告诉我们，一个微不足道的动作可能产生惊人的影响。所以，只要自己没有与世隔绝，一举一动就处在世界的生产链条上，时刻准备验证蝴蝶效应。生活中，往往含有一些酵质，假如酵质膨胀了，就会使生活产生剧烈的变化，从而影响命运。查尔斯·狄更斯在他的作品《一年到头》中写道："有人曾经被问到这样一个问题：'什么是天才？'他回答说：'天才就是注意细节的人。'"在风云变幻的现代经济社会里，零售业就是商场中的细节，而一个成功的商人，往往也是善于发现并成功运作细节的人。在李嘉诚的企业王国里，零售业占据了一方不容忽视的天空。他旗下的屈臣氏连锁就是一个很好的例证。

拥有巨大利润空间的零售业，不仅李嘉诚看到了，全球巨商中的许多双眼睛也都盯住了这个领域。全球 500 强榜首企业的沃尔玛公司，是美国最大的私人分行和世界上最大的连锁零售企业。截至 2009 年 5 月，沃尔玛在全球 14 个国家开设了 7900 家商场，员工总数 210 万人，每周光临沃尔玛的顾客 1.76 亿人次。沃尔玛 1996 年进驻中国，为实现在中国百姓心中的大面积"着陆"这一目标，沃尔玛一直都在努力降低成本，为顾客省钱。几年的努力使沃尔玛在中国获得了迅猛发展，并一跃而起占据了中国零售超市的榜首。

发财致富是大多数人的共同愿望，但为什么只是少数人成为富翁，更多的人终其一生也难以做到？其原因就是这些人赚钱心理过于迫切，导致心态出现偏差，他们只想发大财、赚大钱，不把赚小钱的机会放在眼里，殊不知，许多大富翁都是从小生意做起，赚小钱发家的。

贾亚芳，2004年中国十大经济女性年度人物之一，曾经的下岗女工，因为一碗凉皮成了闻名全国的百万富翁。她靠500元起家卖凉皮，后来将自己的捷尔泰凉皮连锁店开到全国20多个省市，有近200家店。

贾亚芳的凉皮事业从她下岗第二天就开始了。她先调查市场，然后采购原料制作凉皮。第一次卖凉皮就净赚20元，这让她高兴不已。她继续把凉皮做大，但第一次正式开店让她受到了损失，凉皮的口味不好导致无人上门。在第二次开店的时候，她更加精心地研制新的凉皮口味，开张的第一天，她的凉皮卖了110碗，第二天200碗，第三天350碗……前两个月她净赚3万元，第三个月要吃捷尔泰凉皮就要早早排队，这也成了她店前的一景。小有成绩的贾亚芳并不满足，她又将自己的连锁店发展到了全国。而且捷尔泰凉皮已经在新加坡、加拿大注册，因为在贾亚芳眼里，世界才是真正的舞台。

贾亚芳的经历告诉我们，钱没有小钱大钱之分，只有人的能力有强弱之分。一个拥有致富心、财富梦的人能将小钱做成大钱，小生意也可以做出大格局。

李嘉诚的业务遍布全球许多国家和地区，涉及多个领域，像这样一位华人首富，他也是从做推销员开始，如今也同样不会轻视零售业这样的"蝇头小利"。记得曾有位百万富翁说"小钱是大钱的祖宗"，现实中的很多百万富翁就是靠赚不起眼的小钱，做不值一提的小生意起家的。据统计，国外90%以上的大富豪是白手起家或靠小本起步的，只有不足10%的人靠继承遗产发家。

从李嘉诚、贾亚芳的例子中，我们可以认识到，经商不要嫌生意太小，做小生意是赚大钱的必要步骤，做小生意可以增加阅历，培养金钱意识和赚钱能力，积累人脉，摸索市场。一个连小生意都经营不了的人更驾驭不了大事业。所以，不要好高骛远，把小事做好，你也能开创一番广阔天地。

品牌意识很重要

经商讲究信誉，这就是一种品牌。坚持守信可能会在某些情况下吃点儿亏，但这是干大事业者必不可少的素质。要发展事业，更需要具备品牌意识。纵观世界各大品牌，无不在好质、好量、好服务上下足功夫，这就是品牌。

李嘉诚重视自己的品牌、信誉，他说："信誉是我的第二生命。"当他的建筑形态遭到民众的反对时，他会选择放弃，即便是已经投入很多。这就是品牌，不会抢夺，理性而宽容。也因此，李嘉诚的盛誉名扬海外，他的名片即是他的品牌，他的品牌即是他的信誉，从而使他赢得了无数次获得信息的先机。

营销大师科特勒曾这样说过："事实上，市场上成熟的产品越来越多，竞争者大致类似，企业必须用品牌树立在人们心目中的形象。有些成功的品牌，不论它涉足什么行业，人们都购买它的产品，因为它有品牌。"

闻名于世的雀巢公司始创于 19 世纪中叶。公司建立以后，发展非常迅速，产品线不断拓宽和加长。然而在这种情况下，雀巢公司并没有一味采用当时所通行的品牌延伸策略，将雀巢品牌应用到其所有的产品上。因为它清醒地认识到：在食品行业，当品牌过度扩展到太多不相关联的领域时，消费者的品牌联想力和品牌认知度就可能会逐渐减弱，从而削弱品牌原有的内在魅力，最终使公司的品牌成为一个没有特点、特色和竞争力的简单符号。

基于这种认识，雀巢公司实施了一种颇具特色的品牌策略，建立起公司品牌和产品品牌既相互促进又相对独立的金字塔形品牌体系。

雀巢公司非常重视品牌管理工作。它专门设立了战略经营总部来负责雀巢各品牌的连续发展和在相关领域的效能。采取不同的品牌定位方式为家族品牌定位，并利用家族品牌的力量进行延伸，经过多年的发展，公司的各种产品品牌力量不断壮大，市场形象不断提升，使得这个品牌金字塔的塔基更加坚实，从而也使得位于塔尖的"雀巢"品牌日益耀眼夺目。

雀巢的经验与李嘉诚虽然不完全相同，但他们有着同样的品牌理念，雁群高飞头雁领，不论飞行还是栖息，都能看到头雁的引领，头雁在雁群中是最强壮、最敏锐的那一只，所有的大雁都服从头雁的指挥，并无条件地接受它的队形引导。

一个出色的商人能成为商场中的"头雁"，能在天空中飞得高，飞得好，这不是一件容易的事情。自然，每一位商人都想成为一只"头雁"，"不想当将军的士兵不是好士兵"。于是，这里就涉及一个"个人品牌"的问题，只有"品牌"打造得够强，含金量够高，你才有资格做那只"头雁"。

其实"品牌"，不仅仅是企业、产品的品牌，个人同样拥有品牌！李嘉诚无论是他的企业品牌还是其个人品牌，都已经形成一笔无形的资产，转化成一股巨大的力量，成为他事业辉煌的重要支柱。

存钱过"冬"的艺术

李嘉诚一生经历数次金融严冬，却始终屹立不倒，同时又常常能把握时机，逆市扩张，每每创造出在危机中创造财富的奇迹。究竟是什么使得他具备如此坚忍和逆风飞扬的能力？

其实李嘉诚也是个凡人，他不能未卜先知，也没有遇险化夷的超能力，他有的只是敏锐的洞察力、冷静的分析力和优于常人的忍耐力。同时，历经几次金融风暴的淬炼，李嘉诚逐渐磨炼出一套自己的应对金融危机的方法，比如现金为王、低负债率、全球多元化分担风险、看准股市高位适时融资，这些往往使得危机来临前的李嘉诚有着充足的资金储备。而这一切令他有足够的信心顺利过冬，同时又在过程中积蓄力量，从不放过任何一个危机中的拓展机会，也因此李嘉诚似乎总比别人走得更稳健。

在李嘉诚的过冬术里，始终有一点是最为重要的，那就是现金流。

许多人总是对于长远的重大战略重大决策具有高度的重视，而觉得企业日常事务中的现金流只是交由财务人员管理的小事。然而，在企业里，现金流的重要性不容小觑。现金流决定着企业生死。现金流对于一家企业来说非常重要，其影响远远超过利润给企业带来的影响。如果现金流断裂，即使企业未来的利润再高，也无法解决生存问题。没有了现金流的企业就等于在"等死"。

曾有记者问史玉柱：你提到了那次失败，对于那次失败，你最大的梦魇是什么？史玉柱的回答有些让人心酸："就是被追债。现在给我留下的后遗症就是，我一定要留着充足的现金。现在我的账上趴着69亿元现金，几乎是网游行业现金储备的总和。我觉得踏实。"也许非要经历过那种惊心动魄的感觉，才会说出如此刻骨铭心的话。巨人当初在一个星期之内就迅速地垮塌了，从休克到死亡，一瞬间的事，许多人都没回过神来。蓦然回首，史玉柱肯定会有心惊肉跳的感觉。他说，企业最怕在现金流上出问题，企业亏损不一定会破产，但现金流一断企业就会完蛋。现在我不负债了，而且保持着大量的现金流。我们的现金储备已经超过网游行业的公司现金储备总和了。他总结道："10年前的民营企业，现在还活着的不到20%，主要问题其实不是管理不善，而是财务危机——投资失误导致资金紧张，最后资金链断裂。"史玉柱以沉痛的教训为忽视现金流管理的错误买单，也为之后的企业家敲响了警钟。

确实，作为商场经营者，必须懂得现金流的重要性，根据企业在不同阶段经营情况的特征，管理者应该采取相应措施，这样才能够保证企业的生存和正常的运营。对于企业来说，最大的风险就是没有危机意识。尤其是有些处在高速成长期的企业，只看到自身的快速强大，而忽略了自己处在商海洪流中可能面临的危机。金融危机、产品安全危机、品牌信任危机、人事动荡危机……企业所面临的危机无处不在，如果不懂得以危机作为自己成长和进步的动力，企业难逃失败的命运。

李嘉诚用他自己的经验告诉我们，任何时候使自己拥有有备无患的现金流总不是件坏事，保守谨慎和深谋远虑有时其实只是一件事的两面。存钱过冬，是保守，是谨慎，更是艺术，体现了一个深谋远虑又沉稳的商人睿智的经营策略。

李嘉诚启示录

李嘉诚如是说

现金流、公司负债的百分比是我一贯最注重的环节，是任何公司的重要健康指标。任何发展中的业务，一定要让业绩达至正数的现金流。

即使本来有一百的力量足以成事，但我要储足二百的力量去攻，而不是随便去赌一赌。

过去两年里股市最炽热的时候，有人说如果我们将码头业务出售，可以获得50~60倍的市盈率，我们不是不懂得买卖，但集装箱码头是我们的核心业务，这么多年建起来，不会随便卖掉公司的控股权。

因为我不是只投资一种行业，我是分散投资的，所以无论如何都有回报，我比较小心。而且我个人（资产），很多是一个礼拜便可以拿得到现金。一周能拿到现金（的项目）占我的投资比例不少于1/3。例如政府债券、股票，一个礼拜都能拿到。我当然还有其他的投资，例如地产，这不是马上可以兑换为现金的。

第 2 堂课

稳中求进——投资非投机，稳扎稳打步步为"赢"

未买先想卖

回望李嘉诚几十年的商业生涯，商业环境的风云突变并不罕见。他历经了石油危机、亚洲金融风暴等历史性的重大危机，能够在长达 50 年的经营中，从未有一年亏损，直到最近几年仍能保持两位数的利润增长率，如果用"幸运"来解释显然远远不够。《全球商业》曾采访过李嘉诚，其间李嘉诚的回答或可管中窥豹。

李嘉诚谈道："从前我们中国人有句做生意的话：'未买先想卖'，你还没有买进来，你就先想怎么卖出去。"的确，成功并非神来之笔，而是步步为营的结果。当别人看他是一飞冲天的"超人"，他自己却在沉思，要不要出手，出手后的结果是什么。

在顺境时居安思危，巧妙布局，在关键时刻突发奇兵，在李嘉诚投资之中比比皆是。但是在逆境中呢？逆境中李嘉诚同样从容不迫，要么坚持，要么退步，要么完全撤出，李嘉诚的掌控步调依然井井有条。

所以，李嘉诚告诉记者，做生意，一定要有周详的计划。"投资时我就是先设想，投资失败可以到什么程度？成功的多几倍都没关系，我也曾有投资赚十多倍的，有的生意也做得非常好，亏本的非常少，因为我不贪心。"这种不贪心实在是有计划的。

由于在华人世界的巨大影响，李嘉诚甚至被冠以了"华人巴菲特"的美誉。巴菲特的路子是稳健,李嘉诚也毫不逊色。他善于分配资本,厌恶负债,热爱现金流稳健的业务,并都将状况不佳的老牌公司重塑为一部"价值机器"。"公司是从来没亏过,个人的赚钱、财产,也是一直增加"就是"未买先想卖"的明证。

上海海港工程是李嘉诚的一项大手笔。这一系列迅捷操作背后是什么在起作用?我们来看记者王琦曾经在《中国企业家》上刊出的一段文字:

20世纪80年代末,当大多数国际企业还在观望中国内地时,李嘉诚的身影已经频频出现在时任上海市市长的朱镕基身旁。1993年8月,和黄(和记黄埔)获得了在黄金港口上海合资兴建码头的机会,与上海港务局(后改制为上海港务集团公司,以下简称"上海港务")旗下上港集箱投资上海集装箱码头(以下简称"SCT"),拥有7个集装箱专用泊位,总投资56亿元人民币。作为对李嘉诚甘作开荒牛的"诚意"的回报,在SCT,和黄被破天荒允许持有50%的股权。

此后,李嘉诚开始了在中国南方的海港布局。1994年,由和黄和深圳盐田港集团合资成立的盐田国际集装箱码头有限公司正式营运,注册资本24亿港元,其中和记黄埔占73%。其后,和黄陆续获得盐田港区一、二和三期直至四期工程,囊括9个集装箱船泊位,股权都在65%以上。接着是厦门、宁波,到2001年,和黄已经控制了中国东海岸线1/4的港口资源,有了"定价的能力"。

李嘉诚充分认识到了计划的重要性。定价能力是李嘉诚最终卖的资本,而其之所以能够在第一时间大手笔"买",正是基于对"卖"的认识展开的。确实,李嘉诚在全球商界的口碑由此可见名副其实。

如果对当前形势有深刻认识,李嘉诚必然会进行一系列挖掘,为既得利益进行不懈努力,塑料花市场是这样,房地产市场也是这样。每一次投资都能在别人尚未看清形势之前,先一步看清"卖"的形式,从而从容不迫地在"买"处展开,这是李嘉诚"稳健—发展"中的顶级智慧。

在内地房地产市场，李嘉诚可谓是一线、二线城市通吃。2007 年 4 月，长江实业与和记黄埔以 24 亿元人民币联合投得重庆市南岸区杨家山片区地块，该项目总建筑面积为 410 万平方米。规模之大，相当于再造一个新城，预计总投资将超过 120 亿元人民币。由于非常看好内地的房地产市场，李嘉诚不惜提早数年出手，以便完全占领市场。这种大气度，如果没有好的"卖价"，李嘉诚决然不会冒进。有人评论说："购下地块后储备待用，已是李嘉诚在内地进行房地产投资的公开秘密，有的地块甚至被雪藏了十多年之久。"足见李嘉诚的雄心。

李嘉诚投资收购的赫斯基能源公司如今已成为李嘉诚旗下和记黄埔最赚钱的"盈利老虎"。而在 22 年前谁会想到去收购一家资本支出与负债过高的中型石油公司呢？

李嘉诚想到了。他自信地宣布："赫斯基能源在七八年前还被人批评说得亏损，但是今年和黄最大的盈利贡献就来自赫斯基。"

"未买先想卖"，这一思想一次次让李嘉诚在危机中翻身，在翻身中超越，在超越中达到登峰造极的商道艺术。

有风险意识才有准备

任何制度都存在发生意外的可能，任何决策都存在发生疏漏的可能，任何运行都存在发生偏差的可能……对于不能保证"绝对"的，我们便要用一种意识来做最后的防备，那就是风险意识。风险就像悬在头顶的一把达摩克利斯剑，谁也无法预测它什么时候会掉下来，为此，对自己、对公司、对行业、对市场保持清醒机敏的头脑，明察秋毫，防患于未然，以便化险为夷是生存的必要条件。

对此，李嘉诚曾做过一个形象的比喻：就像是军队的统帅必须考虑退路。例如一个小国的统帅，本身拥有 2 万精兵，当计划攻占其他城池时，他必须多准备两倍的精兵，就是 6 万精兵，因战争爆发后，可能会出现很多意料不到的变化；一旦战败退守，国家也有超过正常时期一倍以上的兵力防御外敌。

正是因为有足够的准备力量，所以才能笑对风险，及时转向规避，甚至逆转形式。

被媒体尊称为"郎监管"的郎咸平就十分推崇李嘉诚的"风险准备"。郎咸平认为，在对风险的准备上，李嘉诚无疑是内地企业家的榜样。虽然涉足七大行业的多元化公司和记黄埔在七大行业中最坏的负债率高达50%，盈利最好的达到200%，但李嘉诚的天才之处在于通过对七大行业的整合、互补，把最终的数据锁定在了 5%~20%，80% 的行业实现了长期盈利。

这就说明，李嘉诚的"风险准备"不论是为其以后的大扩张，还是其可能遇到的大困难，都备好了后路。相比较国内其他企业 40% 甚至更高的负债率来讲，李嘉诚立于不倒之地不是句空话。

我们来做个有趣的对比：许多企业热衷于做"可行性报告"——总会千方百计地想出各种理由要介入一个新的行当，然后开始憧憬 5 年计划，并进军 500 强；李嘉诚很热衷于做"不可行性报告"——假如这个行业亏得一塌糊涂，有没有哪个行业来拾遗补阙。

2007 年，美国次贷问题的全球金融海啸全面爆发之前，危机已经逼近，但绝大多数企业并没有意识到。李嘉诚不止一次针对股市泡沫和全球经济前景问题提出警告。两年前就能感觉到危机即将来临，因此其集团在重大政策及其发展上均非常小心，没有收购其他资产，只在本行内继续发展的李嘉诚正是以其卓越的"风险意识"提前做好了应对，所以才能在其来临时缓冲，没有受到严重打击。能够笑对此次金融危机，李嘉诚并非运气。

的确，在商海里摸爬滚打的李嘉诚就这样说："任何事业均要考量自己的能力才能平衡风险，一帆风顺是不可能的，过去我在经营事业上曾遇到不少政治、经济方面的起伏。我常常记着世上并无常胜将军，所以在风平浪静之时好好计划未来，仔细研究可能出现的意外及解决办法。"

不但在事业上是如此，就算是生活、娱乐、休闲中他都没有丝毫放松

"风险意识"。他曾在接受访问时说,他的游艇从来都是定制两个引擎两个发电机,以备不时之需。甚至,"如果两个都坏掉,我船上还有一个有马达的救生艇。"因为有救生艇,李嘉诚才能在任何威胁面前保持冷静,依着自己早已准备好的路从容撤退。

不光李嘉诚,很多精英人物都意识到了这个问题,甚至还把其作为一个课题来实验。在世界著名的大企业中,随着全球经济竞争的发展,挑战会越来越激烈,要是沉醉于自己的优势地位,就可能会遭到淘汰。为改变这种状况,各国企业都很重视推行危机管理。百事公司就是其中的一例。

百事可乐公司作为世界软饮料行业的大哥大级人物,可谓春风得意,每年有几百亿的营业额,几十亿的纯利润。但是,展望公司的未来发展前景,公司的管理者们看到汽水业会趋于不景气,竞争也会更加激烈。为避免被市场打败的命运,他们认为应该让自己的员工们相信公司在时刻面临着危机。但百事公司一路凯歌高奏,让员工相信危机这回事谈何容易?

公司总裁韦瑟鲁普决定要制造一种危机感。他找到了公司的销售部经理,重新设定了一项工作方法,将以前的工作任务大大提高,要求员工的销售额要比上年增长15%。他向员工们强调,这是经过客观的市场调查后做出的调整,因为市场调查表明,如果不能达到这个增长率,公司的经营就会失败。这种人为制造出来的危机感马上成为百事公司员工的奋斗动力,使公司永远都处于一种紧张有序的竞争状态中。正是这些,保证了百事公司欣欣向荣地走向未来。

李嘉诚是一个时刻注意风险的人,所以李嘉诚的成功似乎是必然的。因为,他有着绝佳的护航手——"风险准备"。

花90%的时间,不想成功想失败

在一本《秘书工作》杂志的卷首絮语上,载有作家蒋光宇写的一篇小文,名叫《花90%的时间考虑失败》,其中直接撷取了李嘉诚的话。内容是这样写的：

从 1950 年起，22 岁的李嘉诚开始在商场上创业发展，一步步地由"塑胶花大王"走向了"地产大王"，成了世界华人的首富。

有记者采访李嘉诚："大家都很好奇，您在半个多世纪的漫长岁月中，从来没有过一年亏损，既能将事业大胆地扩张到世界各大洲的 55 个国家，又能做到万无一失，从不翻船，这其中的奥秘究竟是什么呢？"

李嘉诚回答："我往往会花 90% 的时间考虑失败。"接着他解释道，"我不停地研究每个项目可能出现的种种问题。这就好比在风和日丽的时候驾船远航，在离开港口之前，一定要想到万一强台风袭来之际应该如何应付一样。"

记者问："一般人满脑子都在想怎么成功，您为什么要花 90% 的时间去考虑失败呢？"

李嘉诚沉稳地回答："一定要先想到失败。一只机械手表，只要其中的一个齿轮有了一点毛病，这个表就有可能停顿；一家公司，只要其中一个机构有了一个毛病，这个公司就有可能垮台……把种种失败考虑得越充分，成功的把握才会越大。"

居安思危、多考虑失败，是走向成功的清醒剂；故步自封、陶醉于成功，则是走向失败的迷魂汤。"花 90% 的时间考虑失败"，实质就是向最坏处打算，向最好处努力。

最后一句话"向最坏处打算，向最好处努力"给人很多启迪。

成功之人之所以成功，常常有着很多与众不同的东西。

俞敏洪的账上始终趴着几亿元现金，目的就是防止遇到"非典"这样的特殊时期；史玉柱的账上也始终趴着几亿元现金，而且很多资产都可以在一个月内迅速变现，目的就是使企业经营万一再次出现原来盖巨人大厦时的局面能安然度过；李嘉诚的账上始终趴着几亿元现金，很多资产可以迅速变现，目的就是预防"金融风暴"这样的大灾难……把 90% 的时间花在考虑失败上，成功人士用其实际行动证明了"失败"的重要性。然而，常人想成功，却都是把心思花在了琢磨着如何能成功上。一左一右，大相径庭。

史玉柱曾经在《赢在中国》上说过一句话，似乎恰恰应对了李嘉诚的观点，史玉柱说"90%的困难是你连想都没想到过的"。李嘉诚想到了，于是李嘉诚成功了。

的确，一心想成功，便会忽略很多危险。只有边为成功而努力，边留心身边的陷阱、危险分子，才能在风险来临之前及时化解，成功才能步步临近。把可能导致失败的因素考虑得越充分，成功的把握才会越大。

德鲁克说过："如果不着眼于未来，最强有力的公司也会遇到麻烦。"确实，德鲁克的这句话与李嘉诚的观点可谓不谋而合。

一个商人如果没有超前的忧患意识，不能居安思危，沉浸于一时得以成功的自我满足中，那么90%的失败就极有可能不是想象，而要成为事实了。

危机意识的核心是"企业最好的时候往往是下坡路的开始"。要求管理者要有忧患意识，要居优思劣、居安思危、居盈思亏、居胜思败，其目的就是预防危机的到来。海尔总裁张瑞敏曾说过："没有危机感，其实就有了危机；有了危机感，才能没有危机；在危机感中生存，反而避免了危机。"

而一个真正成功的商人应当随时具备忧患意识，强化战略的预见性和未来性，善于居安思危，像李嘉诚一样花90%的时间想失败。这不是为了失败而做功课，而正是为了那个梦寐以求的成功做功课。在稳健中求发展，发展才有成功的保证。失掉了稳健，失掉了对失败的警觉性，那么，失败的阴影很可能就会笼罩眉头。

要做大事，"审慎"二字不可丢

人人皆知李嘉诚是稳健、不浮躁的典范。在很多报纸上，最常见的一句话便是"一向审慎的李嘉诚……"之类的话，足见李嘉诚的行事标准：审慎做事。

2009 年，全球经济开始复苏。8 月，长江实业、和记黄埔举行业绩发布会，刚刚过完 81 岁生日的李嘉诚神采奕奕地答记者问。尽管旗下长江实业与和记黄埔中报均胜过市场预期，李嘉诚却对全球经济的走向继续审慎。他说，弄清上市规则后再决定。认为在此时投资股市需要小心，千万不能借钱入市。他幽默地说："如果炒炒股票就能赚大钱，大家就都不用这么辛苦地坐在这里了。"

如此谨慎预测，说话滴水不漏，且温和亲切，不能不说李嘉诚已把"审慎"艺术发挥到了极致。

为人持重，不浮躁行事，是许多成功人士面对机遇时的态度和成功的经验。

17 岁，李嘉诚辞别舅父，开始自己的创业道路。每次选择都是如履薄冰，审慎决定，而每次的结果都让人欣慰不已。

22 岁，李嘉诚创立长江塑胶厂。乐观让年轻的李嘉诚没有看到足够危险，从而付出了沉重的代价，但他也收获了一点"稳健发展"。从此他收获了"审慎"；第 7 个年头，李嘉诚开始放眼全球，发现了塑胶花的市场前景，审慎处理塑胶花上市前的每一个环节。塑胶花投放市场后让李嘉诚一鸣惊人，最终成为著名的"塑胶花大王"。

1958 年，李嘉诚把重心转向房地产。此时塑胶花市场的未来已不明晰，很快便会走下坡路。而房地产则接近鼎盛时期，李嘉诚审慎对待"过热"的炒房，终于在危机中独善其身。

1972 年，"长江实业"上市，其股票被超额认购 65 倍。李嘉诚在地产业很快崭露头角，在与置地对决中成长为"地产大亨"。他的策略，依旧是审慎行事，稳健发展。

1986 年，李嘉诚进军加拿大，经过认真思考后，购入赫斯基石油逾半数权益。在 22 年后，这个有着巨额债务的赫斯基成了李嘉诚手中的摇钱树。

……

不必再往后数了，李嘉诚的每一步都彰显了其全盘布局，审慎行事，一击而中的做事风格，每一步都堪称一个经典案例。

"我是比较小心，曾经历过贫穷，怎么会轻易去冒险？你看到很多人一时春风得意，一下子就变为穷光蛋，我绝对不会这样做事，都是步步为营。"李嘉诚这样说，也是这样做的。

机遇摆在所有人的面前，对任何人来说都是平等的，只有在人生的每一次关键时刻，审慎地运用你的智慧，做最正确的判断，选择属于你的正确方向，才能走向成功的宝座。审慎不是拒绝前进，不是议而不决、停滞不前的借口。在李嘉诚眼中，"审慎"是一门艺术，是能够把握适当的时间做出迅速的决定。

"其疾如风，其徐如林，侵掠如火，不动如山。"这是一位老对手对李嘉诚的评价，中肯地表现了李嘉诚的行事风格。这种如同武林高手般把握其中精要的人如果没有谨慎，恐怕任谁都难以相信。

在"炒房"热期间，与李嘉诚的"保守"所不同的是其老乡、"西环地产之王"潮籍银行家廖宝珊。

廖宝珊创建了廖创兴银行，由于银行业与地产业"骨不离肉"相纠结，身处银行业的廖宝珊也涉足了地产业。卖楼花出现后，他和其他地产商一样，开始跟风。廖宝珊凭着自己在银行业的优势，卖起楼花来更是得心应手。为了迅速扩张地产，廖宝珊不顾一切，几乎掏空了储户的存款，灾难一步步向他靠近。1961 年，廖创兴银行发生挤提风潮，廖宝珊此时负债累累，无法承受来自多方面的压力，结果因突发脑溢血而猝亡。

面对诱惑，如果能够做到审慎行事，相信廖宝珊也不会过于狂热而看不清未来的时局。而李嘉诚正是因为能在众多地产商和银行大肆建楼时，按兵不动，没有被眼前的建房热潮混淆视线，才顺利逃过这一劫，从而在其他地产商忙于补救之时，自己能够稳步拓展地产事业，积累实力，等待下一次飞跃。

经营一家较大的企业，一定要意识到很多民生条件都与其业务息息相关，因此审慎经营的态度非常重要，而历数李嘉诚的每次投资、收购，都无不给人以启发。由此，李嘉诚的"扩张中不忘谨慎，谨慎中不忘扩张"

思想开始为人们所青睐。虽然李嘉诚一生有数次极大的冒险，并且被人们称为"豪赌"，但郎咸平认为"稳健才是李嘉诚成功的法宝"的说法才是准确的。

李嘉诚说：要做足准备功夫、量力而为、平衡风险。三句话一气呵成，让"审慎"二字成了一条铁的定律。

万事想好退路，打有把握之仗

在人们的印象里，"破釜沉舟""坚持到底"往往是成功的最大保证，而给自己留下后路的，则往往会因为不卖力而最终失败。有些主题甚至会写到"成功的唯一秘诀，就是坚持到最后一分钟"……

然而，李嘉诚却并不这么认为。在他的眼中，有破釜沉舟、志在必得的心态是必要的，然而如果真的不留退路，则是最不聪明的做法。李嘉诚说，就像是军队的"统帅"必须考虑退路。

所谓"留得青山在，不怕没柴烧"就是这个道理。李嘉诚不但要留青山，还要留柴，从不做断粮生意。循着历史的轨迹，我们知道了范蠡于勾践灭吴后为自己寻找退路，免遭杀害；我们知道了项羽攻打刘邦，不思退路，最终自刎乌江。范蠡不是在全力以赴地努力吗？答案是肯定的。但是他仍然意识到了危机，并且在危机之前做了最坏的打算，所以可以从容离开；项羽不是在全力以赴地努力吗？答案是肯定的。但是他忽略了很多致命因素，也因此才葬身乌江。如果他能在大好形势时意识到自己的弱点和对方的无赖，是不是便能有别的退路，留得青山在呢？

李嘉诚曾经推荐过一文——《盔甲骑士》，很能表现其思想。故事的大意是这样的：

有一位心地善良、英勇善战的骑士，他屡立战功，受到国王和百姓的赞赏，获得了一副金光闪闪的盔甲。骑士身披闪耀的盔甲，随时准备跳上战马，向四面八方冲去，向邪恶的骑士挑战；杀死作恶多端的恶龙；拯救遇难的美丽少女……

即使在家里，他也穿着厚重的盔甲自我陶醉，吃饭睡觉都不愿意脱下，甚至连他美丽的妻子朱丽叶和可爱的儿子克里斯托弗都记不清他的面容了，最后连他自己也忘记了自己的真面孔。

终于有一天，妻子对他说："你爱盔甲远甚于爱我。"她和儿子准备离开他了，这时，骑士才感到惊慌，他想脱下盔甲，可是盔甲已经生锈，再也脱不下来了！

骑士习惯了成功，没有意识到盔甲已开始生锈，也忘记了盔甲虽然标榜着成功，但盔甲中的自己才是成功真正的创造者。

其实，人生天地间，原本就应该有所作为的，拥有进取心是我们最大的财富。所谓"天有不测风云，人有旦夕祸福"，未来事情难以把握。给自己找条退路，是全面分析形势后的从容，是客观把握事情后的豁达。它不至于使你四面楚歌，它不至于使你身陷囹圄。

进入 20 世纪 80 年代，港商已经纷纷向内地投资，连霍英东和包玉刚也开始在内地投资。然而李嘉诚始终按兵不动，一直等到了 1992 年 5 月 1 日，李嘉诚代表长实在内地合资成立了深圳长和实业有限公司，合资双方持有平等股权。自此李嘉诚开始在内地大展拳脚。

当然，他依旧没有冒进。对于李嘉诚来说，绝对不打无把握之仗。于是，仅仅时隔三个月，李嘉诚在长实集团中期业绩报告中指出了内地的发展前景非常广阔。这三个月中李嘉诚做什么了呢？全面评估内地市场，甚至进行实际勘查。

李嘉诚的精明决策和高效的办事作风令内地人士非常惊叹。更为惊叹的还在后面，当记者问起李嘉诚预计在内地的投资额时，李嘉诚竟然回答会拿出长实集团 25％的资产。这不是妄言，正是由于其详尽的勘察和已做好全面的后备准备情况下，才做出了这个大胆的决策。而这个决策，超值地回馈了李嘉诚。

短短几年的时间，李嘉诚和他率领的长实在内地参与多种项目的发展。虽然李嘉诚不是向内地投资的领头军，但是，他在内地进行的全面投资完全可以弥补后入的被动局面的不足，并很快使长实在内地的投资地位显著上升，并且在短短几年内囤积了可开发20年的地产，可谓是狮子大口，有吐有吞。

给自己找条退路，这是一种境界。给自己找条退路，不是自甘示弱，放弃梦想；不是缺乏自信，自我诽谤；不是在理想的征程中迷失方向，不是在奋斗的历程中失去前进的翅膀。它，是一种智慧，一种豁达与从容的智慧；它，是一种高度，是一种不畏浮云遮望眼，只缘身在最高层的高度。他说："一直以来，我做生意处理事情都是如此。例如天文台说天气很好，但我常常会问自己，如果5分钟后宣布十号台风警报，我会怎样。在香港做生意，就要做好这种心理准备。"

这就是一个智者，一种立于不败之地的资本，一种难以逾越的高度。

要冒险，但不盲目冒险

在有关李嘉诚的评价中，人们习惯于把李嘉诚起家时突击建厂描绘成一次最为惊险的冒险，甚至在《华人首富》中被称为"生平唯一一次冒险"。其实并不正确，李嘉诚一生冒险无数，且充满了战斗的激情和乐趣，往往被人称为豪赌，如3G业务等。

1950年末，李嘉诚订立远大目标：进军世界。因为他知道，香港这只"羊"太小了。正在此时，一家北美大型塑胶花公司给李嘉诚发来了电报，说他们将在近期来香港，考察长江塑胶厂和其他塑胶花企业，以寻求长期合作，采购部经理将在一周内到达。

这个消息让李嘉诚十分兴奋，他敏锐地意识到，这将是他走向欧美的一个契机。由于他十分了解欧洲以"貌"取人——强调基础设备这项基本要求，李嘉诚做了一个前所未有的决策：毕其功于一役攻克基础设施难题。当天他即召集所有的员工通告了这一消息：找厂房，迁厂，建厂，建成一流化生产线，并且立即投入使用，期限为7天。

　　所有人都认为这是一个神话，李嘉诚却坚信，神话是可以实现的。他以他的魄力影响了整个时局。不用再说过程，等到 7 天后欧商踏进李嘉诚的新厂房，非常满意，李嘉诚的冒险终于圆满落幕。这次冒险为李嘉诚带来了两大好处：1. 每年数百万美元的生意；2. 进军国际市场的跳板。

　　有评价这样说：在一个塑胶花盛行的"假面时代"，在香港低成本制造业开始走向全世界的时候，李嘉诚用 7 天的时间，完成了香港塑胶花企业到世界级塑胶花企业的飞跃，而他等待的时间是之前惨淡经营的 5 年。

　　在其中，我们可以发现惊人的冒险，但细心的读者有没有发现，这种冒险并不是拍脑袋间便决定的，它有着精密的计算、细心的筹划、排除万难的勇气和行动中的有条不紊。

　　李嘉诚能够在机会来临时第一个迅速判断，并且迅速下结论，这是冒险的开始；冒险是为了一个远大的目标，进军世界而进行的，这是冒险的必备条件；冒险是要以精确的计算为开始，以能够完成为极限的，这是冒险的左右手；冒险是要以能猜出结局的完胜为结果的，这是冒险的终极目标。

　　在这些可备条件下，李嘉诚没有丝毫犹豫，这是李嘉诚最优秀的素质体现。这毫无悬念地说明，李嘉诚的冒险，不是盲目的，而是精心策划的。

　　在人的一生中，我们常常会把进军陌生领域看作是冒险，这并非毫无根由。有句老话叫"商场没有第二"便是这个道理。在他人擅长的领域里，新手坐第一位似乎很难。然而李嘉诚却并没有因此停步。在某些领域，他似乎具备超常的冒险精神，如互联网、3G 通信，又如常人不感兴趣的生物科技等。新领域冒险，对李嘉诚来说从来不是一个新名词。

　　而值得注意的是，当进军新领域被众口一词评为"绝对以失败告终"时，你会怎么办？相信绝大多数人会选择犹豫、退却。而在自己笃定会赢的新领域里巨亏（像个大黑洞）时，你会怎么办？相信所有人会选择退出。李嘉诚是怎么选择的？继续前进。李嘉诚也的确是这么做的。一些数据可以体现出李嘉诚的亏损，一些数据也可以体现出李嘉诚坚持的决心。

据透露，和黄自 2000 年高价买到欧洲 3G 牌照后，业绩就开始受 3G 业务拖累，到 2004 年开始由盈转亏，甚至面临公司整体业绩下滑的危险。截止到 2010 年 3 月 30 日，和记黄埔发布 2009 年全年业绩：和记黄埔与长实形成鲜明对照。和记黄埔业绩受 3G 业务 52.81 亿港元亏损的拖累，期内净利润为 141.68 亿港元，同比增长 11.7%，只达到市场预期的下限水平。

不过，这个数据还是好于 2009 年年中的花旗集团机构预测。作为 3G 网络建设的先锋，和记黄埔在 3G 项目中投入了数百亿美元，占其总资产将近 30%，却没有一美元的回报。尽管无线上网作为 3G 最典型的应用，自 2008 年在各大市场主推，然而 2009 年 EBITDA 亏损的 1.76 亿港元也只是相较 2008 年的 157.92 亿港元亏损显著收窄而已。

尽管每年有如此大的亏损及影响，仍然没有左右李嘉诚的信心，他表示，该业务 2009 年"实则进步不小"。全球 3G 业务正实施网络提升计划，由于工程是在现有系统上进行，故成本不高。一旦累计盈利将累计亏损对销，便一定会把 3G 业务上市，而 3G 集团将来也一定是集团旗下最赚钱的子公司。

言下之意十分明确，3G 很快就会出头了！这么细小的问题，"超人"都要计划，不能不说李嘉诚的计划是多么缜密。而这些计划，也必将影响冒险的走向，换得来年的锦绣前程。这其中，若是李嘉诚稍有犹豫，便是千亿的赔钱买卖和一语笑柄了，哪还有如今的柳暗花明？

冒险，往往总是在最后一刻才能分出谁是输家！

李嘉诚启示录

李嘉诚如是说

扩张中不忘谨慎，谨慎中不忘扩张。

　　我本身是一个很进取的人，从我从事行业之多便可看得到。不过，我着重的是在进取中不忘稳健，原因是有不少人把积蓄投资于我们公司，我们要对他们负责，故在策略上讲求稳健，但并非不进取，相反在进攻时我们要考虑风险及公司的承担。在开拓业务方面，我要求收入与支出平衡，甚至要有盈利，我讲求的是于稳健与进取中取得平衡。船要行得快，但面对风浪一定要挨得住。

　　我在做任何项目时，都会用 90％ 的时间去考虑失败，用 10％ 的时间去考虑收益。

第 3 堂课

诚赢天下——商道亦人道，打造人格品牌

做人与经商一脉相连

李嘉诚，一位白手起家的亿万富翁，人人赞赏有加的事业成功者，一生中很少有负面新闻的大人物，有德财兼备的儒商称誉。面对这样一位传奇人物，我们不禁要问，是什么让他有着如此成功的人生？很简单，他拥有一个很重要的成功因素：做人。

《论语·为政》曰："人而无信，不知其可也！"纵观世上所有成功之人，很少有不诚信的。诚信是一种智慧，是一个人、一个企业的生存之本。

李嘉诚亦然。他的成功得益于逆境中自强不息的奋斗精神，以及出色的商业谋略，然而从根本上成就他的却是他那种最为朴实的做人原则和为人行事的方式。纵观李嘉诚几十年的商海生涯，无处不透露着一个儒商的道德水准和独特的人格魅力。他始终坚持诚信为本，处世低调，待人豁达，做生意从不做绝，与对手竞争从不乘人之危，成功而不忘回馈社会……

在鱼龙混杂的商海里，他不但没有远离做人的道德标准，随波逐流，也没有运用厚黑学"无商不奸、无奸不商"的那套理论，反而将做人经商一脉相连的原则贯彻始终。

在李嘉诚一生的商海浮沉中，这样的实例委实不少。

与此相对的，我们能够想到一个人——周正毅。

李嘉诚号称"华人首富"，周正毅号称"上海首富"。李嘉诚和周正毅有很多相同的地方。譬如都是少年艰苦起家，两个人都是个人奋斗的典型，不同的是发迹之后，李嘉诚成为财富的榜样，而周正毅成为问题富豪。同样的起点，为什么两个人的结局竟有如此大的差别？答案也是两个字：做人。

香港京华山的首席顾问刘梦熊曾做过一个对比：

2002 年，某人旗下的长虹生物科技公司要上市融资，当时长科公司全年的营业收入才几十万港元，根本就不盈利，但是股票发行时还是获得了好几倍的认购。为什么？因为香港人相信其信誉。

也是 2002 年，几乎在同一个时间，有人请人帮他收购香港的公司，对方十分认真地接手这件事情，百般努力为他找到了一个拥有几亿现金的干净公司"上海地产"。结果呢？事成之后他却赖掉了几千万元的佣金。

在这个故事中，前者是李嘉诚，后者即周正毅。被赖掉佣金的人，就是刘梦熊。他下判断道：这样没诚信，注定要完蛋。

事实很快就验证了：同样的利润，李嘉诚总是少拿一个或几个百分点，周正毅却是多拿几个，甚至更多。周正毅缺钱吗？他不缺钱，但是他最终还是栽在钱上，根源就在一个"贪"字上。面对金钱的强大诱惑，总有人愿意铤而走险，置道德、法律、名誉与良知于不顾，而金钱最终也成为引他们走向沦落深渊的魔鬼。周正毅无疑是个反面的典型。

"问题富豪"落马是必然的，而李嘉诚的成功也是必然的。贪婪的结果往往是满盘皆输。

有人认为，传统道德与商业文化大相径庭，水火不容。但商界"超人"李嘉诚，却用实践证明，两者不但能很好地融为一体，还能从中迸发出更为强烈的能量。做人是一门艺术，经商也是一门艺术，是艺术就要揣摩，就需加以领会和感悟。的确如此。我们发现经商与做人其实无二，商场上一次两次的奸猾可能会得利，但奸商不会成为常胜将军，没有人会长期与这种没有诚信道德的商人打交道。奸商，无疑是自毁门庭。而诚信的人不管走到哪里，不管际遇现状如何，从长远来看，他们才是商场上真正的胜者。

商道亦是人道。做人与经商一脉相连。经商即是做人，商人同样也要有道德操守，以诚为本，勿以诚信为名行欺诈。

纵观李嘉诚一生商海浮沉，可以看出事实上他始终是把做人看得比任何东西都要重要。要经商首先要会做人，要做成功的商人，首先要做一个成功的人。李嘉诚对此不但身体力行，在对子女的教育上亦是如此。他曾坦言在与后辈交谈时，"约 1/3 谈生意，2/3 教他们做人的道理"。

做生意无信不立

有句古话说得好，成大事者以信义而著于四海。李嘉诚精于经商，善于做人。谈到做生意的秘诀，李嘉诚最看重的就是一个"信"字。他曾反复强调："要令别人对你信任，不只是一个商人，一个国家亦是无信不立。"

关于无信不立，还有这样一个典故：

《论语》提到，有一次，弟子问孔子如何治国，孔子说要做到三点：要"足食"，有足够的粮食；"足兵"，有足够的军队；还要得到百姓的信任。弟子问，如果不得已必须去掉一项，去哪一项？孔子回答："去兵。"弟子又问，如果还必须去掉一项，去哪一项？孔子说："去食。民无信不立。"

从中可以发现，"足食"可以等同于做生意中的"钱"；"足兵"可以等同于做生意中的"员工"；"百姓的信任"则可以等同于做生意中的"信用"。这就是说，做生意，没有钱不怕，没有人也不怕，但就怕没有信用。没有信用做生意是绝对好不到哪去的，李嘉诚要告诉人们的，就是这个道理。

　　早年李嘉诚创建长江塑胶厂时，生意火爆，产品供不应求。由于有大量订单，再加上工厂生产能力和水平的限制，李嘉诚在经验不足的情况下过度扩大生产规模而缺乏注意产品质量，结果导致了许多产品质量出现问题。结果，许多客户要求退货，银行追债，客户追款，塑胶厂顿时陷入困境，濒临破产。

　　此时李嘉诚才明白，做生意，要时时刻刻注重信用，不能为求快而放弃质量监管。于是，李嘉诚知错就改，大力加强工厂的产品质量管理力度，做到保质保量，按时完成。不久，李嘉诚就用他的诚信打动了银行、供货商和员工，形势因此好转，危机转化为了商机。

　　如果李嘉诚没有领悟做生意无信不立，那么很明显，他的工厂极有可能就此破产，从此背上沉重的债务。

　　不论是对于一个人，还是对于一个企业集团，诚实守信都是它生存的根本所依。没有了诚信，就失去了别人的信任与尊重，就无法在社会上立足，更不要说发展与成功。

　　人无信不立。要立事，应先立信。孔子有言："人而无信，不知其可也。"强调"君子一言，驷马难追"的铿锵落地之声，这种声音代表着一种高贵的品质，尤其在信用缺失的时候，倘若有人依然秉持诚信的品质，那无疑是令人肃然起敬的。

　　在一次采访中，李嘉诚道出了他的坚持，他说："我在 1950 年开始创业时只有 5 万块港币，开业的那一天是 5 月 1 日，公司只剩下几千块港币，所以当时最大的艰难是财政。"但是在这样的财政威胁下，他依然坚持了一个字"信"。由于在离开万和塑胶公司前他曾经对老板许诺绝不会抢他的客户，所以他拒绝了前来他的公司主动找他合作的原客户，坚持重新开发新的销售渠道来进行销售。

　　正是因为讲信用，李嘉诚才得以有了很好的声誉，在困难时期得到了许多客户的谅解和支持，从而渡过了难关。

　　李嘉诚曾经说过："其实我不是做生意的材料。为什么不是这块材料？因为，第一，我这个人怕应酬；第二，我不懂得逢迎；第三，诚信的事，我答应人家，就会守信用。

"我想通了，就一直做下去吧。生意虽然困难，但是因为我肯求取新的知识，所以我的困难只是非常短的时间。一方面做好自己经常的业务，一方面努力去创新，创新虽然有时也会失败，但是成功了就能赚大钱。这是我的经验，困难是一种锻炼的形式。"

在人的一生中，能够做到坚持诚实与守信并不是一件容易的事。然而，唯其难为，所以可贵。那些经受了考验，能保持诚实与守信品格的人才会得到人们的信任，从而有机会取得更伟大的成就。铸就李嘉诚的辉煌的，信用无疑是其中极其重要的一个因素。

信誉是无形的财富

一个平时不讲信誉的人，你愿意跟他做朋友、做生意吗？答案是不愿意。一个虽然不认识，但所有人都说他很讲信誉的人，那么你是否愿意跟他交朋友、谈生意呢？毫无疑问，答案一定是愿意，甚至于还会主动去找他去做生意，因为和诚信的人打交道让人放心。

李嘉诚也说："一个企业的开发意味着良好信誉的开始。有了信誉，自然就会有财路，这是必须具备的商业道德，就像做人一样忠诚、有义气。"

这就是信誉的力量。越有实力的企业，越能得到人们的信任，也就越容易发展起来。

其实，在某种意义上，诚信如同哲学家康德所说："诚实比一切智谋更好，而且它是智谋的基本条件。"不论企业或个人，信用一旦建立起来，就会形成一种无形的力量，成为一种无形的财富。

1959 年，李嘉诚的长江公司已经彻底立稳脚跟，但他并没有止步，而是选择了继续前进——进军国外。恰好当时来了一位外商，李嘉诚牢牢把握时机与其取得了联系。一切都很顺利，到签合同时，这位欧洲的批发商给他提出了要求——找一个担保人。这是一种很常见的方式，怕的就是对方不讲信用，难以完成承诺的事情。

李嘉诚为此四处联络，始终没有找到担保人。但是，李嘉诚并没有彻底放弃，他期望能以样品打动批发商，便连夜赶制。这一举动彻底征服了欧商。欧商认为，此次合作不是没有担保人，那个担保人不是别人，正是李嘉诚自己。

这几乎是一件不可思议的事情，但李嘉诚做到了！由此可见，信誉带来成就事业的机遇，并且是最可靠的担保，最有说服力的佐证。

李嘉诚就是这样经商的，他也收获了很多，譬如有一次，李嘉诚要和一家拥有大片土地的公司进行合作，其董事跟其他的同行是好朋友，却选择李嘉诚所管辖的长江集团合作。因为这位董事长说，跟李嘉诚合作，合约签好以后你就高枕无忧，就没有麻烦，跟其他的人合约签好后，麻烦才开始。

在商界，李嘉诚以诚信闻名，他说："一生之中，最重要的是守信。我现在就算再有多 10 倍的资金也不足以应付那么多的生意，而且很多是别人主动找我的，这些都是为人守信的结果。"然而很多人并没有意识到这一点，而由信誉缺失造成的不良影响和经济损失，已经成为制约企业和个人事业发展的一大障碍。

有一对夫妻在一家国有企业上班，后来因为企业效益不好，夫妻双双辞去了工作，自己开了家烧酒店。丈夫是个老实人，为人真诚、热情，烧制的酒也好，人称"小茅台"。有道是"酒香不怕巷子深"，一传十，十传百，烧酒店生意兴隆，常常是供不应求。看到生意如此之好，夫妻俩便决定把挣来的钱投进去，再添置一台烧酒设备，扩大生产规模，增加酒的产量。这样，一可满足顾客需求，二可增加收入，早日致富。

这天，丈夫外出购买设备，临行之前，把烧酒店的事都交给了妻子，叮嘱妻子一定要善待每一位顾客，诚实经营，不要与顾客发生争吵……一个月以后，丈夫外出归来。妻子一见丈夫，便按捺不住内心的激动，神秘兮兮地说："这几天，我可知道了做生意的秘诀，像你那样永远发不了财。"丈夫一脸愕然，不解地说："做生意靠的是信誉，咱家烧的酒好，卖的量足，价钱合理，所以大伙才愿意买咱家的酒，除此之外还能有什么秘诀？"

妻子听后，用手指着丈夫的头，自作聪明地说："你这榆木脑袋，现在谁还像你这样做生意。你知道吗？这几天我赚的钱比过去一个月挣的还多。秘诀就是，我往酒里兑了水。"丈夫一听，肺都要气炸了，他没想到，妻子竟然会往酒里兑水，他冲着妻子大吼了一句，就把屋内剩下的酒全部都倒掉了。他知道妻子这种坑害顾客的行为将他们苦心经营的烧酒店的牌子砸了，他知道这意味着什么。

从那以后，尽管丈夫想了许多办法，竭力挽回妻子给烧酒店信誉所带来的损害，可"酒里兑水"这件事还是被顾客发现了，烧酒店的生意日渐冷清，后来不得不关门停业了。

诚信是世界上最好的广告。自古以来，大至国计民生，小到经商开店，唯有恪守职业道德，以诚信为本，才能创出事业的品牌，很多大商行、大公司的名字和品牌就值数百万美元。为促进发展，多数企业崇尚诚信，并相继建立了诚信机制，将其融入企业发展。但仍有一些部门和单位只顾眼前利益，忽视或无视长远利益及他人利益，甚至公然侵犯别人的利益。要知道，一时骗人可能能够得逞，但终究会被发现，由此买单的将不再仅仅是所贪之利那么少了！

诚信是一把锋利的宝剑，在漫长的人生旅程中，要想赢得别人的信任、尊重和良好的合作，就必须高举诚信之剑，它会帮助你在人生的征程中披荆斩棘，走向成功。诚信之剑不是用钱可以买到的，必定要用诚信才能换得。

信誉要实实在在，不要夸夸其谈

对于个人，信誉是很重要的东西；对于企业，信誉同样是很重要的东西。我们知道，在很大程度上成功依靠实力，但如果没有信誉，那么实力将很容易变为恃强凌弱。只有信誉，才可以让实力成为一种正大光明的竞争力，从而在商海中立住脚。

"信誉是事业的生命。纵观华商的创业历程，没有哪一个成功的人是不讲诚信的。"年届古稀的香港中华总商会副主席曾宪梓言辞恳切："广东话讲'牙齿出金石'，就是说一言九鼎，落地成诺。无论企业大小，都要把诚信作为首要的出发点。"

信誉也有虚的，譬如"人前人后不一样"，这是做给人看的，时间长了必然露馅，这是人所共知的道理。但很多人往往不愿意花费太大的力气在维持良好信誉上，夸夸其谈也许不好，但至少会有短期效应，譬如签合同。但是，在李嘉诚看来，这样是很不聪明的行为，他说："一个人一旦失信于人一次，别人下次再也不愿意和他交往或发生贸易往来了。别人宁愿去找信用可靠的人，也不愿意再找他，因为他的不守信用可能会生出许多麻烦来。而当你建立了良好的信誉后，成功、利润便会随之而至。"

踏踏实实做事、实实在在做生意，讲诚信，赢得信誉才是做生意的根本。这个世界上有太多的人想要创立一番大事业，但大多没有成功。有人说："在中国，立志要做李嘉诚第二的人若要排起队来，从尖沙咀一路排到天安门想必绰绰有余。"说得很逗，却很真实。不是因为他们没有讲诚信的资本，而是因为他们没有坚持。没有坚持的诚信，不是夸夸其谈是什么？

讲信誉不要做表面文章，要实实在在地拿出实际行动来，用事实说话。

我们讲个故事，便能很好地说明李嘉诚的话并不是空谈。

20 世纪 50 年代，李嘉诚常去皇后大道中一间公爵行接洽生意。彼时李嘉诚已经是一个十分富有的大商人了。

他在那里遇到了一个乞丐，后来，他和这个乞丐发生了一些故事，这个故事也曾被他反复提起过。

"我经常看见一个四五十岁很斯文的外省妇人，虽是乞丐，但她从不伸手要钱。我每次都会拿钱给她。有一次，天很冷，我看见人们都快步走过，并不理会她，我便和她交谈，问她会不会卖报纸。她说她有同乡干这行。于是，我便让她带同乡一起来见我，想帮她做这份小生意。时间约在后天的同一地点。客户偏偏在前一天提出要到我的工厂参观，客户至上，我也没办法。

"于是在交谈时，我突然说了声'Excuse me'，便匆匆跑开。客人以为我上洗手间，其实我跑出工厂，飞车跑到约定地点。途中，超速和危险驾驶的事都做了，但好在没有失约。见到那妇人和卖报纸的同乡，问了一些问题后，就把钱交给她。她问我姓名，我没有说，只要她答应我要勤奋工作，不要再让我看见她在香港任何一处伸手向人要钱。事毕，我又飞车回到工厂，客户正着急：'为什么在洗手间找不到你？'我笑一笑，这件事就这么过去了。"

这件事情也被李嘉诚多次谈起，此事虽小，但细微之处足见李嘉诚讲信用是多么的实实在在。在平日里，若说李嘉诚遵守信用或许只是分内之事，那么面对一个普通乞丐却仍然信守承诺，这才是真正的守信用。

李嘉诚的信誉并不是凭空来的，也不全是对客户守信来的，而是对每一个人一视同仁。李嘉诚把诚信比作他的第二生命，说有时候比自己的第一生命还重要，这绝不是虚妄之言。

曾有记者问李嘉诚做生意最大的收获是什么时，他说："那就是诚信，就是不妨把自己看得笨拙一些，而不是投机取巧。"

李嘉诚是"笨拙"的，因为他无论对谁都是讲信誉的，他把恪守信誉当成一种习惯，从未想过要投机取巧，要夸夸其谈。也因此，他的成功似乎是绝对的。

一诺千金，有诺当必践

李嘉诚曾这样讲："如果要取得别人的信任，你就必须做到重承诺，在做出每一个承诺之前，必须经过详细的审查和考虑。一经承诺之后，便要负责到底，即使中途有困难，也要坚守诺言。"李嘉诚的确也是这么做的。

1993 年，香港的经济因受世界经济危机周期的影响而不景气，李嘉诚长实集团的生意受到严重影响。1992 年该公司净利下跌 5.256 亿港元，比 1991 年下跌 62%，1993 年，该公司净利继续下跌 4 亿多港元。社会上纷纷传闻："李嘉诚不准备办汕大了！"

但李嘉诚没有这样做，他立刻写信给汕大筹委会主任吴南生承诺："鉴于汕大创办的成功与否，较之生意上以及其他一切得失，更为重要。"同时强调，"我在事业上，一切都可以失败，但汕头大学一定要办下去！"

一声承诺，重于泰山。下承诺很容易，履行诺言却并不轻松。汕大创办至今二十几年，李嘉诚捐资已逾 20 亿港元。捐出这笔巨资，他属下的长江及和黄集团要达到 1100 亿港元的营业额，才可能有 20 亿港元的税后股息，真是"一诺亿金"啊！

同样一诺千金的品质在一些小人物身上也会闪耀，安东尼就是其中的一个。

安东尼开了一家电脑公司，他向顾客承诺：当天订货，当天送货上门。

有一天，一个用户急需计算机配件，但他却在离城 40 公里的开发区里。安东尼得知后，想派人送去，但员工都下班走光了，于是他便决定自己去送。途中，突然下起了倾盆大雨，河水猛涨，交通阻塞，安东尼的汽车无法行驶。

按常理遇到这种特殊情况，安东尼完全有充分的理由返回，但他并没有被艰险吓倒，仍勇往直前，巧妙地利用原来存放在汽车里的一双旱冰鞋，滑向目的地，平时只要二十几分钟的汽车路程，却变成了4个小时的跋涉。安东尼到达用户所在地后，又不顾疲惫，及时解除了用户的困难，使用户大为感动。

安东尼的坚守用了艰难的4个小时，而李嘉诚却用了几十年，并且走得更为艰辛。

同样面临环境的压力，同样面临不支的困境，却仍然坚持完成，不计成果。一诺千金，就是自己说话一定要算数，自己许下的诺言一定要去实现它。安东尼实现了，李嘉诚更实现了。

财富人物、"股市金手指"黄鸿年曾经说过，在经商与人生道路上，除了其父亲之外，李嘉诚是对他产生很大影响的人。

据他回忆，1989年，他向李嘉诚购买加拿大温哥华世界博览会旧址的3栋建筑，谈妥以4000万美元成交。之后，市场价格开始上涨，李嘉诚的一个儿子提出要再加500万美元，黄鸿年没有同意，因此产生一些纠纷。

李嘉诚知道后出面调停，请黄鸿年吃饭，当面给儿子打电话，要求他按照原价进行交易，并特别强调"这件事一定要圆满解决"！

朴素的讲述透露出了李嘉诚重义不重利、一诺千金的良好品德。

黄鸿年说，诚信不单体现在做生意方面是否守时等小细节，也是一个人的信誉。李嘉诚就非常注重小节。

一次，李嘉诚请黄鸿年一起午餐，因为在牙医诊所耽误了一些时间，所以迟到了5分钟，到了之后他一再道歉，请黄鸿年不要介意。当时李嘉诚已经功成名就，而黄鸿年只是初露锋芒的商场新兵，听着前辈一再道歉，黄鸿年反而觉得非常不好意思。李嘉诚作为一个已经功成名就的大人物，却依然没有忘记遵守承诺，在因为一些客观原因耽搁之后，表现了十分的歉意，让人觉得心中一暖。

遵守诺言就像保卫财富一样重要，一旦失去了信用，就会一无所有。

一个人既然做出郑重的承诺，就应该想方设法地实现它，不应该寻找任何不能兑现的理由。

诚信是企业成功的保证

在人的一生中，有很多高潮，也有很多低谷。企业也如此。作为企业大脑的李嘉诚感同身受。简要概括李嘉诚与其企业的一生，我们大致可以分出个上、中、下篇。上篇可以说是"化危机"，中篇可以说是"定大业"，下篇可以说是"保江山"，篇章分明，堪称一部宏伟的诗篇。

其中，是什么起了最大作用，可以让他江山不倒、江水长流？是诚信。

创业初期李嘉诚的长江厂遭遇质量危机，这是"化危机"。李嘉诚用诚信赢得了改正的时间，从而逆转了整个局势。

而关于"定大业"和"保江山"，由于版本太多，我们只截取其中一个来说，那就是有关"虎豹别墅"的建设问题。

在香港，有一处著名的旅游景点"虎豹别墅"，十分有名。与其说其是一座私人花园住宅，倒不如说是一个规模宏伟、饶有特色的公园。凡到过虎豹别墅的人，都对它的美丽多姿、富丽堂皇而流连忘返、交口称赞。

1977 年 6 月，继地铁中标后，李嘉诚又购入大坑虎豹别墅的部分地皮计约 15 万平方米。李嘉诚购得地皮后，在上面兴建了一座大厦。

盖大厦是好事啊，但是由于设计者并没有考虑地理位置，只是"闭门造车"，设计出来的大厦虽美，却破坏了整个别墅的美感，游客们多有非议，毫不客气地指责大厦破坏了整个布局的统一和美观，影响了原有的人文景观。

李嘉诚得知此情后，立即下令停止在那块地皮上继续大兴土木，尽量保留别墅花园原貌。并表示，以诚待公众，宁可损失巨款也不能失信于大众的期望。真可谓有大将风范。

这件事情终于落下帷幕了，李嘉诚却得到了一个意外的收获，不是因糗事而为人所诟，竟然是汇丰老大的一个"钟情"，从而为两家"联姻"创造了极为有利的条件。

"打江山容易，保江山难"，这并不是一句虚话。正是因为李嘉诚时刻注重顾客与客户的需求，以诚待人，诚信做事，从不一意孤行，这才有了一生的好名誉，从而生意源源不断。

关于诚信，很多人都做过解释，联想集团总裁杨元庆的想法与李嘉诚有着异曲同工之妙。

他是这样理解诚信的："诚信是一个人乃至一家企业生存的根本。诚信的意义不仅在于一笔交易的成败赚赔，还在于它标志着一个企业的品质。事实上，有了诚信，不一定能取得长远成功；但没有诚信，一定不能取得长远成功。

"诚信，是一切行为取得成功的基础，有了这个基础，再加上其他因素，成功就不远了。对短期利益来说，坚持诚信，可能会导致企业失去一部分眼前利益；但从长远发展的角度来看，诚信是在竞争中取胜的最好法宝之一。

诚信可以使我们得到客户的认同，得到合作伙伴的认可。在这个交流互动的时代，诚信的态度不但是重要的，而且是最基本的。"

有一次，美国亨利食品加工工业公司总经理亨利·霍金士突然从化验室的报告单上发现：他们生产食品的配方中，起保鲜作用的添加剂有毒，这种毒的毒性并不大，但长期食用会对身体有害。另一方面，如果食品中不用添加剂，则又会影响食品的鲜度，对公司将是一大损失。

亨利·霍金士陷入了两难的境地，到底诚实与欺骗之间他该怎样抉择？最终，他认为应以诚对待顾客，尽管自己有可能面对各种难以预料的后果，但他毅然决定把这一有损销量的事情向社会公布，说防腐剂有毒，长期食用会对身体有害。

消息一公布就激起了千层浪，霍金士面临着相当大的压力。他自己公司的食品的销路锐减，而且所有从事食品加工的老板都联合了起来，用一切手段向他施加压力，同时指责他的行为是别有用心，是为一己之私利，于是他们联合各家企业一起抵制亨利公司的产品。

在这种自己的产品销量锐减又面临外界抵制的困境下，亨利公司一下子跌到了濒临倒闭的边缘。在苦苦挣扎了 4 年之后，亨利·霍金士的公司已经危在旦夕了，但他的名字却家喻户晓。

后来，政府站出来支持霍金士。在政府的支持下，加之亨利公司诚实经营的良好口碑，亨利公司的产品又成了人们放心满意的热门货。

由于政府的大力支持，加之他诚实对待顾客的良好声誉，亨利公司在很短时间里便恢复了元气，而且规模扩大了两倍。也因此，亨利·霍金士一举登上了美国食品加工业第一的宝座。

在诚信与欺骗之间，霍金士没有因为暂时的利益而选择欺骗，而是顶住重重压力，退而居守诚信，终于获得了肯定，取得了成功。

诚信是做大事的前提，是立业之基，是企业成功的保证。

诚信是一种美德，更是一种品质，李嘉诚以每一个实际行动彰显着其巨大的魅力。

一个企业能不能在市场中站稳脚跟，关键是看能不能树立起企业的形象，而这种形象的树立并不需要什么公关公司、什么危机达人，它只需要四个字，那就是"以诚为本"。

李嘉诚启示录

李嘉诚如是说

未学经商，先学做人。

名誉是我的第二生命，有时候比第一生命还重要。

我们长江要生存，就得要竞争；要竞争，就必须有好的质量。

只有保证质量，才能保证信誉，才能保证客源，才能保证长江的发展壮大。

与新老朋友相交时，都要诚实可靠，避免说大话。要说到做到，不放空炮，做不到的宁可不说。

　　我生平最高兴的，就是我答应帮助人家去做的事，自己不仅是完成了，而且比他们要求的做得更好，当完成这些信诺时，那种兴奋的感觉，是难以形容的……

　　在香港还是其他地方做生意，毕竟信用最重要。一时的损失将来还是可以赚回来的，但损失了信誉就什么事情也不能做了。

磨难立人——逆境中成长，积累成功资本

苦难是人生最好的锻炼

如今，人们写信或者和朋友告别时，总喜欢说"一路顺风""一路平安""一切顺利"等词。从这些祝语中我们可以看到大家都希望日子过得顺顺利利、平平安安的，没有谁会喜欢苦难，渴望经历苦难。但事实上，万事如意只是人们的美好愿景，每个人在一生中，总会经历这样或那样的苦难，只不过是轻重多寡各不相同罢了。

一位智者说过："没有苦难的人生不是真正的人生。"一个人只有经过困境的砥砺，才能焕发生命的光彩，这句话用在李嘉诚的身上实在不为过。李嘉诚说，苦难是最好的学校。所以在他心爱的两个儿子面前，并不表现出宠溺的神态。李嘉诚每次给孩子零花钱时，先按10%的比例扣下一部分，名曰"所得税"。看起来让人啼笑皆非，好似经商人的惯用思维在作怪，其实不然。李嘉诚之所以这样做，就是为了教育自己的小孩在花钱时不得不事前进行仔细盘算，做一个全盘和长久的考虑。他比普通父母更进一步的是，他给的是现实的锻炼。这种"苦难"，应该是李嘉诚数年来的心得吧。

对于一个人来说，苦难确实是残酷的，但如果你能充分利用苦难这个机会来磨炼自己，苦难会馈赠给你很多。要知道，勇气和毅力正是在这一次次的跌倒、爬起的过程中增长的。

1940 年，由于日本的侵略，李嘉诚一家逃往香港，一路上风餐露宿，十分辛苦。这对于一直在温室里长大的李嘉诚来说不能不说是一件吃力的事。然而面对苦难李嘉诚忍耐着，并且尽自己的力量帮助父母照顾弟弟妹妹。

1943 年，李嘉诚的父亲因病不治去世，临逝前叮嘱李嘉诚照顾好这个家，年仅十几岁的李嘉诚扛起了照顾全家的重担。这一次苦难几乎是致命的，尤其在陌生的香港，但李嘉诚依然坚强地接受了这个锻炼。他夜以继日地工作，在业余时间拼命苦学。

就是在这样的情境下，李嘉诚迎来了自己打工的黄金时期"高级打工仔"生涯，又迎来了"塑胶花王"生涯，最终收获了"地产大亨""华人首富"。由此看来，经历苦难并不是一件坏事，相反，它是成功人生必经的阶段。可以说，苦难是一种财富，是未来人生的本钱。

帕格尼尼，世界超级小提琴家。他是一位在苦难中把生命之歌演奏到极致的人：4 岁时得了一场麻疹和强直性昏厥症；7 岁患上严重肺炎，只得大量放血治疗；46 岁因牙床长满脓疮，拔掉了大部分牙齿；其后又染上了可怕的眼疾；50 岁后，关节炎、喉结核、肠道炎等疾病折磨着他的身体与心灵；后来声带也坏了。他仅活到 57 岁。

身体的创伤没有将他击垮。他从 13 岁起，就在世界各地过着流浪的生活。他曾一度将自己禁闭，每天疯狂地练琴，几乎忘记了饥饿和死亡。这样的一个人，却奏出了最美妙的音乐。3 岁学琴，12 岁开了首场个人音乐会。他令无数人陶醉，令无数人疯狂！乐评家称他是"操琴弓的魔术师"。歌德评价他："在琴弦上展现了火一样的灵魂。"

也许上帝成就一个人的方式，就是让他在苦难这所大学中进修。的确，苦难是最好的大学，只要你能不被其击倒，你就能成就自己。苦难是蹲在成功门前的看门犬，怯弱的人逃得越急，它便追得越紧……

生命中所有的艰难险阻都是通向人生驿站的铺路石。学会接受这些宝贵的苦难，并努力去克服，只有这样你才会真正成长起来，像李嘉诚一样，迎来属于自己的那片天。

磨难中悟真经

莎士比亚曾说过："多灾多难，百炼成钢。"磨难就像是一把炼制宝剑的烈火，只有经历过，才能变成锋利无比的利器。孟子曾说过："天将降大任于斯人也，必先苦其心志，劳其筋骨，饿其体肤，空乏其身，行拂乱其所为，所以动心忍性，曾益其所不能。"磨难就像是上天的使者，在磨砺你之后才给你希望。

今成大事者李嘉诚这样描绘他少年时的经历：小时候，我的家境虽不富裕，但生活基本上是安定的。我的先父、伯父、叔叔的教育程度很高，都是受人尊敬的读书人。抗日战争爆发后，我随先父来到香港，举目都是世态炎凉、人情冷暖，就感到这个世界原来是这样的。因此在我的心里产生很多感想，就这样，童年时五彩缤纷的梦想和天真都完全消失了。

因为世态炎凉，李嘉诚遭受了很多磨难，先是课业问题，后是父亲的身体问题。有人把李嘉诚刚刚进入香港的那几年视为"那一段时光是一种压缩性的经验"，因为"我告别童年、投身社会，悲惨的经历催促我快速成长，短短的几年内，我为自己空白的人生确定了方向"。为什么李嘉诚能够如此快速地成长？因为磨难让他领悟到生活的不易，领悟到一些原本不曾想到过的东西。

有一个故事很能说明磨难的真谛。铁匠打了两把宝剑。刚刚出炉时，两把剑一模一样，又笨又钝。铁匠想把它们磨快一些。其中一把宝剑想，这些钢铁都来之不易，还是不磨为妙。它把这一想法告诉了铁匠，铁匠答应了它。铁匠去磨另一把剑，它没有拒绝。经过长时间的磨砺，一把寒光闪闪的宝剑磨成了。铁匠把那两把剑挂在店铺里。不一会儿，就有顾客上门，他一眼就看上了磨好的那一把，因为它锋利、轻巧、合用。而钝的那一把，虽然钢铁多一些、重量大一些，但是无法把它当宝剑用，它充其量只是一块剑形的铁而已。

同样出自一个铁匠之手，用同样的工夫打造，两把宝剑的命运却有着天壤之别！锋利的那把又薄又轻，而另一把则又厚又重；前者是利器，后者则只是一个不中用的摆设。

李嘉诚勇敢地承受了一切磨难，他说："如果你说我以前困难的情形，我不只是'负资产'，我什么资产都无。"但李嘉诚赢了，赢得干净彻底。2006年，李嘉诚在演讲时说道："经验是人生无价之宝，尤其是从艰苦忧患中成长的一代。"美国财经杂志《福布斯》评价李嘉诚道："环顾亚洲，甚至全球，只有少数企业家能够从艰苦的童年，克服种种挑战而成功建立一个业务多元化及遍布全球50个国家的庞大商业王国，涉及的产业从地产、通信、能源、基建、电力、港口到零售。"福布斯公司总裁兼首席执行官史蒂夫·福布斯称李嘉诚不仅是"我们时代最伟大的企业家"，而且"在任何时代，都是最伟大的企业家"。

成功的大道上注定充满坎坷，布满泥泞。想要追求卓越的生活，必然要经过一条布满荆棘的道路。磨难是上天给所有人的一份赐予，只有在经历磨难之后，才会品尝到王者所能拥有的美丽人生。

成大事者要能吃苦、会吃苦

胡雪岩曾说过，走哪条路都不会一帆风顺。商道亦无平道。生活中，每个人难免会遭遇挫折和苦难，就如同一年四季，必须要经历冬天一样。遭遇苦难时，我们只有能吃苦，学会吃苦，才能重新站立起来，开拓属于自己的那片蓝天。如果我们就此消沉，放弃，那么我们就永远也体会不到成功的甘甜，也永远实现不了自己的人生价值。

曾有一次活动要说出高层经理人心中的十大"商业偶像"，其中李嘉诚就榜上有名，被誉为"最能吃苦的人"，因为李嘉诚好学，能吃苦，在李嘉诚的少年时代，因为要上夜校及到工厂跟单，李嘉诚每天回家时已经非常晚，而住处每晚 12 时后便会熄灯，他只好摸黑走楼梯，"一步步计算，数到一定的数目就知道到了家"。或许这只是一个微不足道的细节，但却能看出一个十几岁孩子面对变故、面对苦难的坚持与乐观的情怀。

古有言：能吃苦中苦，方为人上人。意思很明确，一个人能吃苦，才能走向成功，就如李嘉诚。但是有人提出疑问，"在他那个年代，有很多人都能吃苦。那时候谁不能吃苦呀，不能吃苦就没饭吃啊！可为什么却没有几个人能够成功的？"因为李嘉诚不但能吃苦，而且会吃苦。他的每一次吃苦都是在为他的甜奠基。香港人常说一句话："力不到不为财。"意思就是：从来不会有天上掉下来的馅饼，若要成功，就得不怕吃苦。苦难有时也是一笔财富，富足、舒适的环境会使人慵懒，而苦难却能使人奋发、拼搏、积极向上。

1946 年，李嘉诚离开了中南公司，开始在一间小五金厂做推销员。这是一个艰苦的工作，他由店里的学徒变为一个行街仔，整日不停奔波，但所获却甚少。但李嘉诚并没有退却，也没有一股脑地吃苦，而是选择如何吃苦。

李嘉诚经过思考，独具匠心地发现，众多的推销员只着眼于卖日杂货的店铺，而他可以直接向酒楼旅馆进行直销业务，直接向小区居民推销啊。但很明显受的苦将会比其他推销员更大。不过，没关系，谁让他是李嘉诚呢！

于是，李嘉诚打动了酒楼老板，获得了单次要货达 100 只桶的成绩；同时，他发现了只要卖给一个老太太，其他的就会接踵而至的规律，因为老太太们爱唠嗑，一来二去总会在无形中做了义务推销员。这种吃苦法很快为他带来了巨额效益，五金厂生意由此兴旺非常。

后来，他创办了长江塑胶厂，在那里，他将自己 6 年来学习和观察到的生意经验和技巧运用于工厂的管理，终于获得了丰硕的果实。

与此类似的吃苦方式不胜枚举，李嘉诚用他的智慧证明了磨难不是一种可怕的瘟疫，而是一个锻炼、积累实力的阶梯。可见，李嘉诚不仅能吃苦，而且会吃苦。人无全才，各有所长，亦各有所短。作为商人，要了解自己的优点，发挥自己的潜能，做适合自己长处的生意，这才是会吃苦的真实体现。

在西班牙的华侨中，西班牙三E公司总裁王绍基算是闯荡商海的佼佼者之一。当年踏入商海时，他曾经历了种种艰难、困惑、迷茫、无奈和挣扎。

生于浙江温州的王绍基是共和国的同龄人，曾在杭州音乐学院和上海音乐学院先后专攻指挥和管弦乐器。1985年他在一个朋友的帮助下到马德里谋生。初到西班牙，身上只有20美元的王绍基做过中餐馆洗碗工、跑堂，还到邻国葡萄牙跑过小买卖。他在一家小小的成衣加工厂里做熨衣工，度过了一生最困难的时期。拥挤的车间非常简陋，白天在这里做工，晚上也在这里睡觉。没有床，就睡在从马路边捡来的破床垫上。

马德里的夏天非常炎热，通风不良的车间气温有时高达40℃以上。熨衣工手握滚烫的熨斗，更是热得难以忍受。王绍基负责熨烫裤子，半分钟必须熨烫好一条裤子，这在常人看来，的确是个又苦又累又紧张的工作。

但王绍基坚持了下来，而且时常抽空到当地中国人办的西班牙语学校学习。在西班牙，语言不通几乎是所有华侨都遇到过的一个难题。不通当地语言，就等于是个睁眼瞎，更谈不上有什么发展。西班牙语用途很广，但却非常难学，尤其是听和说方面。西班牙人语速极快，不经过多年的苦学是听不懂也说不出的。经过苦学苦练，王绍基逐步掌握了西班牙语，为以后的发展打下了必要的基础。

20世纪90年代初，几年的苦心经营，王绍基创办的三E公司已经成为西班牙进口中国商品的主要合作伙伴，而且从2003年起，王绍基又将经商的触角伸展到新闻媒体方面，创办了一家中文报纸《欧华报》，这使他的事业有了更大发展，人生也更加辉煌。

有一位哲人曾说："人类中最伟大的人和最优秀的人，都出生在苦难这所学校中。这是一所催人奋发的学校，也是唯一能出伟人和天才的学校。"这句话在李嘉诚的身上得到了充分的验证。不懂受苦就不懂做生意，学会吃苦才是成大事的必要保证。

谁也不是天生优秀

很多人似乎天生优秀，很多人似乎天生幸运，很多人似乎天生聪慧……很多人常常这样说，用以掩盖自己的平庸。然而，李嘉诚很直白地告诉我们，"人们赞誉我是超人，其实我并非天生就是优秀的经营者，到现在我只敢说经营得还可以，我是经历了很多挫折和磨难之后，才领会一些经营的要诀的。"话是朴实无华的，语重心长的。

的确，没有哪个人天生就是优秀者。每一位成功的企业家都不可避免地要经历成长的快乐与烦恼。

1984 年，高中毕业的叶显东开始涉足童装业。第一次出门跑业务时，叶显东还搞不清怎样洽谈生意，可凭着聪慧和勤奋，一个多月跑下来，初出茅庐的叶显东居然拿回了货值 8 万元的合同。初战告捷，让叶显东对童装业一见钟情。很快，他就和亲戚合作，在家乡办起了自己的童装厂。1996 年，在叶显东的努力下，红黄蓝童装有限公司成立了。

谈起他对这些年服装行业发展的感受，叶显东说："我有一个很形象的例子，那是我的亲身经历，一路走来，看看我的交通工具的变化，就知道我们温州童装业的发展脚步了。"20 世纪 80 年代是自行车的时代，20世纪 90 年代初是摩托车的天下，到 90 年代中期，汽车时代来临，而如今生产商已有固定客源，送货也是全物流操作了。这个过程是辛苦的，也体现着叶显东对市场逐步成熟的认识。

1971 年 6 月，李嘉诚宣布成立长江地产有限公司，集中精力发展房地产业。在第一次公司高层会议上，李嘉诚踌躇满志地提出：要以置地公司为奋斗目标，不仅要学习置地的成功经验，还要力争超过置地。后来，李嘉诚说："世界上任何一家大型公司，都是由小到大，从弱到强。赫赫有名的遮打爵士由英国初来香港，只是一个默默无闻的贫寒之士，他靠勤勉、精明和机遇，发达成巨富，创九仓、建置地、办港灯。我们做任何事，都应有一番雄心大志，立下远大目标，才有压力和动力。"

为此，他树立了一个远期目标，并且在树立目标时他做到了知己知彼。事实证明，到 1979 年，在不到 10 年的时间里，长江实业集团已拥有楼宇面积达 1450 万平方米，超过了当时拥有 1300 万平方米的"置地"，成为香港最大的地产集团。置地的优势，使每单位面积的楼宇价值昂贵。李嘉诚扬长避短，把发展重心放在土地资源较丰、地价较廉的地区，大规模兴建大型屋村，最终以量取胜。

正因为谁也不是天生优秀、天生出众，所以李嘉诚做事之前，往往三思，言语表达非常的谨慎，一般会留有余地。1992 年 8 月 6 日，李嘉诚发布本集团中期业绩报告，阐明投资重点转移到内地的条件及方针：内地未来之国民经济将有较大幅度之增长，前景令人鼓舞。香港整个经济体系亦将由此而得益，为平稳过渡做好准备。自邓小平南方谈话后，内地改革开放的势头得到深化，本集团在内地的投资的确增大了。

这种谨慎与稳健措施正是源自李嘉诚在创业初期吃的苦头与受的磨难，因为站在近乎失败的肩膀上，所以才有这一次次的成功。

永不言败，磨难中积累资本

丘吉尔曾说，想成功就绝不能轻言放弃。不轻言放弃，是成功必备的心态。

有一次，牛津大学举办了一个"成功秘诀"讲座，邀请到当时声誉极高的丘吉尔来演讲。三个月前媒体就开始炒作，各界人士都翘首企盼。这天终于到来了，会场上人山人海，水泄不通。世界各大新闻机构都到齐了，人们准备洗耳恭听这位大政治家、外交家、文学家的成功秘诀。丘吉尔用手势止住如潮的掌声后，说："我的成功秘诀有三个：第一，绝不放弃；第二，绝不、绝不放弃；第三，绝不、绝不、绝不放弃！我的演讲结束了。"说完，他立即走下讲台。

这是一种启迪。在这个世界上，很少有人能一次就成功的。所以，看看每一个成功人士背后失败的经历吧，包玉刚、史玉柱、李嘉诚等，每个人的成功路上都洒下了许多泪水与汗水。磨难立人，只有永不言败才能体会到成功那一刻的辉煌。

14 岁时，李嘉诚的父亲离世。从此，他毅然辍学求职，挑起一家生计的重担。但当时他一无所有，根本难以在香港立足。即便是这样，李嘉诚独立、自信、倔强的秉性却使他拒绝了舅父让其到他的中南计表公司上班的好意。李嘉诚不愿受他人太多的荫庇和恩惠，哪怕是亲戚。

正是这样一种永不言败、永远进取的血性，促使李嘉诚一步步走上商界的巅峰。从他的成功之路可以看出他一直严格要求自己，激励自己。

推销其实没有什么秘诀，如果说有，那就是绝不放弃、永不言败，只有拥有这种精神，才能在不断地遭遇挫折、失败后崛起，即使百战百败，也仍百败百战，直至成功。

李嘉诚年轻时做推销数年，尽管他的成绩非常不错，但他总觉得有一种强烈的不安感。

"难道我就这样继续生活吗？推销员的生涯能够保障我的未来吗？"这是对人生观、职业观的迷惘，是对未来的不安。于是，他总是为自己寻求更高的目标，跳槽，跳槽，跳槽，只是为了成长。其中，他不是没有遇到困难，面临三个月不挣一分钱的困境，他咬牙坚持了下去，在永不言败中获得了最终的成功。正是出于这种对目标的自我激励和坚定不移的信念，让李嘉诚赚足了走向成功的资本。

成功的路上总会布满荆棘，常人通常对此望而却步，只有意志坚强的人才会执着前进。

希拉斯·菲尔德退休的时候已经积攒了一大笔钱，然而他突发奇想，想在大西洋的海底铺设一条连接欧洲和美国的电缆。随后，他就开始全身心地推动这项事业。要完成这项工作不仅包括建一条电报线路，还包括建同样长的一条公路。整个工程十分浩大。

菲尔德使尽浑身解数，总算从美国政府那里得到了资助。然而，他的方案在议会上遭到了强烈的反对，在议会上院仅以一票的优势获得多数通过。随后，菲尔德的铺设工作就开始了。不过，就在电缆铺设到5千米的时候，它突然被卷到了机器里面，被弄断了。

菲尔德不甘心，进行了第二次试验。在这次试验中，在铺到200千米的时候，电流突然中断了，就在菲尔德即将命令割断电缆、放弃这次试验时，电流突然又神奇地出现，一如它神奇地消失一样。夜间，船以每小时4千米的速度缓缓航行，电缆的铺设也以每小时4千米的速度进行。这时，轮船突然发生了一次严重倾斜，制动器紧急制动，不巧又割断了电缆。

但菲尔德并不是一个轻易放弃的人。他又订购了700千米的电缆，而且还聘请了一个专家，请他设计一台更好的机器，以完成这么长的铺设任务。随后，两艘船继续航行，一艘驶向爱尔兰，另一艘驶向纽芬兰，结果它们都把电线用完了。两船分开不到3千米，电缆又断开了；再次接上后，两船继续航行，到了相隔8千米的时候，电流又没有了。电缆第三次接上后，铺了200千米，在距离"阿伽门农"号约6米处又断开了，两艘船最后不得不返回到爱尔兰海岸。

很多人都泄气了，公众舆论也对此流露出怀疑的态度，投资者也对这一项目没有了信心，不愿意再投资。但菲尔德没有就此放弃。菲尔德继续为此日夜操劳，甚至到了废寝忘食的地步，他绝不甘心挫败。于是，第三次尝试又开始了，这次总算一切顺利，全部电缆铺设完毕，而没有任何中断，几条消息也通过这条漫长的海底电缆发送了出去，一切似乎就要大功告成了，但突然电流又中断了，几乎所有人都感到绝望。

但菲尔德仍然坚持不懈地努力，他最终又找到了投资人，开始了新的尝试。他们买来了质量更好的电缆，这次执行铺设任务的是"大东方"号，它缓缓驶向大洋，一路把电缆铺设下去。一切都很顺利，但最后在铺设横跨纽芬兰600千米电缆线路时，电缆突然又折断了，掉入了海底。他们打捞了几次，但都没有成功。于是，这项工作就耽搁了下来，而且一搁就是一年。

这一切困难都没有吓倒菲尔德。他又组建了一个新的公司，继续从事这项工作，而且制造出了一种性能远优于普通电缆的新型电缆。1866年7月13日，新的试验又开始了，并顺利接通、发出了第一份横跨大西洋的电报！电报内容是："7月27日。我们晚上9点到达目的地，一切顺利。感谢上帝！电缆都铺好了，运行完全正常。希拉斯·菲尔德。"

不久以后，原先那条落入海底的电缆被打捞上来了，重新接上，一直连到纽芬兰。现在，这两条电缆线路仍然在使用，而且再用几十年也不成问题。菲尔德的成功证明了只要持之以恒，不轻言放弃，就会有意想不到的收获。

天下事最难的不过1/10，能做成的有9/10。要想成就大事大业的人，尤其要有恒心来成就它，要以坚忍不拔的毅力、百折不挠的精神、排除纷繁复杂的耐性、坚贞不屈的气质作为涵养恒心的要素。李嘉诚之所以成功，不是上天赐给的，而是日积月累自我成就的。当我们为了完成这个计划已经付出了很多时，那就坚持下去，也许最艰难的时候，也是离成功最近的时候。

李嘉诚启示录

李嘉诚如是说

人生自有其沉浮，每个人都应该学会忍受生活中属于自己的一份悲伤，只有这样，你才能体会到什么叫作成功，什么叫作真正的幸福。

我一生最好的经商锻炼是做推销员，这是我今天用 10 亿元也买不来的。

人们赞誉我是超人，其实我并非天生就是优秀的经营者。到现在我只敢说经营得还可以，我是经历了很多挫折和磨难之后，才领会了一些经营的要诀。

财富能令一个人内心拥有安全感，但超过某个程度，安全感的需要就不那么强烈了。

我旅港数十年，每碌碌于商务，然日日不忘恋桑梓，缅怀家园，图报母愿。

第5堂课

眼光长远——要高瞻远瞩，才能事业长久

锐眼识金，商机遍地都是

塑胶花让李嘉诚赢得了人生中的第一桶金，成为一个商界神话——从路边捡了一个信息，便成就了一代"花王"。在这个世界上，商机遍地都是，只要你能锐眼识金，那么下一个"王"者也许就是你了！

向来以精明著称的温商就有着这样一双善于发现商机的"火眼金睛"。

据说温商往大街上一站，用鼻子闻一闻，就能嗅出哪儿有赚钱的机会。这当然是夸张。不过，他们的眼睛倒是实实在在地有"针"。无论盯着什么，温商都能从中刺探出商机，挑出白花花的银子来。温商天生对商业敏感。比如听说上海的一家酒店要转让，他也会连忙跑去看看，"说不定能发现什么机会"。这就是他们的思维方式。某市一位副市长是这样评价温州商人的：他们独具慧眼，总能发现商机。他以四川省经济发展较为落后的广元地区为例，来说明温商善于在别人忽视的地方看到发展的远景。早在20世纪80年代已有温商在广元地区创业，经过多年的努力，坚持至今，所创建的"温州商城"已成为广元市最漂亮繁华的景观。地处广元两侧的成都和西安，从来没有人看到广元的发展潜力，然而相比之下，温商却像发现了金矿一般发现了广元的潜力，并在此立住了根，做红了生意。

在李嘉诚的创业之初的那个时代，由于信息的寡劣所造成的劣势，几

乎是谁勤奋谁就有可能捡个金元宝。然而在当今的信息时代，遍地都是信息，也就意味着遍地都是商机，然而并不是说掌握了足够多的信息，就能随随便便发现商机。事实上，你必须同时具备一双慧眼，能够识别珍宝，才是真正掌握商机。

正是由于全身心投入商业实践，在商海中沉浮多年，李嘉诚和温州的很多商人一样，都具备这样一双透析市场、洞察风云、识别商机的"火眼"。

我们常常说，商机决定成败，其实还有一点，仅仅有商机是不够的，还要有把握商机的实力。这一点在李嘉诚一生的无数次商业抉择中体现得淋漓尽致，就像发现塑胶花、涉足地产、介入石油、踏足电讯、买下盐田港、大举进军世界港口货运业等，在众人一次次看得有些心惊肉跳的商业投资中，李嘉诚总是能冷静果断地做出抉择，似乎他天生就有着高瞻远瞩、深谋远虑的能力。

李嘉诚的卓绝眼光正在这里。面对每一次商机，他都要细致大胆的计划，然后雷厉风行，抓住每一次机遇，也就是抓住每一次腾飞的坚翼。

同时，在客观环境中发现机会的李嘉诚，往往并不急于即刻实现所有计划，而是眼光长远地计划好之后的一系列事件。李嘉诚善于从经济发展中寻求原因，善于充分利用发现的"天机"，善于聚拢实现商机的长远力量，真正达到了锐眼识金、高瞻远瞩、遍地商机遍地捡，捡来即能用的一流经商境界。

眼光独到，先人一步

李嘉诚多年来早已以他敏锐独到的眼光和迅疾果断的作风而著称商界。纵观其一生，许多大手笔都是从最初力排障碍难题开始：生产塑胶花如此，后来上盖地铁如此，希尔顿酒店如此，投资货运港口亦如此，李嘉诚总善于将商机感迅速成功地转化为行动，先声夺人。

现实生活中，像李嘉诚一样雷厉风行的人往往容易成功，因为他们往往眼光独到，能够达到心念一闪即行动的境界。在财富即将到来之际迅速抉择的人，才能抓住致富的先机。只要你善于发现隐藏在普通的生活里的商机，善于把握，成功其实也就一步之遥。

下面的这则故事就是一个很好的例子。

金娜娇，京都龙衣凤裙集团公司总经理，下辖 9 个实力雄厚的企业，总资产已超过亿元。她的传奇人生在于她由一名曾经遁入空门的尼姑而涉足商界。也许正是这种独特的经历，才使她能从中国传统古典中寻找到契机；又是她那种"打破砂锅"、孜孜追求的精神才使她抓住了一次又一次的人生机遇。

1991 年 9 月，金娜娇代表新街服装集团公司在上海举行了隆重的新闻发布会，在到南昌的回程列车上，她获得了一条不可多得的信息。在和同车厢乘客的闲聊中，金娜娇无意间得知清朝末年一位员外的夫人有一身衣裙，分别用白色和天蓝色真丝缝制，白色上衣绣了 100 条大小不同、形态各异的金龙，长裙上绣了 100 只色彩绚烂、展翅欲飞的凤凰，被称为"龙衣凤裙"。金娜娇听后欣喜若狂，一打听，得知员外夫人依然健在，那套龙衣凤裙仍珍藏在身边。虚心求教一番后，金娜娇得到了"员外夫人"的详细地址。

这个意外的消息对一般人而言，顶多不过是茶余饭后的谈资罢了，有谁会想到那件旧衣服还有多大的价值呢？知道那件"龙衣凤裙"的人肯定很多很多，但究竟为什么只有金娜娇就与之有缘呢？用上帝偏爱金娜娇来解释显然没有道理，重要的在于她"懂行"，在于她对服装的潜心研究，在于她对服装新款式的渴求，在于她能够立刻付诸行动。

金娜娇得到这条信息后心更亮了，她马上改变返程的主意，马不停蹄地找到那位近百岁的员外夫人。作为时装专家，当金娜娇看到那套色泽艳丽、精工绣制的龙衣凤裙时，也惊呆了。她敏锐地感觉到这种款式的服装大有潜力可挖。

于是，金娜娇来了个海底捞月，毫不犹豫地以 5 万元的高价买下这套稀世罕见的衣裙。机会抓到了一半，把机遇变为现实的关键在于开发出新式服装。一到厂里，她立即选取上等丝绸面料，聘请苏绣、湘绣工人，在那套龙衣凤裙的款式上融进现代时装的风韵，功夫不负有心人，历时一年，设计试制成了当代的龙衣凤裙。

在广交会的时装展览会上，"龙衣凤裙"一炮打响，国内外客商潮水般涌来订货，订货额高达1亿元。就这样，金娜娇从"海底"捞起一轮"月亮"，她成功了！从中国古典服装开发出现代新式服装，金娜娇靠着一双"火眼金睛"，最终把一个"道听途说"的消息变成了一个广阔市场的现实。这不能不让我们想起当年李嘉诚发现塑胶花的经过，两人如出一辙。

眼光独到，先声夺人。李嘉诚就是靠着他敏锐、独到的眼光，最终打开了一个商业帝国的大门。人们常说，生物界有两样东西几乎锐不可当，一个是鹰隼的锐利眼睛，一个是豹子的闪电速度。而这两样恰恰可以用来比喻李嘉诚的投资风格。

火眼金睛，冷门变热门

在成功的商人眼里，永远没有"冷门""热门"之分，只有把它看"热"还是看"冷"之分。三百六十行，行行出状元。三百六十行里并非行行都是"热门"，但是在眼睛"毒"的人眼里，再"冷"的行业也能淘出"真金"。只要你炼就一双善于发现商机的"火眼金睛"，遍地将都是黄金。

在李嘉诚看来，预测才是最重要的。当年，所有人都认为地产不过是一块小田时，李嘉诚却义无反顾地进军，结果地产大热，人人蜂拥而至，挤得热火朝天。李嘉诚说，聪明的商人嗅觉灵敏，能及时嗅出哪儿有赚钱的机会。

有些人做生意总挑热门、焦点，觉得只有这样才能挖到黄金。毋庸置疑，能够引起大多数人的关注，本身就说明了它的吸引力和无限商机。但是真正有能力会赚钱的人会避热就冷，在"冷门"里创富，挖别人挖不到的金子，出奇才能制胜。

许爱东就是这样一个从"冷门"里挖出黄金的人。她曾经是银行职员，现在是经营 1400 家竹炭商店的老板。

靠竹炭致富还要从她一次生病说起。几年前，许爱东的风湿病犯了，最严重的时候连胳膊都抬不起来。一个朋友送给她一床竹炭床垫和几个炭包，说能治好她的病。用了之后，病果然好了。

许爱东对竹炭产生了浓厚的兴趣，敏锐地感觉到这是个巨大商机。她到朋友所在城市考察后发现，竹炭货源充足，却没有一家专卖竹炭的商店，全国也是如此。这更坚定了许爱东做竹炭生意的信心。她的想法却遭到了家人的反对：这是十足的冷门，全国都没人做，你为什么要蹚浑水？因为看准了商机，所以许爱东还是下决心做下去。2002 年 3 月全国第一家名为"卖炭翁"的竹炭专营店在杭州开业。

刚开始生意惨淡，顾客虽然觉得新鲜，但看的多买的少。一段时间后，许爱东有些支撑不住了，但依然看好竹炭市场前景，她决定改变思路，重选店址。之后她就在杭州著名的商业文化街河坊街租了房。不幸的是，"非典"恰好来临，又是一片萧条。许爱东又面临朋友的质疑和家人的阻挠，但她还是坚持了下来。果不其然，在抵抗住"非典"的肆虐后，营业的第一天收入就超过 3000 元，比以前一个月的收入还多。这更坚定了许爱东继续做下去的决心。

随着竹炭生意越来越好，她已不满足于在家乡开店，许爱东要把自己的竹炭事业发展到全国。2003 年 8 月，她在湖南开设分店。三个月后，她在全国已有 100 家分店。2004 年，她又开办了竹炭加工厂，扩大产品深加工和一体化作业。现在她的事业已遍布全国，一个曾经无人知晓的冷门，被她做成了大生意。

冷门生意最好做也最赚钱。只要有市场，就有赚钱的机遇。冷门之所以被定义为冷，是因为很多人先入为主：别人说它冷，自己也觉得冷，很多赚钱的机遇就这样悄悄溜走。如果许爱东当初也像其他人一样对竹炭熟视无睹，面对家人的阻止没有继续坚持而是选择放弃，就不会有现在的成绩和发展。她可能依然是一名普通的银行职员，过着朝九晚五的生活。

"冷门"的发掘是视野的拓展，也是灵敏的商业嗅觉使然。李嘉诚的成功在于他能够细心观察身边的每一个领域，他明白市场决定生意，生意决定财富的道理。冷与不冷不在主观而在市场。那些能从"冷"处着手，钻"冷门"的人，才可能挖到更大的宝藏。生意场上"冷门"并不冷，它只是戴了面具的财富，谁能让它显真容，谁就会获得财富。

所有人冲进去时及时抽身

"盛极必衰，月盈必亏"，一句哲理囊括世间万物。李云经在世时，就曾对李嘉诚说过道家的朴素辩证法。李嘉诚有心，一直实践至今。后来，他在长江商学院的一次课程上说，"当所有人都冲进来时，我们跑出去，当所有人跑出来都不玩时，我们冲进来"，竟然与"股神"巴菲特的"恐惧贪婪说"有着异曲同工之妙。他所奉行的"人弃我取""及时抽身"策略清楚地表述了如何做才能在危机来临之时选择挺身而出，从而大赚；又如何在很多人跟风之时选择悄然退出，从而不被套牢。

进军房地产堪称李嘉诚及时抽身的绝妙案例。在塑胶花上市之初，李嘉诚的长江可谓前途无量。但是，经过几年的发展，李嘉诚便发现这个市场已经接近饱和，跟风小企业不计其数。于是，李嘉诚毅然决定，转投房地产，而不再加投塑胶业。由此我们得到启发，当我们正从事的行业前景注定不妙时，应及时抽身。高明的枪手，他的收枪动作往往比出枪还快。李嘉诚懂得这一切，迅速在塑胶行业收手，果断地向地产业投入。

与此相应，当我们准确无误地看好一个行业的前景时，就应果断地进入。2009年3月，李嘉诚认为2009年4~5月，中国将会是全球经济体系中最快复苏的。因此，在经过 2007 年、2008 年不断收缩投资后，2009 年年初他就开始启动不少内地项目。

2009 年的中国经济，也基本印证了他的判断。事实上，没有永远的业务，只有盈利的业务，在该放弃的时候，就应该学会放弃，利用从事前一种业务所积蓄的力量，可以轻松地开展下一个业务。业务不断转移更换，但盈利的中心却不能变。

事实上，任何一项业务，当它走过自己的成熟阶段后，必将走向衰落。而这个时候如果不进行自我调整，还抱着不放，必将随着该项业务的衰落而走向失败。

2007 年 5 月，全球次级债风波尚未爆发之际，在所有人都蜂拥冲进股市的时候，李嘉诚却清醒地劝阻，他数次提醒投资者需要谨慎行事。他以少有的严肃口吻提醒 A 股投资者，要注意泡沫风险。就在李嘉诚讲话的半个月之后，"5·30" 行情开始拖累 A 股一路暴跌。

到了 2007 年 8 月，"港股直通车" 掩盖了美国次贷风暴，他更直指美国经济会波及香港。

当时，李嘉诚被很多记者问为何可以预测。他的回答十分通俗："这是可以从二元对立察看出来的，举个简单的例子，烧水加温，其沸腾程度是相应的，过热的时候自然出现大问题。"

就在 2008 年，当危机再次来临之时，李嘉诚旗下和记黄埔提出 "持赢保泰" 策略，冻结全球新投资，只在本行内继续发展。在经济杠杆里，近乎所有的商业投资最后都会步入衰退的阶段。回头一看，我们不能不说，李嘉诚的嗅觉实在是超前而准确。

中国有句古话叫 "英雄所见略同"。在投资界与李嘉诚持同样观点的人有很多。

在 1987 年 10 月股灾之前，巴菲特几乎把手头上的股票全部卖掉了，只剩下列入永久持股之列的股票，所以遭受的损失较少。巴菲特认为，当有人肯出远高过股票内在价值的价格，他就会卖出股票。当时，整个股票市场已经到达疯狂的地步，人人争着去买股票，因此，他觉得已经有了卖股票的必要。

巴菲特曾说过：当人们对一些大环境时间的忧虑达到最高点的时候，事实上也就是我们做成交易的时候。恐惧是追赶潮流者的大敌，却是注重基本面的财经分析者的密友。这就像李嘉诚所说的在所有人冲进去时及时抽身一样，确实可以作为投资市场颠扑不破的一条盈利法则。

李嘉诚和巴菲特的投资理论告诉我们，在营业厅很冷清时买进，投资者可轻松自如地挑选便宜好货；而当营业厅挤得水泄不通时，虽然牛气冲天，市场一片大好，人们争相买进，但你一定要果断出手，这样不仅可以卖个好价钱，而且还可以规避高处不胜寒的风险。

道理浅显易懂，可是做起来，投资者就未必能步步经营，处处留心。所以，投资者一定要保持对股市的敏感度，也要有自己的客观分析，然后再做出决定。

在所有人冲进去时及时抽身，不仅股票投资如此，事实上这句话在任何一个行业都是适用的。及时抽身妙就妙在它展示的是一种长远的眼光，竞争的智慧，一种积极的放弃行为。

企业最危险的时候有时不是其亏损的时候，相反可能在其赚钱的时候。及时抽身就是要在赚钱的时候积极放弃，未雨绸缪。这是一种积极的、主动的战略性的撤退和放弃，是为了追求更高的目标而采取的进取姿态，看似守势，实则进攻。及时抽身需要有大气魄，为了远大的目标，不在乎一城一池的得失。

高瞻远瞩才能避免失误

一个成功的企业家，除了要有稳重和务实的性格之外，还要能高瞻远瞩。在地铁竞标中，李嘉诚高瞻远瞩地作策略性决定，不计较一时的得失，从而获得了事业的鼎盛发展。对于看准的机会和目标，他全力以赴、一丝不苟地做好一切准备工作，了解实情、分析问题、解决方案都周密部署，因此，机会自然会垂青他，失误自然会远离他，胜利自然属于他。

高瞻远瞩，避免失误，从而取得成功的事例不胜枚举，而下面这个例子就是其中颇有代表性的一个。

1981 年 1 月，里根当选美国总统。索罗斯通过对里根政府新政策的分析，确信美国经济将会开始一个新的"盛—衰"序列，他开始果断投资。事实证明了索罗斯的预测是正确的，美国经济在里根新政策的刺激下，"盛—衰"序列的繁荣期已经初现。1982 年夏天，贷款利率下降，股票不断上涨，索罗斯的量子基金也从中获得了巨额回报。到 1982 年年底，量子基金上涨了 56.9%，净资产从 1.933 亿美元猛增至 3.028 亿美元。至此，索罗斯已逐步从 1981 年的失败阴影中走出来，大步向前。

随着美国经济的快速发展，美元表现得更加坚挺，美国的贸易逆差也因此急剧攀升，财政预算赤字也在逐年增加，索罗斯预测美国正在走向萧条，一场经济风暴将会对美国经济构成严重威胁。暴风骤雨的时候，正是弄潮儿展示身手的大好时机，索罗斯决定在这场即将到来的风暴中搏击一场，因此，他一直密切关注着政府及其市场的动向，寻觅新的机会。

机会终于来了。随着石油输出国组织的解体，原油价格开始下跌，一向坚挺的美元面临着巨大的贬值压力。因为油价下跌，美国通货膨胀有所回落，相应地，利率也将下降，这也将促使美元贬值。索罗斯预测美国政府将采取措施支持美元贬值。同时，他还预测德国马克和日元即将升值，他决定做一次大胆的尝试。

从 1985 年 9 月开始，索罗斯开始做多马克和日元。他先期持有的马克和日元的多头头寸（头寸，是一种市场约定，承诺买卖外汇合约的最初部位，买进外汇合约者是多头，处于盼涨部位；卖出外汇合约为空头，处于盼跌部位。头寸可指投资者拥有或借用的资金数量）达 7 亿美元，已超过了量子基金的全部价值。由于他坚信他的投资决策是正确的，在先期遭受了一些损失的情况下，索罗斯又大胆增加了将近 8 亿美元的多头头寸。

　　这无疑是一场豪赌，只是索罗斯看清了牌局，他每天要做的不是祈祷上帝的保佑，而是依然密切地关注市场和政策动向，静守即将到来的胜利。

　　到了 1985 年 9 月 22 日，温暖的阳光终于照到了索罗斯的脸庞。美国新任财长詹姆士·贝克和法国、西德、日本、英国的四位财政部部长在纽约的普拉扎宾馆开会，商讨美元贬值问题。会后 5 国财长签订了《普拉扎协议》，该协议决定通过"更紧密的合作"来"有序地对非美元货币进行估价"。这意味着中央银行必须低估美元价值，迫使美元贬值。这个消息，让索罗斯绷紧的神经终于得以舒缓。

　　《普拉扎协议》刚刚公布，市场便做出积极回应。美元汇率从 239 日元降到 222.5 日元，降幅为 4.3%，这一天，美元贬值使索罗斯一夜之间狂赚 4000 万美元。事情并未结束，接下来的几个星期，美元一路贬值。10 月底，美元已跌落 13%，1 美元兑换 205 日元。到 1986 年 9 月，美元的汇率已经跌到 153 日元，这个结果足以让索罗斯放声高歌。在这场金融行动中，他前后总计获得将近 1.5 亿美元的收益，大获成功的量子基金顿时在华尔街声名鹊起。

　　在 1984 年到 1985 年的这一年时间里，量子基金已由 4.489 亿美元上升到 10.03 亿美元，资产增加了 223.4%。索罗斯的这一业绩，使得其个人资产也迅速攀升。据披露，索罗斯在 1985 年的收入达到了 9350 万美元。在世界金融中心华尔街地区收入前 100 名富豪排行榜上，索罗斯名列第二位。

　　1986 年，索罗斯继续高歌猛进，量子基金的财富增长了 42.1%，达到 15 亿美元。索罗斯本人从公司的收益中获得 2 亿美元的回报，身价倍增。至此，他正式走上神坛，成为华尔街乃至世界各地金融市场茶余饭后谈论的焦点人物。

　　上面的例子很好地诠释了无论是华人首富李嘉诚还是一样作为大师级的金融理论家索罗斯，他们似乎总是能不以物喜，不以己悲，充分享受心旷神怡的悠然自得。李嘉诚的成功得益于许多因素，而他的高瞻远瞩确实很值得我们学习。

李嘉诚启示录

李嘉诚如是说

做生意好的时候不要看得太好，坏的时候不要看得太坏。最重要的是有远见，杀鸡取卵的方式是短视的行为。

我常常讲，一个机械手表，只要其中一个齿轮有一点毛病，你这个表就会停顿。一家公司也是，一个机构只要有一个弱点，就可能失败。了解细节，经常能在事前防御危机的发生。

闯在当下——胸中怀大志，敢闯才能成功

有志则断不甘下流

李嘉诚曾在汕头大学校友会成立典礼上引用曾国藩于道光二十二年手书的内容，用以激励学生。李嘉诚说："曾国藩曾说：'士人第一要有志，第二要有识，第三要有恒，有志则断不甘为下流，有识则知学问无尽，不敢以一得自足，有恒则断无不成之事。'各位同学，成功的关键，在于我们能否凭着我们的意志，凭着我们的毅力，运用我们的知识、我们的原创力将之融入我们的生命，融入我们承传的强大文化，使之转化成为我们的智慧，使之转化成为我们的力量，为我们民族缔造更大的福祉、繁荣、非凡的成就和将来。"

李嘉诚少时立志，决心将来要创一番大业。在李嘉诚 15 岁时，他要为自己、为母亲、为弟弟妹妹摆脱贫困的生活而奋斗。李嘉诚所想的并不是个人利益，而是他作为家中长子，就需要担起整个家庭的重担。当时香港的经济环境比现在落后得多，生活艰难，贫困使不少香港人三餐不继，莫说是企求他日显贵，就是能够保证温饱，已是不少人的理想，甚至是梦想。但是，李嘉诚就是在这样一个如此恶劣的环境之下，除了洁身自好、不自暴自弃之外，还毅然立志要开创一番事业。

成大事者首先要立志，要有见识，李嘉诚在推销行业业绩卓然之时辞职，独力创立长江；他以小吞大，入主和黄；他拓土开疆，建立一个世界

级财富帝国；他创建汕大、李嘉诚基金会，为华人争了一大口气……

1940 年年初，12 岁的李嘉诚随家人到香港。在香港，李嘉诚接触到了完全不同的文化，粤语、英语等让他眩晕。窦应泰曾经鲜活地描述过这样一个场景，"虽然那时香港尚不十分繁华，不过毕竟与广州大不相同。仅仅古怪的街名就让他不可理喻了，什么铜锣湾，什么快活谷、荷里活道，什么旺角和尖沙咀。""香港那些狭窄街道上的路标几乎都是英文书写，而人与人之间的对话则是难懂的英文，即便偶尔遇上几个广东人，说起话来也都掺杂着难懂的英语。"而且，李嘉诚十分清醒，由于当时的香港是在英国的殖民统治之下，其官方语言是英语，这是在香港生存必须要掌握的重要的语言工具，尤其是在上流社会。

于是，没有选择逃避的李嘉诚为了能让自己具备一定的交际能力，他抓紧时间适应环境。李嘉诚不怕被人笑话"水皮"，敢于大胆与人交流，从中学习。因为学英语困难，李嘉诚找了表妹做辅导，日夜刻苦训练。终于，李嘉诚攻克了这一难关，就此在香港扎下根来。

李嘉诚的志向并不仅仅在于过上好的生活，他的视野在全世界。当一个有志者奋起时，即使经历再多的波折，承受再多的痛苦，他也不会觉得苦，不会觉得累，因为他是为了梦想而努力。这样的经历不由得让我们想起那些过往的成功者，李小龙就是一典范。

由于父亲是演员，李小龙从小就有了跑龙套的机会，他渐渐产生了当一名演员的想法。可由于身体虚弱，父亲让他拜师习武以强身。但在心底，他从未放弃过当一名演员的梦想。一天，他与朋友谈到梦想时，在一张便笺上写下了这样一段话："我，布鲁斯·李，将会成为全美国最高薪酬的超级巨星。作为回报，我将奉献出最激动人心、最具震撼力的演出。从 1970 年开始，我将会赢得世界性声誉；到 1980 年，我将会拥有 1000 万美元的财富，那时候我及家人将会过上愉快、和谐、幸福的生活。"

当时，他穷困潦倒。可以预料，如果这张便笺被别人看到，会引来什么样的白眼和嘲笑。但他牢记着便笺上的每一个字，克服了无数常人难以想象的困难，终于成为最早被欧洲人认识的亚洲人，一个迄今为止在世界上享誉很高的华人明星。

安德鲁·卡内基说："我是不会帮助那些缺乏成为企业领袖的雄心壮志的年轻人的。"人生志向提升人生的价值。没有远大志向的人，就像一艘没有目的的航船，永远漂移不定，甘于顺流而下。

曾国藩说，自己不立志，则虽日与圣人同住，亦无所成矣！可见，志向对于一个人的发展是多么的重要。李嘉诚就是一个少年时代即有凌云之志的人，他不拘泥于眼前，总是严格要求自己，抵制生命中很多的诱惑，不畏惧挫折，在遭受磨难时从不妄图依赖他人。因为在李嘉诚的眼中，只有一条路要走，那就是成功之路。

看准目标，绝不半途而废

《劝学》写道："锲而不舍，金石可镂；锲而舍之，朽木不折。"

伏尔泰曾说："要在这个世界上获得成功，就必须坚持到底，剑至死都不能离手。"

任何人成功之前，必然会遇到很多挫折。碰到不如意的事，选择放弃也许是最简便的做法，却再难有所成就。一个人若要有所成就的话，就必须有恒心，持之以恒，绝不能半途而废。李嘉诚便是这样一个能闯之人，于绝境中不放弃、于困境中不半途而废的人。

被同乡李嘉茂挖过来，李嘉诚是奔着自己的目标努力的。然而很快他便发现，李嘉茂是个急性子，喜欢按自己的想法行事，对手下7个工人每天制铁桶要有定额。如若完不成定额，轻则扣发薪水，重则当场解雇。李嘉诚明白，这是采取强制措施以便完成每天定额。由于如此精明实用的奖罚方法在当时是不多见的，所以第一次试水的他不禁铆足了劲。

做推销员自然是十分辛苦的，除了每天都要风雨无阻地奔波之外，还要看各色人的脸色。因为这种小铁桶的购买者多为香港的下层贫民。而小铁桶的使用者们大多都有旧桶可使就不再购新桶了，有些居民即便是买，一般也会采取能省则省、能压价就压价的做法。有时李嘉诚费了许多唇舌讲好了一桩生意，屈指一算，利润几乎刚好与成本持平。这种沮丧感是难以形容的。而随时都有可能被"炒鱿鱼"更是让李嘉诚如坐针毡。想起钟表店的那段时光，不能不让人感叹。

然而李嘉诚并没有因此而退却，他那绝不半途而废的性格给了他坚强的支撑。于是，他拼命开动脑筋，而不再一味蛮干。他想："如果我想在五金厂立稳脚跟，就必须做几单大生意，否则我在五金厂迟早会栽跟斗的。"

一开始，李嘉诚把目光盯在香港几家大酒店。譬如君悦、半岛、文华、西港城、聚星楼酒店等。为了能不盲目，他多次前往各大酒楼调查了解，发现这些酒店的客房中均需要这类小铁桶。但是，麻烦的是这类用量较多的酒楼饭店不会轻易购买像李嘉茂这样没有影响的五金小厂的产品。李嘉诚自己有把握吗？

答案是没有。但是没有也不能让这个目标就此流产。于是，他偷偷进了君悦大酒店，并且说服了老板的女秘书，让他见到了老板。

但这仍然不等于成功，因为大老板还没有点头。当老板发现李嘉诚时，李嘉诚已经足足等了几个小时。他见了老板，刚提到五金厂的小铁桶，不料老板竟不客气地打断了他的话，说："年轻人，你就不必费口舌了，我们君悦大酒店是绝对不会进你们五金厂任何产品的。即便你们的产品确如你所说的那样质高价廉，我也不会同意进货的。"计划终于还是夭折了。李嘉诚知道即便继续纠缠下去，也不会再有转机。于是他礼貌地向老板致意，然后告辞出门。

但是，突然，一个想法冒了出来。走到楼下的李嘉诚忽然又转身上了楼梯谦逊地对老板说道："是这样，我刚才就这样匆忙下楼其实是不礼貌的，因为我还没有征求先生对我推销方式的意见呢？因为我很年轻，也是刚做这种生意，所以难免有些不谙此道。我对先生并无其他所求了，只求先生能以长辈的角度，给我的推销方式提一点宝贵的意见！"

老板不仅对他刮目相看，还很坦诚地说："年轻人，并不是你在推销过程中有什么不礼貌，应该说你是个很会做事的人，你当推销员也很称职。只是你们五金厂太小，产品也不可能登大雅之堂，尤其是像我们这样的大酒店，一般都从有名气的厂家进货，所以我只能拒绝你了，请你原谅。"

这是一个契机，李嘉诚意识到。他果断地判断出了他们这个大酒店是从香港名气很大的凯腾五金店厂进小铁桶的。而凯腾五金店厂有一个极大的漏洞：他们的产品质量不够硬，因为他们用的并不是进口镀锌板材，虽然他们在出售产品时是打着日本材料的招牌，其实他们只是使用五金厂不用的边角余料进行再加工，然后再以进口镀锌板的名义上市罢了。

李嘉诚的陈辞令这位老板不禁吃了一惊，后来他果然查出了真相，正如李嘉诚所言。而且李嘉诚推销的小铁桶非但都用上好镀锌板制成，价格也更低廉。于是，这位老板马上派人照李嘉诚名片上的地址找到了位于新界一处荒凉郊外的工厂，一下子就订下了 500 只小铁桶的订单。

李嘉诚正是因为没有半途而废，这才从绝境中发现了成功的制胜之机，从而一举成名。

有人曾统计过，全美国的富豪中，有 500 人以上亲口说过，他们最轰轰烈烈的成功和打击他们的挫折之间相距仅有一步。要想成功，就不能被放弃的心情左右，要知道黄金只在三尺之下。世人往往惊羡于李嘉诚现时的地位与金钱，而没有看到其所付出的这一切。如果资历最浅、情况最不利的李嘉诚中途放弃了，那么等待他的，说不定就是一文不名的市井小民，抑或一辈子的穷光蛋了。

只有锲而不舍，才可达成目标。这种持之以恒的精神对经商者便如同一双翅膀，带他们飞越他人，走向成功。

持之以恒是成功的基石

立定志向是不难的，难的是持之以恒地按照自己既定的目标计划不断地奋发，不断地进取。有道是"有志者立长志，无志者常立志"。工作是一步一个脚印扎扎实实才能做好的。

确立人生目标，不断地鞭策自己，持之以恒地做，必会使自己更好地成长，拥有成功人生。

持之以恒是成功的基石，这一点在李嘉诚身上也得到了很好的印证。

李嘉诚出身于社会基层的知识分子家庭，父亲李云经一度经商，失败后回家乡教书，因此李嘉诚在童年受到很好的学校教育和家庭教育。然而，这一正常的健康的成长岁月很快就被时代的车轮碾碎，由于日本入侵，父亲不得不带着一家人从潮州逃难到香港。

到港之后，李云经对儿子的教育大有改观。他不再以古代圣贤的言行风范训子，而是要求李嘉诚"学做香港人"。

人与人首要的交际工具是语言。

香港的大众语言是广州话。广州话属粤方言，潮州话属闽南方言，彼此互不相通。在香港，不懂广州话寸步难行。

香港的官方语言是英语，这是香港社会的一种重要语言工具。

李云经要求李嘉诚必须攻克这两种语言，一来立根于香港社会，二来可以直接从事国际交流。将来假若出人头地，还可以身登龙门，跻身香港上流社会。

李嘉诚把学广州话当成一件大事对待，他拜表妹表弟为师，勤学不辍。他年纪轻，很快就学会一口流利的广州话。

困难的是英语关。李嘉诚进了香港的中学念初中。香港的中学，基本上都是英文中学，即便是中文中学，教材也是英文教材占了半数以上。

香港之所以能成为国际化大都市，与香港人的整体英语水平较高分不开。懂得英语，就能更直接地接受西方文化，从事国际经济文化交流。

李嘉诚到了香港，不再是昔日学校的骄子，他坐在课堂听课时，如同听天书一般，完全不知所云。看看其他同学，都是从小便开始学习英语。李嘉诚深深知道自己身上的不足，心底不由升起一股自卑感。

李云经经常询问儿子在学校的情况，说道："在香港，想做大事，非得学会英语不可。"

李嘉诚点头，他明白父亲的苦心。且不说为了前途，单是为了这来之不易的学费，他也会刻苦勤学以求上进来报答父恩母爱。多少年以后，每当李嘉诚回忆起当年父亲生病而不求医，却省下药钱来供他读书，母亲则是缝补浆洗，含辛茹苦地维持一家生计时，每每都禁不住神色黯然。

李嘉诚学英语的刻苦，几乎达到了走火入魔的程度。上学、放学的路上，他边走边背单词。夜深人静，李嘉诚为不影响家人休息，常常一人独自跑到外面路灯下读英语。天蒙蒙亮时，他便起身，什么也不顾，就念起英语来。

即使后来父亲早故，李嘉诚辍学到茶楼、到中南钟表公司当学徒，在一天的多少个小时的辛苦劳作后，他也从不间断地坚持用业余时间补习英语。

有时实在是太累了，筋疲力尽，连走路的力气都没有，李嘉诚也依然坚持每天自学到深夜才睡，从不懈怠。

果然皇天不负有心人，几年后，李嘉诚便熟练地掌握和运用英语了，同时还练就了一口流利的广州话。

李嘉诚在晚年接受采访时还说："我每天晚上都要看英文电视，温习英语。"

在日后的商战风云中，广州话和英语使李嘉诚受益匪浅。

要成功，最忌"一日曝之，十日寒之""三天打鱼，两天晒网"。遇事浅尝辄止，必然碌碌终生而一事无成。世上愈是珍贵之物，则费时愈长，费力愈大，得之愈难。即便是燕子垒巢、工蜂筑窝也都非一朝一夕的工夫，人们又怎能企望轻而易举便获得成功呢？天上没有掉下来的馅饼，数学家陈景润为了求证"哥德巴赫猜想"，他用过的稿纸几乎可以装满一个小房间；作家姚雪垠为了写成长篇历史小说《李自成》，竟耗费了 40 年的心血……大量的事实告诉我们：点石成金须恒心。

俗话说得好：滚石不生苔，坚持不懈的乌龟能快过灵巧敏捷的野兔。如果能每天学习 1 小时，并坚持 12 年，所学到的东西，一定远比坐在学校里接受 4 年高等教育所学到的多。正如布尔沃所说："恒心与忍耐力是征服者的灵魂，它是人类反抗命运，个人反抗世界，灵魂反抗物质的最有力支持，它也是福音书的精髓。从社会的角度看，考虑到它对种族问题和社会制度的影响，其重要性无论怎样强调也不为过。"

人类迄今为止，还不曾有一项重大的成就不是凭借坚持不懈的精神而实现的。

因为有了恒心，才有了埃及平原上宏伟的金字塔；因为有了恒心，人们才登上了气候恶劣、云雾缭绕的阿尔卑斯山，在宽阔无边的大西洋上开辟了通道……

滴水可以穿石。如果三心二意，哪怕是天才，也势必一事无成；只有仰仗恒心，点滴积累，才能看到成功之日。勤快的人能笑到最后，而耐跑的马才会脱颖而出。

凡是用恒心当作资本从事事业者，他成功的可能比那些以金钱为从事事业资本者要大得多。人们的成功史，每时每刻都在证明拥有恒心可以使人脱离贫穷，可以使弱者变成强者，变无用为有用。

李嘉诚启示录

李嘉诚如是说

力争上游，虽然辛苦，但也充满了机会。我们做任何事，都应该有一番雄心壮志，立下远大的目标，用热忱激发自己干事业的动力。

你要别人信服，就必须付出双倍使别人信服的努力。

从历史的事实看，积极进取的精神，才是成功的决定性因素。

在激烈的竞争当中多付出一点，便可多赢一点。就像参加奥运会一样，你看一、二、三名，跑第一的往往只是快了那么一点点。

当你做出决定后，便要一心一意地朝着目标走，常常记着名誉是你的最大资产，今天便要建立起来。

第 7 堂课

以勤为径——勤奋能补拙，努力就有超越

天道酬勤，挑战自我：8 与 16 有天壤之别

任何人想要成功，都需要付出行动。天道酬勤，如不付出根本性的行动，到最后只可能是竹篮打水一场空。李嘉诚作为其财富帝国的掌舵者，如果没有付出坚苦卓绝的努力，又怎可能拥有天之赐予，赢得财富的资本，走向成功？时间，总是给懒惰者留下空虚和懊悔，给勤奋者带来智慧和力量。

李嘉诚曾在 1981 年谈到自己走向成功的因素，第一句话便是："在 20 岁前，事业上的成果百分之百靠双手和勤劳换来。"无论你是富有还是贫穷，只要你勤劳，你就有可能登上事业之巅。

陈文祥曾经评论说："真是万万想不到，李嘉诚发家致富的制胜法宝，居然是简单得不能再简单的'勤劳'二字……尽管想当'李嘉诚'的青年人数不胜数，可香港为何至今仍只有一个李嘉诚？"

当年李嘉诚放弃舅舅的供给，踏入社会，做最没有地位的堂仔抑或学徒；后来又离开舅舅的钟表店，走街串巷，风雨无阻做推销员。在推销五金制品之时，面对塑胶制品的巨大威胁，李嘉诚没有选择半途而废。"天道酬勤，挑战自我"。如果没有这 8 个字，李嘉诚又怎能走出那一条条弄巷，踏上飞机奔赴世界各地？一路艰辛，才有今天的辉煌。

李嘉诚说："别人做 8 小时，我就做 16 个小时，起初别无他法，只

能以勤补拙。"

如果李嘉诚和别人一样按部就班干 8 个小时，而不是自己给自己施加压力，以勤补拙干 16 个小时，仅一年工夫，李嘉诚又怎么会实现超越另外 6 个推销员，取得销售额是第二名的 7 倍的壮观成绩？

在这个世界上，任何成功的人都不是单纯的靠幸运或是后盾活的。而是以勤为径，一步步走向成功之路。

美国前总统亨利·威尔逊出生在一个贫苦的家庭，当他还在摇篮里牙牙学语的时候，贫穷就已经冲击着这个家庭。威尔逊 10 岁的时候就离开了家，在外面当了 11 年的学徒工。这期间，他每年只有一个月时间到学校去接受教育。

经过 11 年的艰辛工作之后，他终于得到了 1 头牛和 6 只绵羊作为报酬。他把它们换成了 84 美元。他知道钱来得很艰难，所以绝不浪费，他从来没有在玩乐上花过 1 分钱，每个美分都要精打细算才花出去。

在他 21 岁之前，他已经设法读了 1000 本书——这对一个农场里的学徒来说，是多么艰巨的任务呀！在离开农场之后，他徒步到 150 千米之外的马萨诸塞州的内蒂克去学习皮匠手艺。他风尘仆仆地经过了波士顿，在那里他看了邦克希尔纪念碑和其他历史名胜。整个旅行他只花了 1.6 美分。

在过了 21 岁生日后的第一个月，他就带着一队人马进入了人迹罕至的大森林，在那里采伐原木。威尔逊每天都是在东方刚刚翻起鱼肚白之前起床，然后就一直辛勤地工作到星星出来为止。在一个月近乎夜以继日的辛劳努力之后，他获得了 6 美元的报酬。

在这样的穷困境遇中，威尔逊下定决心，不让任何一个发展自我、提升自我的机会溜走。很少有人像他一样深刻地理解闲暇时光的价值，他像抓住黄金一样紧紧地抓住了零星的时间，不让一分一秒从指缝间白白流走。12 年之后，这个从小在穷困中长大的孩子在政界脱颖而出，进入了国会，开始了他的政治生涯。

对于一个人的发展和成长，天赋、环境、机遇、学识等外部因素固然重要，但更重要的是自身的勤奋及敢于挑战自我。

没有自身的勤奋，就算是天资奇佳的雄鹰也只能空振双翅；有了勤奋的精神，却不敢挑战自我，只能永远埋于尘埃之中做一颗无名小草。成功不能单纯依靠能力和智慧，更要靠每一个人自身孜孜不倦地工作和不惧困境的自我挑战。

关于李嘉诚，香港某报曾有如下诚恳评价："李嘉诚发迹的经过，其实是一个典型青年奋斗成功的励志式故事，一个年轻小伙子，赤手空拳，凭着一股干劲儿勤俭好学，刻苦而劳，创立出自己的事业王国。"

李嘉诚不但自己刻苦耐劳，就连对儿子的教育，也是以勤为主，"勤能补拙，吃得苦中苦，方为人上人"。

富力地产集团总裁张力曾表示："任何一个成功的老板首先应该勤奋，以香港第二代巨商们的子弟来说，像长江、新鸿基这几家的小孩都很勤奋，还有几家的小孩很懒，他们的企业就走下坡路了。在广州我也看到一些有钱的老板，赚了钱就打高尔夫球，公司慢慢就倒闭了。"

"书山有路勤为径，学海无涯苦作舟。"这绝不是一句虚话。

止惰和守勤是成功的信条

古话有云："只要功夫深，铁杵磨成针。"有人曾说，在香港，李嘉诚也许是走路步伐最快的人，直至今日，李嘉诚依然健步如飞，很多年轻人都赶不上他。李嘉诚自己也说，他的手表永远比别人调前 20 分钟。守勤的"守"字，永远是那么让人尊敬。

守勤是李嘉诚的重要的人生准则，也是他成功的经验之一。如今李嘉诚虽然已进入老年行列，但依然精神矍铄，每天都要到办公室中工作，从来不曾有半点懈怠。据李嘉诚身边的工作人员称，他对自己业务的每一个细节都非常熟悉，这不能不说是其守勤的最好明证。

在人世间，似乎很多东西都可以通过不正当的渠道而获得，像财产、权力、机遇，等等，但是，唯有才能、知识、经验……必须通过诚实和辛勤的劳动而获得。因此，一切要成才的人，都必须面对一个重大而严肃的问题，那就是准备艰苦奋斗 10 年、20 年、30 年，甚至奋斗一生。同时，还要同自己本身的各种弱点进行艰苦的斗争，尤其是懒惰。不这样，就很难成功。

古语云："业精于勤而荒于嬉"，学业如此，事业亦如此，成大事者必须勤。李嘉诚曾因电影《阿甘正传》而潸然泪下，因为阿甘在那样一个懵懂的世界里生活，却依然为此不懈奋斗，勤于做任何事情，而从未懒惰。

华罗庚说："勤能补拙是良训，一分辛劳一分才。"所有成功者的足迹都洒满了勤奋的汗水。无论多么聪明的人，倘若没有辛勤的耕耘，一切都是空谈。想成名，又不想经过勤奋、经过艰苦奋斗，那不是白日做梦么？

爱因斯坦说："在天赋和勤奋两者之间，我毫不迟疑地选择勤奋，她几乎是世界上一切成就的催产婆。"

马克思认为，在科学上是没有平坦的大路可走的，只有那些在崎岖的小路上攀登、不畏劳苦的人，才有希望达到光辉的顶点。

居里夫人说："在捷径道路上得到的东西绝不会惊人。当你在经验和诀窍中碰得头破血流的时候，你会知道：在成名的道路上，流的不仅是汗水，更多的是心血；他们的名字不是用笔而是用生命写成的。"

郭沫若说："形成天才的决定因素应当是勤奋。"

卓越的英国物理学家和化学家、近代电磁学的奠基人法拉第，家境贫苦，没有进过什么高等学府，但是他以顽强的精神，勤奋自学，终建伟业。他有多项科学发现，其中重要的一项，他用了整整 10 年的时间，克服了很多困难，经历了无数次失败之后，终于发现了电磁感应现象。这一发现具有划时代的意义。

伟大的发明家爱迪生，小时候由于患猩红热病，到 8 岁半才上学念书。但是，他被老师斥为"糊涂虫"，仅仅 3 个月就退学了。后来，爱迪生坚持不懈地自学，参加工作后，一边工作，一边学习和做实验。经过长期顽强地奋斗，他终于成才，成为人类历史上最伟大的发明家。至今，在技术发明上，还没有人超过他。

要想做一名成功的商人，有一个精明的头脑还远远不够，2003年10月，李嘉诚在接受香港一家媒体记者采访时说道："我的成功是有一个过程的，从最初的起点来看，止惰和守勤是我的信条。"

李嘉诚曾被香港电台评为"风云人物"，当时他很谦虚地说是"时势造英雄"。

17年后当他的事业终于尘埃落定，再次被香港电台采访之时，他坦白地说："最初创业的时候，几乎百分之百不靠运气，是靠勤奋，靠辛苦，靠努力工作而赚钱。"

1987年3月30日晚，人们期盼已久的第59届奥斯卡金像奖的颁奖仪式正在举行。当主持人宣布玛莉·马特琳在《上帝的孩子》中表演出色，获得最佳女主角时，全场立刻爆发出雷鸣般的经久不息的掌声。手里拿着小金人的玛莉·马特琳激动不已。她似乎有很多很多话要说，可是人们没有看到她的嘴动，她把手举了起来，竟是打的哑语！

玛莉·马特琳出生时是一个正常的孩子，但出生18个月后，她在一次高烧中失去了听力和说话的能力。但是，她并没有被生活的磨难打倒，依旧对生活充满了激情。

8岁，她加入了伊利诺伊州的聋哑儿童剧院。9岁，就在《盎斯魔术师》中扮演多萝西。但16岁那年，玛莉被迫离开了儿童剧院。玛莉·马特琳并没有放弃，而是在被邀请用手语表演一些聋哑角色中努力锻炼自己，提高演技。

1985年，19岁的玛莉参加了舞台剧《上帝的孩子》的演出。她饰演的是一个次要角色，可就是这次演出，使玛莉走上了银幕。

女导演兰达·海恩丝在看过《上帝的孩子》的演出之后，决定将其拍成电影。但她几经周折都没有发现合适的演员，于是她又回到了美国，观看了舞台剧《上帝的孩子》的录像。她发现了玛莉演技高超，立即决定起用玛莉担任影片的女主角，饰演萨拉。

玛莉扮演的萨拉，在全片中没有一句台词，全靠极富特色的眼神、表情和动作，揭示主人公矛盾复杂的内心世界——自卑和不屈、喜悦和沮丧、孤独和多情、消沉和奋斗。玛莉十分珍惜这次机会，她勤奋、严谨、认真地对待每一个镜头，用心去做每一个动作，因此表演得惟妙惟肖，让人拍案叫绝。就这样，玛莉·马特琳实现了人生的飞跃，成为美国电影史上第一个聋哑影后。

其实，命运对待每个人都一样公平，都很重视。只要不断地努力，每个人都可以品尝到成功的果实。一个依靠勤奋获得成功的斗士，在她身上所显示出的坚韧是那么超脱，不同寻常。所以，上帝把小金人颁给了这个美丽的女人。

李嘉诚的止惰守勤的确成为成功的信条。不单他的事业如鱼得水，就连其儿子也同样如此。李泽钜工作非常努力，每天经常工作十多个小时。他说："压力来自自己。我喜欢接受挑战，我永远不会让自己停下来！"李泽楷对其工作也十分投入和勤勉，获得了"小超人"的荣耀称号。

由此可见，止惰是人们对于人性弱点的克服，而守勤则是对于可望成功的坚持。坚守这一信条，成功就在不远处。

勤奋敬业，功到自然成

自古以来，人们都推崇努力。然而真正的成功境界却可以用五个字来形容，"功到自然成"。不是不用努力，而是将用功当作了一种吃饭和睡觉，从而获得一种持续积累的量变后的质变。

王国维曾引用三句古词来形容成大学问人的三种境界。第一种境界是"昨夜西风凋碧树，独上高楼，望尽天涯路"；第二种境界是"衣带渐宽终不悔，为伊消得人憔悴"；第三种境界是"众里寻他千百度，蓦然回首，那人却在灯火阑珊处"。

归纳来讲就是：第一境界为求学与立志之境，此为"知"之大境界；第二境界为"行"之境界，为实现远大理想而坚忍不拔；第三境界为"得"之境界，功到自然成。只要你选择了，只要你努力了，只要你功课做足了，功到怎么能不自然成呢？

李嘉诚曾说他自己是在"披星戴月去，万家灯火归"才走到了有立足之地的地步。他最初做推销员时是把勤奋当成一种习惯的，勤于跑路，勤于思考，所以在思考充分用功到位后获得了成功。

李嘉诚在开始独立创业时也把勤奋当成一种习惯，每天早早地起床外出推销或采购。等赶到办事地点时，别人刚好上班。办完事后，李嘉诚又匆匆忙忙赶回工厂，先检查工人上午的工作。他还手把手地教工人如何出产品。

李嘉诚从不把自己当作高高在上的老板，而是一个全能技工。他不但是操作工，还是技师、设计师、推销员、采购员、会计师、出纳员，等等。就是在这样的一步步如习惯般奔波劳碌中，李嘉诚的厂子红红火火办了起来。

由此可见，勤奋敬业对一个初创的企业起到了不可估量的作用。中国工商银行董事长姜建清曾发表过获奖感言，他说：希望通过我们服务的改革、改进，能真正使客户感受到工商银行是您身边的银行，可信赖的银行。我想只要我们认真，我们会做到这一切，功到自然成。

一个屡屡失意的年轻人觉得在工作单位很没面子，单位领导并没有给他重要的岗位去锻炼，也没有提拔他的迹象……于是他决定外出寻求指点。

他千里迢迢来到普济寺，慕名寻到老僧释圆，沮丧地对释圆说："人生总不如意，活着也是苟且，有什么意思呢？"

释圆静静地听着年轻人的叹息和絮叨，末了才吩咐小和尚说："施主远道而来，烧一壶温水送过来。"不一会儿，小和尚送来了一壶温水。释圆抓了茶叶放进杯子，然后用温水沏了，放在茶几上，微笑着请年轻人喝茶。杯子冒出微微的水汽，茶叶静静浮着。

年轻人不解地询问："宝刹怎么用温水沏茶？"

释圆笑而不语。年轻人喝一口细品，不由得摇摇头："一点茶香都没有呢。"

释圆说："这可是闽地名茶铁观音啊。"

年轻人又端起杯子品尝，然后肯定地说："真的没有一丝茶香。"

释圆又吩咐小和尚："再去烧一壶沸水送过来。"

又过了一会儿，小和尚提着一壶冒着浓浓白气的沸水进来。释圆起身，又取过一个杯子，放茶叶，倒沸水，再放在茶几上。

年轻人俯首看去，茶叶在杯子里上下沉浮，清香四溢，"闻"而生津。年轻人欲端杯，释圆作势挡开，又提起水壶注入一线沸水。

茶叶翻腾得更厉害了，一缕更醇厚、更醉人的茶香袅袅升腾，在大禅房弥漫开来。

释圆这样注了五次水，杯子终于满了，那绿绿的一杯茶水，端在手上清香扑鼻，入口沁人心脾。

释圆笑着问："施主可知道，同是铁观音，为什么茶味迥异吗？"

年轻人思忖着说："一杯用温水，一杯用沸水，冲沏的水不同。"

释圆点头："用水不同，则茶叶的沉浮就不一样。温水沏茶，茶叶轻浮水上，怎会散发清香？沸水沏茶，反复几次，茶叶沉沉浮浮，释放出四季的风韵，既有春的幽静、夏的炽热，又有秋的丰盈和冬的清冽。世间芸芸众生，也和沏茶是同一个道理，也就相当于沏茶的水温不够，想要沏出散发诱人香味的茶水是不可能的；你自己的能力不足，要想处处得力、事事顺心自然很难。要想摆脱失意，最有效的方法就是苦练内功，提高自己的能力。"

年轻人茅塞顿开，回去后刻苦学习，虚心向人求教，不久就受到了单位领导的重视。

水温够了茶自然香，功夫到了自然成。历史上凡是有所建树的人，往往都是很勤奋、很努力的人。

任何一项成就的取得，都是与勤奋和努力分不开的，只要功夫做到家，自然能获得成功。

21 世纪，是充满挑战的世纪，历练自己，将勤奋当作一种习惯，你就会把别人远远扔在后面。

无论是作为领导人、管理者，还是作为工作者，都要做到时刻努力，贵在坚持。形成一种好习惯，几十年如一日便能滴水穿石，功到自然成。

幸运成功一时，努力成就一世

人之于运气与努力虽然没有必然的联系，可对人的影响却是直接的、重要的。努力是人对事业的态度和在这种态度的支配下，付出的功力的大小。按词典的解释，就是把自己的力量尽量地使出来。它是由人的主观能动性决定的，是人的主观意志的反映。

运气则是客观的、出乎意料的，是指人的命运和人们对命运的看法。从某种程度上说，努力是自我挑战的过程，运气是客观事物形成的结果。大量的事实说明，一个人的事业成败，关键在于他是否努力。而运气，则很多时候只是锦上添花，并非一世应倚仗之物。

时至今日，提起"超人"，无人不知指的是谁。有人写对联称"高人高手高招，超人超智超福"。与此同时，不少人在承认李嘉诚"高人之术，超人之智"的同时，莫不羡慕他的幸运。

鸿硕先生在《巨富与世家》一书中提到："1979 年 10 月 29 日的《时代》周刊说李氏是'天之骄子'，这含有说李氏有今天的成就多蒙幸运之神眷顾的意思。英国人也有句话：'一安士（盎司）的幸运胜过一磅的智慧。'从李氏的体验，究竟幸运（或机会）与智慧（及眼光）对一个人的成就孰轻孰重呢？"

不止鸿硕，还有其他人做过细致的估算，李嘉诚幸运，他经营塑胶花时，无人担保，就可获得大客户的全额订金；他将长江上市，适逢股市牛市大好时机；他得到地铁公司主席唐信的垂青，获得车站上盖的发展权；1980 年，他被委任为汇丰银行董事，成为继包氏之后的第二位华人董事；与汇丰合伙重建华人行；收购和黄……

那么李嘉诚的确是靠运气起家和成功的吗？李嘉诚说过一句既经典又恳切的话："在 20 岁前，事业上的成果百分之百靠双手勤劳换来；20~30 岁，事业已有些小基础，那 10 年的成功，10% 靠运气好，90% 仍是由勤奋得来；之后，机会的比例也渐渐提高；到现在，运气已差不多要占三到四成了。"

也许会有很多人觉得自己很委屈，李嘉诚有三四成的运气，为什么自己什么也没有呢？

但李嘉诚解释说："对成功的看法，一般中国人多会自谦那是幸运，绝少有人说那是由勤奋及有计划地工作得来。我觉得成功有三个阶段：第一个阶段完全是靠勤奋工作，不断奋力而得成果；第二个阶段，虽然有少许幸运存在，但也不会很多；现在呢？当然也要靠运气，但如果没有个人条件，运气来了也会跑去的。"

李嘉诚说得直白，因为有基础，而且即便是有基础，靠勤奋换来的成就依然占着十之七八。这很明白地告诉我们，靠幸运或许会成功，但并不能真正永胜无敌，只有努力与勤奋方能成就一世之基。

李嘉诚炒股一个多月家产蒸发 55 亿港元，对他来说，也许不足为奇，但对于普通百姓来说，就是一个天文数字。所以，只有正确认识、科学把握努力和运气与事业成功的关系，才是赢得潇洒人生、事业成功的保证。

在李嘉诚刚开始经营塑胶花的时候，一天，一位美国人突然找到他，说经某贸易公司的负责人推荐,认为长江厂是全香港最大规模的塑胶花厂，这令他一时语塞，因为当时他的厂房并不太大。

这种幸运是天上掉馅饼吗？经过仔细询问李嘉诚才发现，这是因为之前有一家退自己货的贸易公司因为自己没让对方赔偿，对方感激，遂主动为他推广的原因。双方很愉快地做成了这单交易。

由此我们明白，幸运也是要有努力做后盾的，不然就是来了自己也难以把握。

在人们的心目中，李嘉诚成了幸运与财富的象征，成了"火眼金晴"的神一般的人物，似乎只要他想要做的事就会成功。美国《时代》周刊因此早在 1979 年称他为"天之骄子"。但其实，幸运只能说是努力得来的结果，是实力通向成功的捷径。

一分耕耘，一分收获

努力是取得事业成功的重要手段。俗话说，一分耕耘，一分收获。事业就像耕种一样，你在事业的田地耕耘了多少，付出了多少，它回报你的就有多少，甚至会更多。相反，如果一个人在事业上庸庸碌碌，无所作为，那么，天上不会掉馅饼，事业的成功就会与你擦肩而过。

因此，在实际生活和工作中，我们只有不断努力，事业才有成功的希望。

李嘉诚说："我认为勤奋是个人成功的要素，所谓'一分耕耘，一分收获'，一个人所获得的报酬和成果，与他所付出的努力有极大的关系。运气只是一个小因素，个人的努力才是创造事业的最基本条件。"

甘·史图尔特白天进行建筑工作，每天都做到很晚，甚至整个周末都加班，务求他的事业可以蓬勃发展。布莱恩·布洛辛仍在巴尔的摩小马队打球时，一星期便花两晚在大学修会计学位，同时建立他的事业。罗恩和托比·赫尔用他们的积蓄，买了 25 卷"安利"录音带，送给他们的朋友。艾尔·汉弥尔顿初次陈述时十分紧张，开始前吃螺蛳。对福特而言，公开演讲是要老命的事，他演讲时会害羞、恐惧，但最终会把它完成。

耕耘与收获是成正比的，要想比别人取得更多的成就，唯一的方法就是比别人更努力地多做一点。

德尼斯最早开始在杜兰特的公司工作时，只是一个很普通的职员，但现在他却成了杜兰特先生最得力的助手，成为一家分公司的总裁。他如此快速地得到升迁就是因为他总是设法使自己多做一点工作。

"我刚来杜兰特公司工作时，我发现，每天大家都已下班后，杜兰特依旧会留在公司工作到很晚，于是我决定自己也留在公司里。是的，谁也没有要求我这样做，但我觉得我应该留下来，在杜兰特先生需要时给他提供帮助。

"杜兰特先生在工作时经常找文件和打印材料，最开始他都是亲自做这些工作。后来他发现我时刻在等待他的吩咐，于是他让我代替他去做这些工作……"

杜兰特之所以主动让德尼斯为他工作，就是因为德尼斯比别人多留在办公室一会儿，使杜兰特随时可以见到他。尽管德尼斯并没有多获得一分钱的报酬，但他获得了更多的机会，让老板见识并认同了他的能力，从而也为自己的晋升创造了条件。

其实每天多做一点点，初衷也许并非为了获得更多的报酬，而结果往往获得更多。就像李嘉诚所说，自己的努力是最终成就我们的最基本条件。我们要想超过别人，就一定要有"多走几步路"的习惯！

李嘉诚启示录

李嘉诚如是说

别人做 8 个小时，我就做 16 个小时，开始别无他法，只能以勤补拙。

做事投入是十分重要的，你对你的事业有兴趣，你的工作一定会做好。

决定一件事时，事先都会小心谨慎研究清楚，当决定后，就勇往直前去做。

尽量挤出时间使自己得到良好的休息。只有得到良好的休息，才会有充沛、旺盛的精力去面对突如其来的各种事情。

第 8 堂课

活学活用——智慧生财，将知识转化为财富

抢知识就是抢未来

作为香港人中成功的典范，李嘉诚具有敏锐的洞察力和准确的判断力，正是因此，李嘉诚一次次抓住了转瞬即逝的机遇，从此翻身，终于成就了一番大事业。我们都知道，这些能力并非与生俱来，那么，这一切又是如何形成的呢？对于这个问题，李嘉诚创造了一个名词"抢学问"——"人家求学，我是在抢学问"。正是这个词反映了他几十年来不屈不挠追求知识、创造财富的艰辛历程。

他曾这样说明抢知识的重要性："求知是最重要的环节，不管工作多忙，我都坚持学习。白天工作再累，临睡前，我都要翻阅经济类杂志，我从中汲取了大量的知识和信息，我的判断力由此而来。"判断力由此而来，则未来的成就即由此而来。

在现代社会，知识不仅能转化成财富，而且它本身就是一种财富。拥有它的人会成为大富翁——这既是物质上的，更是精神上的。

财富堆积的背后，少不了汗水的汇聚。李嘉诚的勤奋，突出地表现在学习上。14 岁那年，他历经了常人少有的坎坷：家道中落、漂泊异乡、少年失学、父亲过世。本来漂泊异乡、寄人篱下的打工生活已经非常苦了，但他依然坚持不懈地学习。

李嘉诚说："别人是自学，我是'抢学'，抢时间自学。一本旧《辞

海》，一本老版的教科书，自己自修。"他对自己要求很严格，除了《三国志》与《水浒传》，不看小说，不看休闲读物。在昏黄的灯光下，他摸索教学，演绎做题的逻辑，寻找每个篇章的关键词句，模拟师生对话，自问自答。没有学历、人脉、资金，想出人头地，自学是他唯一的出路。

李嘉诚认为，善于"抢学问"，就是在抢财富，抢未来。

李嘉诚说："先父去世时，我不到 15 岁，面对严酷的现实，我不得不去工作，忍痛中止学业。那时我太想读书了，可家里是那样的穷，我只能买旧书自学。我的小智慧是环境逼出来的。我花一点点钱，就可买来半新的旧教材，学完了又卖给旧书店，再买新的旧教材。就这样，我既学到知识，又省了钱，一举两得。"只要有志在此，你就能一步步走向成功。

经过数年辛勤打工和努力创业，李嘉诚终于松了一口气，既养活了家，也不再需要像当初那样勤奋用功。但是，他仍然没有放松学习。他订阅了《当代塑料》等英文塑料专业杂志，抓紧分秒时间补充知识，不让自己与世界塑料潮流脱节。李嘉诚说："年轻时我表面谦虚，其实内心很骄傲。因为同事们去玩的时候，我去求学问；他们每天保持原状，而我自己的学问日渐提高。"

很快，李嘉诚的知识便派上了用场。像未来的昭示一般，李嘉诚发现了海外美轮美奂的塑胶花。于是，他抢先一步踏上了飞机，奔向了那个生产塑胶花的国度；抢先一步取经，带回了塑胶花的核心技术，抢先研制出了塑胶花；抢先一步把塑胶花推向市场，占领了市场。于是，李嘉诚赢得了未来发达的第一个基础。

当今社会，就是应聘，也会被知识、学历这一关卡着，所以，抢知识才能抢到未来。

纽约的一家公司被一家法国公司兼并了，在兼并合同签订的当天，公司新的总裁就宣布："我们不会随意裁员，但如果你的法语太差，导致无法和其他员工交流，那么，我们不得不请你离开。这个周末我们将进行一次法语考试，只有考试及格的人才能继续在这里工作。"

散会后，几乎所有人都拥向了图书馆，他们这时才意识到要赶快补习法语了。只有一位员工像平常一样直接回家了，同事们都认为他已经准备放弃这份工作了。令所有人都想不到的是，当考试结果出来后，这个在大家眼中肯定是没有希望的人却考了最高分。

成功从来离不开知识的作用。一个人，如果能每天进步一点点，哪怕是1%的进步，试想，有什么能阻挡得住他最终的成功？故事中离开的员工，并不是他不热衷于学习，而是实际上他每天都在学习，所以当所有人涌进图书馆恶补的时候，他却独自回家，因为他知道学习是终身的事，是每天都要做到事，而他也一直是这样做的。所以最终是他得到了最高分。

知识确实有强大的功能，它能改造世界，能造就人自身。它能增长和增强人的智慧与能力，充实人的精神世界。它能化为强大的物质力量，也能改变人，使人更加完美。

知识改变命运

英国哲学家培根曾说过，"知识就是力量""知识能塑造人的性格。人的天性就如野生的花草，求知学习好比修剪移栽"。所以，一个人如果想充分发挥自己的能力，改变自己的命运，首先应该开发自己的学习能力，潜心求知。

中央电视台曾利用黄金时段推出过"知识改变命运"系列公益广告，用摄像师的话说，就是要把"知识就是力量"这样一个抽象理念变成有血有肉的现实。这一系列公益广告是谁赞助的呢？答案很简单——李嘉诚。他认为，民族富强人才为最重要因素，而知识更是推进经济、社会、文化建设的最大动力。

李嘉诚曾语重心长地告诫人们："知识改变命运。"他以自己一生的经历告诉人们，"今天的商场要以知识取胜"。这都是李嘉诚积几十年从商历程的肺腑之言和经验之谈。

谈到参与这套公益广告的构思，李嘉诚说："这是一个创新的尝试，希望以媒体的感染力，将'知识改变命运'的主题广泛传播。这套公益广告中的人物，有的举国闻名，有的是穷乡僻壤的无名英雄，把他们的奋斗，活灵活现地展现出来，让故事深入人心，帮助人们建立崇尚知识、尊重知识的观念。"

据李嘉诚基金会有限公司介绍，这套公益广告由 1998 年 4 月开始构思，拍摄非常认真，每一集都以胶片拍摄近 50 分钟，再经剪辑为一分钟一集，成本相当高昂。由此可见，李嘉诚对于这次宣传有多么重视。

后来，李嘉诚演讲集的书名也叫《知识改变命运》，不知是不是一种重合呢？

19 岁背上行李离开山西阳泉到梦想中的北大读书，23 岁远渡重洋赴美国布法罗纽约州立大学主攻计算机，31 岁创建中国最大的搜索引擎公司——百度网络技术有限公司，知识改变了命运！35 岁的百度公司创始人、CEO 李彦宏坐在北京中关村的海泰大厦会议室，望着北京四环繁华地段，想起这些年的寒窗苦读，感叹不已。

正如国际经合组织在关于知识经济的报告中所指出的那样："在知识经济中，学习是极为重要的，可以决定个人、企业乃至国家的经济命运。"

有记者问李嘉诚："今天你拥有如此巨大的商业王国，靠的是什么？"李嘉诚回答："依靠知识。"正如李嘉诚自己所说："我们身处瞬息万变的社会中，全球迈向一体化，科技不断创新，先进的资讯系统制造新的财富、新的经济周期、生活及社会。我们必须掌握这些转变，应该求知、求创新，加强能力在稳健的基础上力求发展，居安思危。无论发展得多好，你时刻都要做好准备。财富源自知识，知识才是个人最宝贵的资产。"

除了严格要求自己，李嘉诚对孩子也丝毫不娇纵。中国有句古话，叫"富不过三代"，李嘉诚非常注重这一点，他对儿子绝不娇惯，而是努力培养他们吃苦、拼搏的精神。在两个儿子都很小的时候，李嘉诚就要求他们列席旁听董事会。他说："带他们到公司开会，目的不是教他们做生意，而是教他们明白做生意不是简单的事情，要花很多心血，开很多会议，才能成事。"

李嘉诚说:"他们年龄小还不懂事,但是我想早一点对他们进行启蒙教育,让他们从小就知道父辈创业的艰难,学习父辈顽强拼搏的精神,长大了才能成为栋梁之材。如果现在放松了对他们的早期教育,等他们成了纨绔子弟,再教育就迟了。"

追求最新的知识

在李嘉诚的访谈里,我们常常能发现,他曾数次谈到知识的重要性。因为数年的经验告诉李嘉诚,没有知识,很难做成大事业。直到老年,李嘉诚自学不辍的习惯依然没有丝毫改变。他说:"非专业书籍,我抓重点看。如果跟我公司的专业有关,就算再难看,我也会把它看完。"

也因此,李嘉诚对自己有着充足的自信。在回忆过去时他这样说:"年轻时我表面谦虚,其实内心很'骄傲'。为什么骄傲?因为我在孜孜不倦地追求着新的东西,每天都在进步。"

当李嘉诚离开家乡来到香港时,他选择了努力学习广州话和英语。因为这能使他尽快融入新环境;当李嘉诚决定开办自己的厂子时,他选择了自己非常熟悉的塑胶业,并且努力阅读与塑胶有关的报纸杂志。因为他不想碌碌无为的一直处于一种状态……李嘉诚正是在这一次次的针对性阅读、学习中获得了前进的动力。

他认为,今天的社会已容不下滥竽充数的人,而知识就是人最核心的价值。"现代大学生需要知识面广,不断求取新的知识,做'有识'之士。"新知识是什么,是要找自己所关注行业的前沿信息。他举例道:有一次开会,"讲到 Facebook 从最初的几家大学开始,有人说从 2011 年还是 2012 年才达到 4800 万名用户,其实这公司上个月已达 4500 万活跃用户,但是如果你没有这个信息(Information)的话,要分析 Facebook,你的资料就不足够"。"所以呢,做哪一行都是,最要紧的就是要追求最新的 Information,做哪行都是一样"。

假如李彦宏没有成立百度，也许今天他还在美国继续做着他喜欢的计算机研究工作；假如他当初卖掉了百度，今天也不可能看到百度成长为中国市场份额第一的搜索引擎公司；假如李彦宏没有看到网民的需求这一当前最新信息，他也未必能与 Google 相抗衡。

2002 年 3 月，北京正是春寒料峭的时节，李彦宏匆匆赶回了国，亲自挂帅坐镇指挥以雷鸣为首的"闪电计划"。他的目标很明确，要让百度在搜索引擎技术上全面与 Google 抗衡，部分指标还要领先 Google。

雷鸣的"闪电小组"很快就行动起来。李彦宏给他们下达了具体的指标任务，要求"闪电计划"完成后，百度的日访问页面要比原来多 10 倍，日下载数据库内容比 Google 多 30%，页面反应速度与 Google 一样快，内容更新频率要求全面超过 Google。此项计划的核心是想办法提升在地域方面信息搜索的能力，即加强地域性搜索。在现实生活中，虽然信息随处可得，但往往我们找不到自己想要的。比如中关村有一套房子出租，这个信息就跟地域有关系。但以往的搜索引擎跟地域没有太多关系，结果跟网民的实际需求有很大的差距。这是"闪电计划"要重点攻关的一个问题。

Google 的研发能力在同行业中可是首屈一指的，对自己要战胜这么强大的对手心有余悸。于是李彦宏不间断地鼓励，并在 8 月决定自己亲自兼任组长，身先士卒带领小组成员做研发。由于他在搜索引擎方面的技术积淀很深，加上长期以来关注当时世界的前沿技术。他的加盟，使"闪电计划"的进展比原来大幅提高，到 2002 年 12 月，当老楼下的那棵老槐树掉下了最后一片叶子的时候，新楼里的"闪电计划"也终于大功告成。一段紧张而忙碌的攻坚岁月终于有了成果。

他们的努力得到了回报，其结果是辉煌的。在百度，有人悄悄地删掉了 Google 的链接，理直气壮地用起了自己的百度。李彦宏高兴地率领百度的市场队伍，白天约见客户，晚上拜见媒体，开始推广自己最新研发的"闪电"产品。他们要让每一个中国网民知道，中国人自己的搜索引擎，不比 Google 逊色。

阅读有针对性，才能在广泛涉猎的同时保持机敏的商业嗅觉，同时又不脱离时代；追求最新的知识才能在他人忙于当时流行的赚钱方式之外，嗅出真正有潜力的行业以及真正有价值的信息，从而先发制人。学无止境，学习才会让人成功。

没有大学文凭也能成大业

从小到大，人人都在念叨文凭。寒窗数十载，似乎最终却成了为一张证明学历的文凭。但是，李嘉诚告诉我们，社会是一个大舞台，它需要的不是文凭，而是能在舞台上展示自我的演员。李嘉诚 14 岁辍学择业，至今都没有机会真正进过学校求学，但他学识之渊博、才智之卓绝，广为人知。

他从清贫困苦的学徒少年到"塑胶花大王"，到地产大亨，到股市"巴菲特"，到商界"超人"；从行业的至尊到现代高科技的急先锋……李嘉诚一路走来，几乎每每出手都能占得先机，争得巨大的财富，成为全球华人首富，广为人知。

一句"知识改变命运"道出了人生的真谛。这不是由于他的运气，而是源自他那犀利的眼光。而这眼光，正是在丰富知识与转化为自我能量中成长成熟的。

很多人没有大学文凭，却能赢得人们的青睐，这在一定程度上也是成就了自己大业的第一步。

一位中国北方农村的中年妇女，因为女儿在美国，便申请去了美国；她只读完小学，连汉语表达都不太好。可就是这样一位英语只会说"你好""再见"的中国农村妇女，也在申请绿卡，她的申报理由是有技术专长。美国移民官看了她的申请表后，问她："你会什么？"她回答说："我会剪纸画。"说着，她从包里拿出一把剪刀，轻巧地在一张彩色亮纸上飞舞，不到 3 分钟，就剪出栩栩如生的各种动物图案。

美国移民官瞪大眼睛，像看变戏法似的看着这些美丽的剪纸画，竖起手指，连声赞叹。这时，她从包里拿出一张报纸，说："这是中国《农民日报》刊登的我的剪纸画。"美国移民官一边看，一边连连点头，说："OK！"她就这么OK了，旁边和她一起申请而被拒绝的人又羡慕又嫉妒。

明智的人懂得什么是最重要的，不是文凭，而是学识，而是能力。李嘉诚一生博览群书，靠知识引导前行，敢于不断尝试新的未曾涉足的领域，并屡有丰厚的斩获。他的每一次战略抉择，既能适应产业、行业趋势的变迁，又能够推动社会的进步和发展。有学者评价李嘉诚说"他是跃进到现代化的永无止境的变动之中的人"，绝无虚言。

李嘉诚说："一个人只有不断填充新知识，才能适应日新月异的现代社会，不然你就会被那些拥有新知识的人所超越。"李嘉诚正是这样奋力追逐着时代的脚步，在现代社会的激流中领跑急行。

他曾鼓励年轻人努力学习，充实自己。"一定要有探索的好奇心，英语一定要好，才可以汲取新资讯，要听取别人的经验之谈……我深信知识可以改变命运。"追求知识，抢时间学习，是李嘉诚数年来的奋斗历程。他常说："一个人没有金钱还可以乞讨过活，但一个人大脑里没有文化知识，那和植物人、动物又有何区别呢？"

在这斑斓多彩、日新月异的时代，要培养能力、提高素质、挖掘内在的潜能，其中最主要的是我们必须有自己的奋斗目标，学无止境，从而让他人看到我们的亮点，让他人从心底真正认可我们，才能在激烈的社会竞争中立于不败之地。随着社会的进步，一个人的能力已经与成功挂上了钩，你的能力越强，你的成功可能就有了更多的保障。而能力的由来，正是不断学习，不断进步。

任正非曾经说过："我认为一个人文凭如何并不重要，一个人要努力提高自己的基础知识和技能，这很重要。"拥有学历的人曾受到很好的基础训练，容易吸收新的技术与管理。但是有知识的人不一定有很好的技能，应该以贡献来评价薪酬。如果说这人很有学问，里面装了很多饺子，倒不出来，倒不出来就等于实际上没有饺子。企业不是按一个人的知识来确定收入，而是以他拥有的知识的贡献度来确定的。

李嘉诚之所以能成功，是因为他时刻在学，时刻在积累经验，并且运用于实际。即使在后来他逐渐走向成功之时，他也从未放弃学习各种知识，并运用各种知识，这才使得他在一次次的决策中，有独到的眼光和见解，从而走在竞争对手前面，成就自己的一番大业。没有文凭，照样可以成大业。

善于灵活运用知识

有人说，人生实际上是在无知和求知之间的一场斗争。一旦一个人停止寻求知识和信息，就会变得无知。因此，人需要不停地与自己做斗争：是通过学习打开自己的心扉，还是封闭自己的头脑。

学校是非常重要的地方。但如果没有能力去求学也不要忘了自学。因为知识的奥妙就在于它是自己学，别人的教授只不过是个辅助问题罢了。李嘉诚认为，不论是学校学的知识，还是自学来的知识，最重要的是要能够灵活运用。事业之路应该是拥有企业而不是为企业工作。仅仅学习好，然后找个好工作的想法是陈旧的。李嘉诚永无止境的努力，正是为了自己的事业，而不是寻求一份好的推销工作。

1996 年，研究智力的权威之一美国的罗伯特·J. 斯特恩伯格博士出版了《成功者的智力》一书。该书指出，分析能力与各种成功之间几乎不存在内在的联系。斯特恩伯格博士发现，成功者的智力包括三个方面的内容，分析能力只是其中之一，此外还有创造能力和实践能力，或实际经验。

在成为百万富翁的人当中，有许多并不是成绩最优秀的 A 等生，但他们在学校里的确学到了许多东西。那并不只是非常关键的基础课，自我约束与坚忍顽强也是学校经历中所学到的重要的东西。

很多人以为读工商管理硕士（MBA）是做生意赚钱的捷径，很多没有大学文凭的经营者，也往往羡慕那些高学历的人，他们总觉得高学历等于财富，学历高的人赚钱自然会很容易，财源也会滚滚而来。这其实是一个很大的误解。

如果你没有大学文凭，千万不要泄气，虽然说高学历有助于你的事业成功，但真正的成功与高学历之间并非完全是个等号。不要以为有高度的书本知识水平，便是成功的象征，许多大学生因为高不成、低不就而最终一事无成，就是因为他们误解了学问与成功的关系。

能够踏上高等学府的台阶，只是代表你对课本知识的领悟能力比较高，仅此而已。至于在社会上能否取得成就，则是另外一回事。读书成绩好的人，未必能够在商场上得心应手，特别是那些死读书的"书呆子"，在商场上的成绩，很可能跟在学校里的成绩截然相反。谁也不敢保证一个医学硕士在商场上肯定会强过一个初中生，也没有人能够打保票，一个哲学博士可以在商场上赚个大满贯。正如一个读书不成的小伙子，不一定穷困潦倒一生一样。假若学历能够为经营者带来利润，那么大学的教授岂不统统都成了商场巨子。

实际上，当今许多富可敌国的超级大亨，真正是高学历属于知识分子的并不是很多。

知识创新是真正强大的力量，只有知识不断创新，才能使认识不断加深，转化为改造世界的力量。

对于经营者来说，从书本上获得的知识固然重要，但是实地走访厂商，向各地挨家挨户推销，可以获得更实用更有益的经验。因此，没有学历不可怕，关键是自己不要看轻自己。因为一个人在学校里所学的知识毕竟是有限的，有很多知识是在社会这个大课堂所学到的，而且许多真正管用的生意经也是不可能在书本里学到的。

李嘉诚启示录

李嘉诚如是说

我们生活于瞬息万变的年代，对一些曾经深信不疑的事物，需要经常做出灵活的反思，令我们的认知能够与时俱进。

我从不间断读新科技、新知识的书籍，不至因为不了解新讯息而和时代潮流脱节。

　　科技世界深如海。正如曾国藩所说的，必须有智、有识，当你懂得一门技艺，并引以为荣，便愈知道深如海，而我根本未达到深如海的境界，我只知道别人走快我们几十年，我们现在才起步追，有很多东西要学习。

　　知识不仅是指课本的内容，还包括社会经验、文明文化、时代精神等整体要素，有知识才有竞争力，知识是新时代的资本，20世纪五六十年代靠勤劳可以成事；今天的香港要抢知识，要以知识取胜。

　　要一边做事，一边学知识、科技。

　　我大胆地讲句话，在某些场合遇到些很重要、地位很高的人物，我从不会抢着占个位置，跟他们拍照，但有些人有学问值得我去学习，能跟他拍照，我会很高兴。

　　我认为一个人凭自己的经验得出的结论当然是好，但是时间就浪费得多了，如果能够将书本知识和实际工作结合起来，那才是最好的。

推销自我——要做强自己，实质在自我推销

要谦虚，也要表现自我

李嘉诚为人谦虚谨慎，毫无风头意识，尽可能地保持低调，但他又做不了彻底的隐士。他还得在社会上周旋，他在公众与记者面前，会自觉不自觉地宣传他的人生观、价值观。

在儿子李泽楷选择单飞的时候，李嘉诚送他两句话：一是"树大招风，保持低调"；二是"做事要留有余地，不把事情做绝，有钱大家赚，利润大家分享，这样才有人愿意合作。假如拿 10% 的股份是公正的，拿 11% 也可以，但是如果只拿 9% 的股份，就会财源滚滚来"。这两句话，不仅是他对两个儿子的要求，同时也是他自己一生经商的准则。就是这个人人明白却难于实现的准则，让李嘉诚赢得了无数商界朋友，广大股东和公司职员的信赖和支持，为他赢来了无数的财富和荣誉，并最终登上香港首富、世界华人首富的宝座。

李嘉诚深知中华民族自古崇尚中庸之道，讲究"枪打出头鸟""木秀于林，风必摧之"，就是老百姓也懂"以和为贵""财不外露"的道理。超人李嘉诚谦虚的品质随处可见。

有一次，李嘉诚参加汕头大学的奠基典礼，本来，他作为汕大创建人，应是当之无愧地在贵宾签名册首页上写下他的名字，但李嘉诚没有这样，而将自己的名字签在第三页上。在这次宴会中，他不论地位高低，跟每一

位宾客都敬酒、握手、交谈,的确没有让人产生"隔离感"。李嘉诚已是世界上屈指可数的巨富,但他并不骄奢淫逸、大肆挥霍,依然是坚持以俭养德、养廉、养身,淡泊宁静、朴实无华。

在汕头大学第五届校董会上,李嘉诚对在汕大成长的每一位同仁再三表示衷心的敬意和感谢。李嘉诚曾经在汕大讲过一句话:"成就加上谦虚,才最难能可贵。"

孔子曰:"三人行,则必有我师。"谦虚自古就是中华民族的传统美德。当然,谦虚并不意味着不表现,尤其当今社会,仅有谦虚也是不可行的。在 21 世纪知识竞争时代,我们在保持自我的情操和品行时也要适时地表现自己,善于表现自己才能让自己越接近成功。在机遇面前人人平等,这时关键就在于你会不会表现自己了。能很好地表现自己,把自己的才华展露出来,被大家认同,被社会接受,你就抓住成功的尾巴了。

有一次在加拿大的飞机场,当李嘉诚的私人飞机要离开时,突然看到一辆车飞快地驶来,驶近后,司机交给李嘉诚一封信,李嘉诚打开一看,这是一封由中国的学者、讲师、副教授、教授联合签名写的信,信上说第一批中国人来时,建设了从加西到加东的铁路,很多人都死了。虽然我们现在的知识水平高了,我们有职业,在这里有很多的业界人士,可是我们的专业人士一升到工程师,就没有办法再升上去做行政管理者,今天,也有中国人做大老板。下面有超过 1000 名的外国人是助理员工,我们终于可以扬眉吐气了。

李嘉诚在 22 年前收购赫斯基能源的股份时,这家公司只不过是一家资本支出与负债过高的中型石油公司,当年的石油价格曾跌至每桶 11 美元。其后那家石油公司业务发展不理想,国际投资者希望从李嘉诚手里收购。"但想起这些海外华人对我说的话,我便舍不得卖掉它。"李嘉诚说道。结果,赫斯基能源在 2008 年上半年,为和黄贡献了 85.4 亿港元的盈利。"超人"又一次成功了。

所以说,谦虚加表现自己是通往成功的有利法则。而这中间要怎么平衡、怎样权衡两者的关系很重要,掌握好了,成功就是迟早的事!

不卑不亢，一眼留下好印象

"圣贤自有中正之道，不卑不亢，不骄不诌，何得如此。"从教育者朱之瑜口中，不难折射出"不卑不亢"执行的难度与其将赋予拥有者的无穷的人格魅力。

从古至今，"不卑不亢"伴随着多少英雄走过匆匆历史，留下了一段段的佳话，体现了一串串的智慧，深化的却是一道道魅力之墙。晏子使楚，以睿智和镇定，实现了自身的不卑不亢。毛遂自荐，却以超群的胆识和气度力挽狂澜，实现了他的不卑不亢。

当年还只是个小小推销员的李嘉诚，因为不卑不亢，所以可以从容不迫，理直气壮，伸缩有度。天生儒雅的气质使他显得更是风度翩翩，不少和李嘉诚打过交道的人都会在初次见面时就被他的这种独特气质打动。给人留下很好的第一印象，使得李嘉诚在生意场上春风得意，一切也似乎变得唾手可得。

他一贯淡定的心态，从容的外表，超强的自信和非凡的智慧和勇气，往往可以坐拥现场，逢凶化吉，不但使李嘉诚在生意场上左右逢源，同时又给他赚足了人情面和印象分。因此不仅是事业成功，也带来了好的人缘、声望与名誉。

虽说如此，但要做到不卑不亢并非一件容易的事。历史长河中，众多先人可以叱咤风云、独占疆场、挡万人之敌，其骨子里实着无"卑"的缩影，却最终往往败于"亢"之上。

关羽身高 9 尺，单手拎 82 斤青龙偃月刀。他曾温酒斩华雄，三日之内连杀袁绍上将颜良、文丑，可谓威风秉然，神勇之巅，有慑天之霸气。却因一个"亢"导致刚愎自用，继而大意失荆州，最后落得可叹可惜的凄惨下场。

吕布勇冠三军，可令敌手闻风丧胆。每遇战事，其皆曰："吾有方天画戟和赤兔，何足惧哉"，然其不知其士兵皆无此等宝物，此时战必败。

就其狂妄自大，目中无人而言，吕布可谓"亢"中一绝。

行"卑"者，将坐失良机、碌碌无为、悲愤一生，并将淹没于历史滚滚长河中！

由此，不妨先释何谓"不卑不亢"，然后才知何以可为不卑不亢。"卑"者，乃卑微，自卑也；"亢"者，高傲也。因此，整句话可以理解成"既不会感到自卑，也不会高傲"，行中庸之礼，显大方之智。

许多人之所以为"卑"，可大致分以下几点：

（1）对于未来的迷茫，自身方向严重迷失。

（2）家庭的某些客观的因素或过分地攀比。

（3）自身可见条件不理想或被挫折所伤严重。

然"亢"者，亦有其几种原因：

（1）自身素养低下，很难正确处理好成功带来的冲击。

（2）自恋导致贬低他人，唯我独尊。

（3）环境导致的种种习惯。

若为"卑"者，整日垂头丧气、精神萎靡、潜能流失、导致埋葬自我。然"亢"则使人得意忘形、不知进取、让人嫌弃，进而自取灭亡。

冰冻三尺，非一日之寒，我们也不可能用一日之暖去融化这冰天雪地。想要"不卑不亢"，必须拥有虚怀若谷的胸襟和洞若观火的卓见和独领风骚的智慧。取他人之优，祛自身之弊，沉起伏之心，树雄心之志。

自尊自强，并深思满招损、谦受益。唯有如此，方能借之为己用，察四海之现状，在风云世间独占鳌头。

当今社会，物欲横流。人们在不断追求物质财富的同时，不能忽略那些无形的财富。诸如那些不卑不亢者，它可以先控制你的灵魂，然后指挥你的行动，继而决定你的生活方式，由此可见，它的存在与否有着至关重要的价值意义。

对于外交官来言，它却是维护和展现国家形象的灵丹妙药，使得刚毅与和谐集于一身，团结与实力充分体现，谦谦使者，不怒自威！

"不卑不亢"，需要拿捏，分寸间显出高低。李嘉诚无疑把握得很好，或许这也和他超强的自信心以及早年传统文化熏陶有关吧。

买方市场，别人为何选你

这是一个"酒香也怕巷子深"的年代。21 世纪，人才济济，在这样一个买方市场里，就要学会向别人推销自己，让别人注意自己、了解自己，从而实现自我推销。如果你不主动推销自己，谁又能看出你就是千里马呢？如果不懂得推销技巧的话，再好的酒，再优秀的人才，也可能被人忽视，从而徒呼英雄末路。

在 1915 年的巴拿马万国博览会上，我国的贵州茅台酒由于包装简陋，备受冷遇，眼看就要无功而返。情急之下，中国参展人员在展览大厅里故意失手，将一瓶上好的茅台酒掉在地上。随着酒瓶的碎裂，酒香也散溢出来，引来一群外商的叫好声。这一记奇招征服了外商，也征服了巴拿马万国博览会，从此，茅台酒走向了国际市场。这个小故事对"酒香也怕巷子深"进行了形象的诠释。

早在李嘉诚创业的时代，"桃李不言，下自成蹊"已然是古老的传说，"酒香不怕巷子深"的老经验也已不灵验，纵然是皇帝的女儿，要想嫁出去，也免不了要走出深宫，主动推销自己。在这个世界上，我们大多数人都是普通人。既然这样，我们又靠什么理由去说服买家，证明自己比别人有更高的身价，更值得他选择呢？

李嘉诚几十年的商海磨砺，告诉我们一个道理——"学得好更要卖得好"。自我推销是一种才华，一种艺术。生活是一连串的推销，有了这项才华，我们才能像李嘉诚一样彰显自己的优势。

那么，如何才能提高自我推销的质量呢？这里给你提供几个技巧。

1. 确定交往对象。请考虑一下：你在公司里喜欢与哪些人交谈？他们对你抱有什么期望？你有哪些特点能够对你的"对象"产生影响？请注意观察优秀同事的行为准则，并吸取他们的优点。

2. 善用别人的批评。了解别人对你的评价，坦诚地接受批评，从中吸取教训，应当注意言外之意。例如，如果你的上司说，你干活很快，那么在这背后也可能隐藏着对你的批评。

3. 要善于展示自己。要尽量展示自己的优点，扬长避短。

4. 精心包装自己。超级市场的货架上灰色和棕色的包装为什么那么少？这是因为没有人喜欢这些颜色的包装。你要不想成为滞销品，也应当检查自己的"包装"——服装、鞋子、发型、打扮。要敢于经常改变自己的"包装"，那常会给人耳目一新的感觉。

5. 说话要明确。说话言简意赅，不要用"也许"或"我想只好这样"等词句来表达。上司一般都喜欢下属能有一个明确的态度，不论对人还是对事。

6. 占领"市场"，建立关系网。例如在夏天组织一次舞会或与同事们一道远足；要与以前的上司们保持联系，建立一张属于自己的关系网。

7. 当你自己的公关部门首脑。不要怕难为情，找准时机，在上司面前显示自己的成绩，没有必要总是以谦虚的"我们"形式说话。但要注意的是不要将之天天挂在嘴边，那样会使人厌烦，注意适可而止。

8. 不要害怕危机。如果一个项目真的遭到失败，不要惊慌失措，也不要转而采取守势，而应勇敢地承担责任，积极寻找解决问题的办法。在紧张状态下，头脑清醒、思路敏捷的人会得到同事的认同和上司的器重。

大众认可的商品大都是推销做得好的商品，只有走向市场，大胆推销，才能香飘万里，李嘉诚就得到了许多人的认可，包括朋友、同事、员工、下属、合作伙伴，甚至是竞争对手。一个人欣赏你，可能是你们惺惺相惜，但让大多数的人认同和欣赏你，那才称得上是真正的魅力人生，只有那样，众生面前，成功之神最终选择的将是你。

注重推销自己

想要认识新的朋友，想要得到理想中的工作，想要获得意中人的芳心，想要在工作中取得成绩，想要有一个成功的人生，所有的这些都不简单，但所有一切都有一个简单的前提——把自己推销出去。

要做好一名推销员，一要勤勉；二要动脑，李嘉诚对此有深切的体会。

李嘉诚推销新型产品——塑胶洒水器，走了几家都无人问津。这一天上班前，李嘉诚来到一家批发行，等职员上班联系洽谈。清洁工正在打扫卫生，李嘉诚灵机一动，自告奋勇拿洒水器帮清洁工洒水。李嘉诚期望遇到提前上班的职员，眼见为实，这样洽谈起来更有说服力。果真就有职员早到，还是负责日用器具的部门经理。李嘉诚很顺利就达到目的，该经理很爽快地答应经销塑胶洒水器。李嘉诚的机灵，可见一斑。他让产品自己说话，这比一个推销员夸夸其谈地讲产品的用途优点，要可信得多。

李嘉诚做推销，愈做愈老练，他深谙一个推销员在推销产品之时，也在推销自己，并且更应注重推销自己。

李嘉诚有意识去结交朋友，先不谈生意，而是建立友谊，友谊长在，生意自然不成问题。他结交朋友，不全是以客户为选择标准。如俗话所说："人有人路，神有神道。"今天成不了客户，或许将来会是客户；他自己做不了客户，他会引荐给其他的客户。即使促成不了生意，帮着出出点子，叙叙友情，也是一件好事。

李嘉诚的收入不高，家庭负担很重，他还要攒钱办大事，因此，他交友不允许花太多的钱。这样倒好，大家以诚相见，以诚共处。李嘉诚不是健谈之人，说话也不风趣幽默。他总是推心置腹地谈他的过去和现在，谈人生与社会。李嘉诚广博的学识、待人的诚恳，形成一种独特的魅力，使人们乐意与他交友。有朋友的帮衬，李嘉诚在推销这一行，如鱼得水。

李嘉诚把推销当事业对待，而不是仅仅为了钱。他很关注塑胶制品的国际市场变化。他的信息，来自报刊资料和四面八方的朋友，他建议老板该上什么产品，该压缩什么产品的生产。他把香港划分成许多区域，每个区域的消费水平和市场行情，都详细记在本子上。他知道哪种产品该到哪个区域销，销量应该是多少。

加盟塑胶公司，仅一年工夫，李嘉诚就实现了他的预定目标。不仅超越了另外 6 个推销员，销售额还是第二名的 7 倍！全公司的人，都在谈论推销奇才李嘉诚，说他"后生可畏"。

被提拔为总经理之后，却把自己当小学生。他总是蹲在工作现场，身着工装，同工人一道干，极少坐在总经理办公室。每道工序他都要亲自尝试，兴趣盎然，一点也不觉苦和累。

李嘉诚以勤奋和聪颖，很快掌握生产的各个环节。生产势头良好，销售网络日臻完善，许多大额生意，他都是通过电话完成的，具体的事，再由手下的推销员跑腿。李嘉诚是塑胶公司的台柱，成为高收入的打工仔，是同龄人中的杰出者。

按理说，才20出头的年纪，做到这个位置，该是相当满足了，然而，在李嘉诚的人生格言里似乎永远没有"满足"两个字。此时也算是小有成绩的李嘉诚，放下暂时围绕在身上的光环和令人垂涎的地位，再一次选择了跳槽，重新投入到冒险中去，他要靠自己的聪明才智，来开拓自己的真正的天地。

老板自然舍不得李嘉诚离去，再三挽留。

曾有个相士，拉住李嘉诚看相，说他"天庭饱满，日后非贵即富，必会耀祖光宗，名震香江"。此事在公司流传开来，老板不信相术，但笃信李嘉诚是具备与众不同的良好素质，他不论做什么事，都会是最出色的。

因此，李嘉诚绝非池中之物，他谦虚沉稳的外表，实则蕴含着勃勃雄心，他未来的前程，非吾辈所能比拟。这是老板与李嘉诚相处几年得出的判断。老板挽留不住李嘉诚，并未指责李嘉诚"羽毛丰满，不记栽培器重之恩，弃他远走高飞"。

老板特意为李嘉诚在酒楼设宴辞行，令李嘉诚十分感动。李嘉诚怀着愧疚之情离开塑胶裤带公司。但这是他人生必然的选择，也是他人生中最重要最关键的选择，从此以后，李嘉诚真正地迈上了布满荆棘但又孕育无限希望的创业之路。

人人都是推销者，人的一生就是在不断地推销自己——不论是在工作、生活或是爱情中。

推销自己，就是让别人注意到自己，做人生舞台上的主角；推销自己，就是让更多的人接受自己，自然地融入人际关系中；推销自己，就是完美地展现自己，真正实现人生的价值。

成功地推销自己，让人生因为推销自己而变得不一样，这不是一个简单的事情，不是一蹴而就的，需要你从内到外认识自己、完善自己，从行为到态度去不断地纠正自己，然后，别人会看到一个不一样的你，你也会因为自己的改变感到惊喜，最重要的是你离成功越来越近。

先成朋友，后谈生意：友情改变商情

有句俗话叫作"是金子总会发光"，然而事实上，是金子也未必会发光！如果金子没有光的反射，它自己永远也发不了光。就像一个有才华的人，如果不善于借助别人的力量，那么他成功的概率仍将大打折扣。在这个世界上，到处可以看见很多有才华的人。

他们才华横溢，能力超群，有的甚至有着上天入地的本领，但最终却颗粒无收、一事无成、默默无闻地度过一生。所以，即便是金子也要为自己寻找能发光的环境，创造能发光的条件，抓住发光的机遇。

如果你觉得自己是块金子，有发光的强烈欲望，就要注意发展自己的人脉关系，给自己创造发光的机会。

先交朋友，再做生意。无疑是最具李嘉诚特色的人际交往模式。在某种意义上说，它已经成为生意人心照不宣的成功潜规则。一个不懂游戏规则的人不会真正成功，只有洞悉这一成功潜规则，为自己赢得更多的朋友，才能在生意场上立于不败之地！

刘军现在是广州一家大公司的总裁，他的成功源于他在给别人打工的时候就开始积累人脉关系了。

那时候，他在一家很出名的报社广告部工作。工作期间，他时常接触到海尔、百事、联想等这些大企业的负责人。刘军不仅在搞创意或争取版面时很卖力，尽量让他们满意，而且还非常注重与他们保持和谐的关系。

比如每隔一段时间，不管有没有合作的项目，他都会给他们打个电话或者发个信息问候一声，节日的时候，也约他们吃个饭或者送一份小小的礼物。

这样，在工作的 3 年间，刘军就积累了相当丰富的人脉，后来他出来注册了自己的公司。这时他自然想到了这些过去的伙伴，而某知名空调恰好在广州市还没有专卖店，他就跟销售部的负责人谈起此事。由于他们的关系一直不错，在众多竞争对手条件都差不多的情况下人家就把独家销售权给了他。

人脉就是机会，人脉越丰富，意味着成功的机会就越多。2002 年，中国数十位成功企业家认为他们取得成功的条件中，机遇排到了第二位，而人脉成为第一。

一定要记住，是金子也不一定会发光！假如你是一个词曲创作者，除非你很有名，否则不可能会有人自动求上门。要想让别人知道自己，听到你写的歌，就需要找专门人士帮忙推销，譬如说经纪人。如果你性格内向，不善交际，那么你即使关门在家写了 100 首好歌，也不会有人听到。

在李嘉诚的《财富之书》中我们看到，"超人"非常重视感情的投资、人脉的积累。"超人"认为比做生意更重要的是做人，只有学会如何为人处世，才能更好地做生意，因此他对自己提出了一系列做人的人生哲理："为人宽厚，广结善缘；人之交，信为本，答应的事，就要负责到底，有错就改；利益共享，放下架子来做人；做人不要太精明；宁可吃些亏，也不得罪他人。"

21 世纪的今天，不管是保险、传媒，还是金融、科技、证券，几乎所有领域，人脉竞争力都起着日益重要的作用。

获得他人的支持最重要

所谓"一个篱笆三个桩，一个好汉三个帮"，要想有所作为，得到他人的支持是非常重要的。政治家常常强调，成为一个成功的组织者，30%

是得自于天赋、地位与权限，其余的 70％ 则是由该组织成员的支持程度所构成。

所谓的天赋是指自小就活跃于群体中，且有不愿屈居于他人之下的个性。地位及权限是指被上级任命为组织领导者之后，在组织内所拥有的职务及权力。相比之下，在构成领导能力的要素中，群体成员的支持及信赖显然比天赋、地位、权限重要多了。相反，不管获得多大的权限和地位，不论自己如何重视，若无法获得团体成员的支持，则只能算拥有 1/3 的领导力，将来必会丧失权威。

李嘉诚认为，能设身处地为人着想者，才能获得别人的好感。要想推销自我，整合大家的意见，就要尽量综合所有成员的意向及想法，再经过分析整理，得出最具有代表性的结论。

管理大师彼得·德鲁克发现，一项既定的目标，即使是十分科学的，要想获得他人的支持，要他人来认知和认同也是十分困难的。然而，如果一项管理目标不能被下属所接受，并转化为下属自己的目标，那么这项目标的实施就会遇到障碍。只有那些实现了"上下同欲"的目标，才能充分调动执行者的积极性、主动性和创造性，使管理目标得到切实有效的贯彻和执行。

那么，怎样才能做到这一点呢？德鲁克认为，请下属参与目标的制定是有效的手段之一。李嘉诚经常布置给下属一个任务，却不去过多干涉，这样，下属们便会努力地去达到，从而在客观上支持了自己的建议。

在一起制定目标的过程中，因为各个下属部门或个人都会根据自己的需要，从自己的利益出发，提出对即将制定的目标的种种建议或见解，争论是不可避免的。但就在这一过程中，管理者却可以洞察到目标的确立应遵循什么样的原则才能更为下属所认同，而不至于使提出的目标高高在上，不合民意。另外，在这一过程中，正确的意见得到阐述，偏执的意见也会得到自我修正，实质上也是一个教育、说服和发动的过程。

李嘉诚说，要令下属有归属感。因为有归属感才会有主人翁意识。作为企业领导者，才能在真正意义上得到下属和员工的最大支持。对于下属来讲，他们需要的是一种实在的"主人翁"的感觉。请下属参与目标的制定，亲身的体验使他们认识到了自己主人翁的地位，认识到目标决策的科学性，从而自然而然地产生了与管理者一致的看法，相应地，主人翁的责任感也就油然而生了。这种责任感从某种意义上来说才是对于领导者最大的支持。

李嘉诚启示录

李嘉诚如是说

只要勤奋，肯去求知，肯去创新，对自己节俭，对别人慷慨，对朋友讲义气，再加上自己的努力，迟早会有所成就，生活无忧。

我做人的宗旨是对己刻苦，善待别人，还有勤奋和重承诺，不伤害他人。

如果你不过分显示自己，就不会招惹别人的敌意，别人也就无法捕捉你的虚实。

我相信自由，也相信自由和责任是并行不悖的。

注重自己的名声，努力工作、与人为善、遵守诺言，这样对你们的事业非常有帮助。

第 10 堂课

正确决策——认清局势，深入分析

了解时局才能正确投资

有人说细节决定胜败，也有人说执行决定成败，殊不知，所有的细节都需要有一个正确的方向，如若不然，细节也只能成为浪费时间的凭证，所有的执行都将成为空中楼阁。故而，只有正确决策，才能保证一切的努力是物有所值，只有正确的决策才能让事业插上翅膀，从而更好更快地走向成功。

那么，如何才能有正确的决策呢？答案很简单，那就是了解时局，了解当下的局势，深入分析，从而得出自己精当的判断。一个成功者，绝对不会凭借别人的态度而行事，同样，也绝不会在没有看清局势之前妄下论断。只有用自己的思维思考，整合当前混杂的资料，才能及时对时局以及各种社会关系做出有效、及时的判断，从而不走弯路，在第一时间拿下赢的资本。

在李嘉诚的一生中，绝大多数决策都与时局有关。即便有所变动，也是因为一些不可逆转的原因，并非李嘉诚判断失误。就收购赫基斯而言，很明显，是时局。如果没有石油供应紧张这一特定因素，如果没有加拿大环境相对稳定这一前提，相信李嘉诚不会贸然做这样一个看似输定的决策，便也不会有 22 年后的满树开花、满堂彩了。

20 世纪 60 年代，香港局势不稳，许多人纷纷降价抛售物业，远走他乡，香港房地产市场一下子变成了"一块臭肉"。李嘉诚却不以为然,对于时局他有着自己清醒的分析和判断,香港的动荡只是暂时的,多数人不过杞人忧天而已。于是,李嘉诚人弃我取,到20世纪70年代,香港快速复兴,地价飞涨,李嘉诚一跃从一个小地产商迅速变成了香港地产界的大亨。

很多成功者都有着相仿的经历,李嘉诚也不例外。翻看对比录我们便能发现,纽约地产大亨唐纳德·特朗普与李嘉诚的崛起简直是惊人的相似。

对时局的冷静分析力和敏锐洞察力,这对于世界上任何一个投资人而言都是至关重要的。

20世纪70年代,纽约很多银行倒闭,很多房地产商人都在恐惧:"如果纽约这个都市没落,我要如何保住现有的一切?"当时还是纽约一位普通的投资人的特朗普却不以为然,而是问自己:"当大家都为目前的情况忧心忡忡时,我要如何做,才能致富呢?"于是,他立刻抓住了重大的投资机会,不仅不死守,反而进行大规模扩张,终于一举成为赫赫有名的纽约地产大亨。正是因为特朗普对于时局的正确判断,所以他才能敏锐抓住契机发展,并最终获得成功。

同特朗普一样,李嘉诚正是因为有着对于局势的清醒认识,才没有跟其他小地产商一样选择离开,而是抓住时机,一举巩固并加强了自己的实力。如果没有对时局的清醒认识,相信他必难以在如此短时间内便跻身地产大亨行列。

德鲁克在《卓有成效的管理者》中说道:管理者在决策时必须先从是非标准出发,千万不能一开始就混淆不清。德鲁克认为,对一个决策方案来说,首先应要求它是正确的,也就是说,它可以实现决策目标,如果它不能实现决策目标,那么它就是错误的。

而要想获得正确的决策方案,就必须做好决策形势的分析工作。决策形势是指决策面临的时空状态,也就是我们平常所说的局势或者环境。一个决策是否正确,能否顺利实施,它的影响和效果如何,这不仅取决于决策者本身,同时还直接取决于决策情势,受到一系列自然环境和社会环境的制约。

1944 年，盟军准备开辟第二战场。以艾森豪威尔为总司令的盟国远征军司令部，经过缜密的研究，制订了在诺曼底登陆的"D 日计划"，并决定于 6 月 5 日实施。希特勒也意识到了盟军将要在英吉利海峡东南岸登陆，但由于情报工作不给力，他无法确定盟军将要在英吉利海峡最窄的加莱附近登陆，还是要在诺曼底地区登陆。因此他把兵力平分在加莱地区和诺曼底地区。

可见，这种情况对盟军是十分有利的，也就是说盟军司令部的决策是正确的。但是进入 6 月份后，决策情势的突变，即连日的暴风雨，却差点儿使盟军的登陆计划告吹。面对连日的暴风雨，盟军司令部有关专家认真地分析了气象资料，预测到暴风雨的间隙中，即 6 月 6 日英吉利海峡将会出现一段好天气后，毅然于 6 月 4 日晚 21 时 45 分下令决定："D 日计划"改在 6 月 6 日执行。

而与此同时，德军却错误地做出了另一个判断，他们认为，英吉利海峡气候将持续恶劣。因此德军最高统帅部做出了由于天气恶劣，盟军不会实施登陆作战的错误决策。于是军官休假了，海上与空中的侦察取消，负责守卫诺曼底地区的隆美尔元帅也于 6 月 5 日晨回柏林晋见希特勒，整个德军处于毫无戒备的状态。

结果，6 月 6 日凌晨 2 时，盟军三个伞兵师空降到德军防线后方，接着展开大规模海、陆、空协同进攻。凌晨 6 时 30 分，诺曼底登陆取得胜利。

通过以上案例，我们不难看出，盟军正是由于正确分析并充分利用了决策情势，才取得了诺曼底登陆的最终成功，而德军也正是由于对决策情势的错误估计而导致了反登陆作战的惨败。

可见，全面分析局势和环境对正确决策是极其重要的。曾国藩说：时势能造英雄。确实，商场如战场，对局势的正确判断有时关乎企业的生死。因此，为了提高决策的科学性，就必须要了解研究和重视时局在决策活动中的作用，最大限度地提高决策的安全系数。

正如某评论家所指出的，作为企业家，要了解宏观大势，把握经济发展方向制定公司的发展战略。只有洞悉时局，深刻理解并把握市场，才能描绘出公司未来的宏伟蓝图。这样的决策，稍有不慎，即可导致全军覆没，公司多年努力的心血将毁于一旦。在这一点上，李嘉诚有着精到的眼光，经历数次时局之混乱动荡而能数十年不倒，且逆风而上，连创佳绩，堪称投资界善于洞察和借势的榜样。

以善举赢得刮目相看：办好事，好办事

2007 年 3 月 19 日，国家民政部救灾救济司庞陈敏副司长现场揭晓了2006 年度"中华慈善奖"获奖名单，长期致力于慈善事业的著名企业家李嘉诚荣获了"中华慈善奖终身荣誉奖"，多家报纸和网站竞相报道了这个盛况。这是一个不凡的称誉，能获得这个称誉自然与李嘉诚长期致力于慈善事业有绝对的关联。

无疑，李嘉诚是中国富豪的一个杰出代表，他无私、慷慨的善举，完美地诠释了人们该怎样对待"财富"和"慈善"。社会需要找到一个可以治疗"慈善冷漠病"的代言人，而李嘉诚自然是最佳人选。这毫无疑问是一个极为正面的形象。

2009 年 8 月 2 日人民网刊文《李嘉诚的惊人善举，让谁脸红》，报道的第一段内容是这样写的：

民政部社会福利和慈善事业促进司、中民慈善捐助信息中心 7 月 30日在京共同发布《2009 年上半年全国慈善捐赠情况分析报告》，报告显示，上半年我国内地共接收来自外国、国际组织、华人华侨和我国港澳台地区的捐赠共计 40.8 亿元，占全国接收捐赠总额的 31.1%。香港首富李嘉诚亦以 20 亿元人民币的捐赠额名列第一。

中华慈善总会曾经有一个统计数字，中国大陆富豪对慈善事业的捐赠不足总捐赠款的 15%，而他们拥有的社会财富却在 80% 以上。2005 年，中国慈善榜排名前 136 位的慈善家一年总共捐款不到 10 亿元人民币。而

从李嘉诚 2007 年、2009 年单人入账及入账总数额便能明显看出，榜样的力量是无穷的。

从上面这些报道中看，李嘉诚的号召力可见一斑。

这样的正面形象对于李嘉诚来说，也是他事业上的一个促动因素，比如像"东方广场"之类的项目，与政府有关部门沟通起来就降低了不少难度。这也可谓是无心插柳柳成荫。

1986 年 6 月 20 日和 1990 年 1 月 18 日，邓小平先后两次会见李嘉诚。后来李嘉诚回忆往事，对此曾有一段话表达其内心感触，他说："我和邓小平先生见过多次面，坐下来交谈了两次。他给我的印象是一位实事求是的人，对许多事情都有很好的创见，是一位在中国历史上难得的伟人。"

20 世纪 90 年代以后，李嘉诚首先在内地注册成立了第一家联营公司，即"深圳长和实业有限公司"，开始了他大举进军内地的步伐。

当然，办好事的初衷并不是为了好办事，但显然善举总能为一个商人赢得更宽阔的投资空间，这一点不能不说李嘉诚无论是在经商还是做人上确实有其独到之处。

用实力说话，争取发展权

在任何时候，用实力说话都是金科玉律。二十几岁的年轻人都想在年轻的时候有所成就，有所收获。年轻人若想成就大事就不能怕冒风险，因为越大的风险越能带来大的收益。

但是如果想赢，就不能只靠运气，能靠的只有自己。这就如同李云龙的"亮剑"精神，如果只有吹牛的"实力"，怕是上阵也不过剑封鞘中，毫无实际的威力。

李嘉诚的许多大手笔都得力于他的雄厚的实力，东方广场的建设就是一个很好的例子。李嘉诚曾经说过："即使本来有一百的力量足以成事，但我要储足二百的力量去攻，而不是随便去赌一赌。"他所说的力量也就是实力，只有拥有了足够的实力，才可以去"碰碰运气"。如果实力不够，光想靠运气成事，那成功的概率就微乎其微了。

用实力说话。这样的例子不仅限于商界，现实生活里的许多领域也都不时会有类似的案例存在。

曾在媒体轰动一时的"无手车王"何跃林，在云南昆明汽车越野赛正常赛事中获得冠军。人们禁不住要问：一个连手都没有的人，何以驾车？就更不用说当"车王"了。但是正是这个 9 岁时双手掌被炸飞的何跃林，以超越亚军 3 秒的成绩，最终摘取了冠军奖杯。不得不提的是，这并不是一场残疾人比赛，除何跃林外全部选手都是健全人，而他是经特批的唯一一位参赛的残疾人。而赛后何跃林一句看似淡然的话，让人感触深刻："靠实力说话。"

的确如此，无论是做最好的企业家，做最好的赛车手，还是做最出色的球员，都要求拥有最好的思想进行最好的实践，用最有效的做事方法，追求高品质、高效率。因为只有这样，你才能有竞争力，才有打败竞争对手的可能。

在 NBA 球星里，乔丹无疑是最耀眼的一颗。他的每一场球，都争取发挥出自己的最佳实力，打出最漂亮的球。乔丹是一个全能球员，场上 5 个攻防位置都能打，而且能示范多种高明的打法。他练就了最精彩的动作：从三分线外飞身跃起，高举着球，在众人仰视中，划过一道美丽的弧线，扑近篮筐扣篮，或者空中旋转 360° 反身灌篮，使所有在场的球迷如痴如狂。而他的三分球命中率达到 30%，甚至更高，令对手防不胜防。同时乔丹具备绝佳的弹跳力，他的弹跳力和爆发力简直令人叹为观止。他的控制能力也几乎到了随心所欲的境界。飞人乔丹带给球队的，不仅是无与伦比的球技，更包括他对篮球打法的深入了解。

也许乔丹的外在身体素质并不是最被看好的，身高只有 1.98 米，体重 90 千克，无论怎样看在巨人林立的 NBA 中，乔丹都不是十分出众的一个。

但是，"飞人"用他自己的实力打破了这一切，球场上，一切其实都不重要，唯有实力能说明一切。

商场和球场虽然不同，但实力说明一切却是共通的。乔丹是球场上的王者、飞人，而李嘉诚则被誉为商界"超人"，凭什么？一句话，凭的是实力。所以无论飞人还是超人，他们当之无愧。

李嘉诚启示录

李嘉诚如是说

士、农、工、商，应该一视同仁，无论知识分子也好，从事教育、研究科技的专家或工业家也好，企业家或政治家也好，根本都是社会的大结合。

我们应力争上游，制造理想环境让内地和外国继续投资，中国的经济基础、充足的储备和庞大的市场，都是我们的后盾。

中国在过去几百年来，自康熙以后国家一直积弱，原因是不重视工商。很多企业有创意，有好的经营方法，令国家财富与日俱增，对国家贡献绝对不下于士、农、工。

祖国是我们强大的后盾，只要国家安定，继续实行改革开放政策，21世纪，将是中国人的世纪。

招招领先——要眼光敏锐，争快才能打赢

随时留意身边有无生意可做

有句俗语叫"处处留心皆学问"，在李嘉诚眼里却演化为"处处留心皆生意"。李嘉诚说："随时留意身边有无生意可做，才会抓住时机，把握升浪起点。着手越快越好。遇到不寻常的事发生时立即想到赚钱，这是生意人应该具备的素质。"这便是成功人士之所以成功的原因吧。

当今社会经济越来越发达，很多人也感慨，钱越来越难挣。打工难，创业更难。但纵观李嘉诚的一生，我们便能明白，他之所以能够取得今天的成就，无不得益于他早年形成的对市场环境进行深刻把握的商业习惯，而不是创业资本，或是艰难环境。很多时候，黄金就在脚下，就在身边，关键是你能否处处留心，发现其中的商机。

很多小生意就是因为随时留意而做得特别成功的。

在旅游季节，游人们游兴正浓却突然遭到大雨袭击，这时总会出现兜售廉价的雨衣雨伞者，生意很好，有时还供不应求。这是随时留意身边的好处；一场盛大的足球比赛将在某体育馆内进行，有人在 2 元批发来的汗衫上印上足球巨星的名字，结果比赛那天卖 10 元一件还被抢疯了，这也是随时留意身边的好处。

现在的时代是信息时代，信息就等于金钱。如果一味埋头经营，很难

在竞争中站住脚。只有随时留意身边的信息，拓展思路，才能在商界立足，才能取胜于每一场竞争。

看报纸杂志，与人交谈会得到许多意想不到的财富。在各个行业活跃的人，都有自己的宝贵经验和难得的资料，只要善于将之化为己用，获取生意的机会就会大大增多。而"听"，同样是一种极为便捷，且不耗费精力的方式。

对于人们早已耳熟能详的李嘉诚收购希尔顿大酒店的经历，更是戏剧化般有趣，从不经意的身边人的谈话中捕捉商机，恐怕也只有像李嘉诚这样把商业的敏锐渗透到每个细胞里的出色商人才做得到的吧。

我们都知道，商场会很自然地包容一些团体组织，这实际上是因某些共同的利益自发而成的。也因此，话题极具价值。如果把这些当作耳旁风，无疑就是丢了西瓜捡芝麻的行径。在诸多信息中，一定会有很多有关买卖的启示。运用不同的思维方式，就会如鱼得水，在商界大展宏图。如果你能随时留意，便能省去很多力气，达到事半功倍的效果。

处处留心信息，就能给人带来财富，从而走上一条成功的路。

20 世纪 80 年代，一位姓周的温商只身来到上海，同其他许许多多温商一样，他只带了来时的车票——据温州商人说，他们外出求生从不带返程票，这足以说明他们背水一战的决心和勇气。他在上海街头发现一个怪现象：大街上许多人拎着或抱着大捆大捆的文件夹、财务册等行色匆匆。

这么多的上海人带着这么多的文件夹、财务册干什么呢？他打听得知，上海正在全面开展企业整顿，企业原有表格、账册全部更新。但商店里的表格账表是统一印制的，买回去还得重新编制，财务人为此很烦恼。这个温商拍了拍自己的脑门：这不就是商机吗？

于是，他急急赶回温州，抓紧时间设计、印刷，又按照《上海市工业企业名录大全》上提供的地址、单位名称写信寄样稿、寄订单。最终功夫不负有心人，他当年净赚6万元人民币。

机遇对每个人来说都是平等的。成功的人之所以能每每抓住成功的机遇，完全是由于他们在生活中处处都很留心，他们具有一双捕捉机遇的慧眼，当机遇来临的时候，他们就能迅速做出反应，从而把机遇牢牢地抓在自己的手中。

在司空见惯中发现商机

有语道，天生我材必有用。这句话用在物上，也十分精当：天生某物必有用。很多时候，我们对于很多东西熟视无睹，然而，有些人正是利用这些司空见惯的事物，开创了事业的新纪元。一旦司空见惯的东西出现了新用途定是身价大增。

瑞士号称世界上最富有的国家之一，但瑞士人办起事来却很"小家子气"，处理公务精打细算、锱铢必较，是司空见惯的。但这被瑞士人引为自豪，原因很简单，他们正是以最小的投入赢得最大的效益的精明经济头脑，才成为立于商场上的常胜将军而不败。

李嘉诚的成功，正是源自其敏锐的眼光和投资天赋。20世纪50年代后期，产品外销，在很多商家流连于香港这片弹丸之地时，他别出心裁，敏锐地发现欧美市场兴起了塑胶花热潮，便迅速转产塑胶花，结果取得了极大的成功；经过数年发展，他并没有放弃前进，在塑胶业中，李嘉诚敏锐地发现塑胶业将会在经济杠杆作用下失宠，而地产将前途无量，于是毅然扭转经营方向，开始从事房地产。结果同样，他成功了！

在司空见惯中生活，很容易让人丧失那份敏锐，而失去敏锐，就等于失去快争一步的先机，败局将是注定的。

1932 年，在父母及亲戚的支持下，16 岁的王永庆带着家里凑的一点钱和两个弟弟到嘉义开米店。那时，小小的嘉义已有米店近 30 家，竞争非常激烈。当时仅有 200 元资金的王永庆，只能在一条偏僻的巷子里租下一个很小的铺面。他的店开办最晚，规模最小，更谈不上有知名度，米店开张后，任凭王永庆喊破嗓子，也没卖出去多少，过了几天，生意更加冷清。王永庆开始用心寻求突破。

那时候的台湾，稻谷收割与加工的技术还很落后，稻谷收割后都是铺放在马路上晒干，然后脱粒，沙子、小石子之类的杂物很容易掺杂在里面。用户在做米饭之前，都要经过一道淘米的程序，用起来很不方便，但大家都习以为常。

王永庆却从这司空见惯中找到了切入点。他和两个弟弟一齐动手，一点一点地将夹杂在米里的秕糠、砂石之类的杂物拣出来，然后再卖。一时间，小镇上的主妇们都说，王永庆卖的米质量好，省去了淘米的麻烦。这样，一传十、十传百，米店的生意日渐红火起来。

如果王永庆没有敏锐的眼光，那么他又怎么能在司空见惯中发现商机呢？

现代社会信息爆炸，每天各种有用无用的信息扑面而来，因此，对于每一个有志成就大业的人来说，都需要有一种敏锐，从而迅速做出判断，抓住机遇女神的双手，由此腾飞。

几年前，温州青年孟飞搬进单位分给他的一套 50 平方米的住房。等他把包括床和许多必需的东西搬进屋里后，他那张宽大的书桌实在搬不进去了，于是打算将它运到旧货市场处理掉。

恰好，来了一个收破烂的乡下人，问他这张桌子卖不卖。孟飞说要40 元。其实邻居说这张桌子在旧货市场只能卖 20 元。可是，乡下人掏出40 元，说这张桌子他要了。"在旧货市场是不能卖这么高的价的，你掏40 元买走它，你打算怎么处理它呢？"他忍不住好奇地问。"在乡下，做一张像这样的书桌，材料、加工费是要超过40元的，我打算弄回家乡。"乡下人说。

这个发现让他兴奋不已。他迅速联系乡下的亲戚，在乡村的公路旁办起了一家旧家具店，他把城里的旧家具拉到乡下，结果大受农民欢迎。于是他一不做，二不休，不断地拓展自己的业务，开了几家分店，结果生意都十分红火，利润也很可观。

像这种通过身边小事而发现投资机会的案例，在很多商家的投资生涯中并不鲜见。

事实上，许多事情都是由于司空见惯的原因使我们觉得它很寻常，结果丧失了改变的机会。打破惯性思维，跳出自己的思维怪圈，发现商机不在话下。

困局孕育机遇

美国商界流传着这样一句话：一个人如果从未破产过，那他只是个小人物，如果破产过一次，他很可能是个失败者，如果破产过三次，那他就可以无往而不胜。李嘉诚是个例外，却也印证了这句话，在濒临破产的困局中，往往隐藏着通往成功的机遇。是的，生活往往借失败之手，迫使人们进行着一次次的探索和调整，从而建立走向成功的基石。

一家报纸几年前报道过一条新闻，名字就叫作《困局孕育机遇——第一季度我国家电产品出口稳增》。报道这样写道：持续通胀给家电企业带来了空前的成本压力，影响企业的盈利空间，今年我国家电企业面临的成本压力比以往任何一年都要大。成本的提升使得一些家电企业主动寻求转型，包括格力、美的等企业纷纷通过差异化营销、实施"海外攻略"等举措来规避市场风险，从而有效地抵御了成本上涨的压力，维护了利润空间。

是的，困局孕育生机，这绝不是句空话。

美国电视传媒金牌主持人莎莉·拉斐尔在成名之前，历尽波折，但她依然不屈不挠、乐观向上。正是凭着这样的信念，她才历尽艰难，战胜逆境，取得事业的成功。

在她 30 年的职业生涯中，莎莉·拉斐尔曾遭遇 18 次辞退。可是每次她都能够乐观面对，并且放眼更高处，确立更远大的目标。由于美国大陆的无线电视台都认为女性不能吸引听众，没有一家肯雇用她，她不得不迁到波罗黎各去，苦练西班牙语。

有一次，一家通讯社拒绝派她到多米尼加共和国去采访一次事件，她便自己凑够旅费飞到那里，然后把自己的报道出售给电视台。

1981 年，她遭遇一家纽约电视台的辞退，说她跟不上时代，结果她失业了一年多。在此期间，她向一位国家广播电台职员推销她的谈话节目构想。"我相信公司会有兴趣。"那人如此答复她。

但是此人不久就离开了国家广播公司。

后来她碰到该电台的另一位职员，再度提出她的构想，虽然此人也一再夸奖她的构想，但是不久他也失去了踪影。最后她说服第三位职员雇用她，此人虽然答应了，但是提出要她在政治台主持节目。"我对政治所知不多，恐怕很难成功。"她对丈夫说，但丈夫鼓励她去尝试。1982 年夏天，她的节目终于开播了。

多年的职业生涯使她早已对广播驾轻就熟，于是她利用自己的优势和平易近人的作风，大谈 7 月 4 日美国国庆对她自己有什么意义，又请听众打电话畅谈他们的内心感受。

听众立刻对莎莉的这个节目产生了兴趣。她几乎一夜成名，在传媒产业竞争激烈的北美市场，她开拓出了一片属于自己的疆土。每天 800 万的观众坐在电视机旁与她准时相约，听她娓娓道来。而在莎莉·拉斐尔这些光鲜景象的背后，又有谁会记起她 18 次被辞退的遭遇。

莎莉·拉斐尔说："我遭人辞退了 18 次，本来大有可能被这些遭遇所吓退，做不成我想做的事情，结果相反，它们鞭策着我勇往直前。"

正是凭借这种不服输的乐观精神，莎莉·拉斐尔总能在逆境中不放弃对成功的追求，最终的结果也证实了这句话——困局之中孕育机遇。

确实，迎难而上是一种勇气，面对困境，害怕挑战的人只会束缚住自己的手脚。任何逆境里边都孕育着机遇，危机不可怕，困境不可怕，只要你能在困境中看透问题，决心一搏，机遇就会出现在你面前。

除了个人造成的困局，也有很多是环境造就。1966 年底，低迷了近两年的香港房地产业开始复苏。但就在此时，香港出现大移民潮。

在这种大范围的困局中，李嘉诚显然也受到了重大影响。但他并没有就此放弃苦心经营的一切产业，而是耐心等待，耐心思考。经过深思熟虑，他认为，困局是暂时的，只要快人一步，领先低价收购大量地盘，旧房翻新出租，又利用地产低潮建筑费低廉的良机，在地盘上兴建物业。

困局的确是暂时的。1970 年，香港百业复兴，地产市场转旺。这时，李嘉诚已经聚积了大量的收租物业，从最初的 12 万平方英尺，发展到 35 万平方英尺，每年的租金收入达 390 万港元。真可谓时来运转，万事兴旺。

李嘉诚能成为这场地产大灾难的大赢家，与其困境中逆流而上、勇于化劣势为优势行动是绝对分不开的。

在经济大潮中，劣势与优势常常是相互转变的。如果找到巧妙的方法，劣势就可以变成优势。只有那些勇于开拓思路、积极寻找方法、谋得有利于发展的资源的人，才能成就大业。

有一次，英国一家足球生产厂接到了一份"莫名其妙"的控诉，因此而面临一场不大不小的危机。原来事情是这样的。

一天，在英国麦克斯亚洲的法庭上，一位中年妇女声泪俱下，面对法官，严词指责丈夫有了外遇，要求和丈夫离婚。她对法官控诉了自己的丈夫，指责他不论白天还是黑夜，都要去运动场与那"第三者"见面。法官问这位中年妇女："你丈夫的'第三者'是谁？"她大声地回答："'第三者'就是臭名远扬、家喻户晓的足球。"

面对这种情况，法官啼笑皆非，不知如何是好，只得劝这位中年妇女说："足球不是人，你要告也只能去控告生产足球的厂家。"不料，这位中年妇女果真向法院控告了一年可生产 20 万只足球的足球场。

更让人意不想到的却是这家被人控告到法庭上的足球场，他们在接到法院的传票后，不怒反喜，竟十分爽快地出庭，并主动提出愿意出资 10 万英镑作为这位中年妇女的孤独赔偿费。这位太太喜出望外、破涕为笑，在法庭上大获全胜。

一场看似丑闻的困局竟然照单全收，厂家是不是有问题？答案很确定，不是。后来的事实很明显地证明了这一点。英国是现代足球的发祥地，国人对足球的酷爱几乎达到了发狂的地步，这场因足球而引起的官司自然在全英国产生了巨大的轰动效应，各个新闻媒体纷纷出动，做了大量的报道。头脑精明的厂长，敏锐地利用了一次非常糟糕的事件大做文章，没花一分钱的广告费，却让他和他的足球场名声大振。于困局中发现机遇，让足球场做了一次绝妙文章。

从危机中寻找可以利用的商机，在失利中寻找契机，从而使自己反败为胜，这是每一个成功的企业家都善做的事情。思考快一步，困局便能早一步孕育商机。

抓时机就是抓生机：快 1/10 秒就会赢

很多人能在多个领域内取得成功，是幸运在起作用？答案是否定的，因为他们的每一次出手都不是偶然。成功的企业家总是敏锐的，善于抓住时机采取行动。正是这一次次难得的商机让企业家们在第一时间内抢先占领制高点，从而获得成功。他们正是在善于抓时机中赢得了进步的生机。

人们都说李嘉诚有一个超越别人的长处，那就是运用超前思维预测未来什么值得投资。这话不假。但更为重要的，无疑是他的行动。如果没有闪电般地抓时机，又怎么会有抢先一步的投资呢？抓时机就是抓生机，正如李嘉诚所说："今天在竞争激烈的世界中，你付出多一点，便可赢得多一点。好像奥运会一样，如果跑短赛，虽然是跑第一的那个赢了，但比第二、第三的只胜出少许，只要快一点，便是赢。"

进入中南公司，李嘉诚为的是学会装配修理钟表。他心灵手巧，仅半年时间，就学会各种型号的钟表装配及修理。庄静庵对少年李嘉诚刮目相看，将李嘉诚调往公司属下的高升街钟表店当店员。

1946年年初，17岁的李嘉诚突然辞别舅父庄静庵。临行前，他对庄静庵就香港钟表业的前途做了一番今天看来依然堪称大商家眼光的分析。正是这番话，给了庄静庵的公司一个时机，更是一个生机。

李嘉诚认为，瑞士的机械表生产技术炉火纯青，世所无敌。其时，日本人避其锋芒，瞄准空当，抢先开发了电子石英表的新领域。世界钟表市场便形成这样的态势：高档表市场为瑞士人独霸，中档表市场为日本人独步。这样，中低档表市场就是可开拓的空当。李嘉诚建议舅父迅速抢占这一滩头。

事实证实，时局正如李嘉诚所预言，以价廉物美的中低档表迎合中下层顾客的需要，成为世界继瑞士、日本外的又一大钟表基地，中低档表生产成为香港的支柱产业之一。若是没有意识到这一点，一旦让其他公司捷足先登，则必将被排挤于主流之外，生意惨淡。

关于时机与生机，李嘉诚认为，能否抓住时机和企业发展的步伐有重大关联。要想抓住时机，就要先掌握准确资料和最新资讯。能否抓住时机，是看你平常的步伐是否可以在适当的时候发力，走在竞争对手之前。

抓住时机的重要因素有四：第一，知己知彼。做任何决定之前，要先清楚自身的条件，然后才知道自己有什么选择。要知道自身的优点和缺点，更要看对手的长处。要掌握准确、充足的资料，并做出正确的决定。第二，磨砺眼光。知识最大的作用是可以磨砺眼光，增强判断力，有人喜欢凭直觉行事，但直觉并不是可靠的指南针。要有国际视野，掌握和判断最快、最准的资讯。第三，设定坐标。第四，毅力、坚持。

哪种人能够在如战场一般的商场中获得胜利？李嘉诚说，快一点就是赢。在收购希尔顿大酒店中，他总结了两个制胜点：一、因为没有人知道；二、自己出手非常快。

永远不让对手知道自己的底牌

底牌是自己的屏障，就像人体的防御系统一样。当穿衣不能御寒，运动不能御寒，药物不能御寒时，身体的防御功能就会开启。商场上的底牌也是如此。每每斗得天昏地暗，最后亮出来的，往往是自己最拿手的底牌。在李嘉诚看来，不轻易把自己的底牌告诉别人的人才是智慧的，才能获得商战的主动权。

曾有一位著名作家说过："人生是个双面舞台，扮演英雄的人，总是费尽心机地将自己小人的那一面遮掩起来。"那么我们也可以说："商场是个双面舞台，扮演成功的人，总是费尽心机地将自己真正的底牌遮掩起来。"

的确，在李嘉诚的经营投资过程中，曾经遭遇过无数的竞争对手，而在竞争的最后一刻，李嘉诚总能够用对方意料不到的底牌将其彻底击垮，从而稳操胜券。商场充满了诡诈和陷阱，藏好底牌，以待关键时刻露出制胜的一手，是每个深思熟虑、高瞻远瞩的人都应该准备的。

1979 年 1 月 14 日，香港地铁公司正式宣布，中环邮政总局旧址公开接受招标竞投，素有"地产皇帝"之称的置地公司竟然马失前蹄，为什么？答案很简单，置地的张扬让他的底牌暴露无遗，而李嘉诚却以低调行事的作风赢得了翻牌机会。

就如同武侠小说经常这样描写"决斗"——弱者与强者较量，特别是弱者与绝顶高手较量，当弱者处于下风时，就会寻找对手的死门，找到死门重点攻击，最后取得胜利一样，在商场中，即使再强的企业、再强的对手，只要攻击他的弱点，也能攻其不备、逆转情势。故而，只有不让对方知道自己的弱点、自己的底牌，才能立于不败之地。

司马懿装病夺权就是一则有名的掩藏自己底牌的故事。

魏明帝时，曹爽和司马懿同执朝政。司马懿被升为太傅，其实是明升暗降，军政大权落入曹爽家族。司马懿见此情景，便假装生病，闲居家中等待时机。

曹爽骄横专权，不可一世，唯独担心司马氏。正值李胜升任青州刺史，曹爽便叫他去司马府辞行，意为探听虚实。司马懿明晰实情，就摘掉帽子，散开头发，拥被坐在床上，假装重病，然后请李胜入见。

李胜拜见过后，说："一向不见太傅，谁想病到这般。现在小子调做青州刺史，特来向太傅辞行。"司马懿佯答："并州靠近北方，务必要小心啊！"李胜说："我是往青州，不是并州！"司马懿笑着说："你从并州来的？"李胜大声说："是山东的青州！"司马懿笑了起来："是青州来的？"李胜心想：这老头儿怎么病得这般厉害？都聋了。"拿笔来！"李胜吩咐，并写了字给他看。

司马懿看了才明白，笑着说："不想耳都病聋了！"手指指口，侍女即给他喝汤。他用口去饮，又吐了满床，噎了一番，才说："我老了，病得又如此沉重，怕活不了几天了。我的两个孩子又不成才，望先生训导他们。如果见了曹大将军，千万请他照顾！"说完又倒在床上喘息起来。

李胜拜辞而回，将情况报告给曹爽，曹爽大喜，说："此老若死，我就可以放心了。"从此，曹爽便对司马懿不加防范。司马懿见李胜走了，就起身告诉两个儿子说："从此曹爽对我真的放心了，只等他出城打猎的时候，再给点厉害让他尝尝。"

不久，曹爽护驾，陪同明帝拜谒祖先。司马懿立即召集昔日的部下，率领家将占领了武器库，威胁太后，清除曹爽羽翼，然后又骗曹爽，说只要交出兵权，并不加害他。等局势稳定了，司马懿就把曹爽及其党羽统统处斩，掌握了魏朝军政大权。

古代的奸贼在皇帝面前往往是以忠臣的面孔出现的，他们总是显得比谁都忠心；在皇帝背后却欺凌百姓，玩弄权术。他们往往不动声色，老谋深算，心怀鬼胎，使敌手来不及防备便遭暗算。人生如棋牌，天下最难以捉摸的一张牌，即为对手的底牌。底牌是人保护自己，攻击对手的武器之一。

别人要掩盖底牌，我们就要想方设法先探得别人的底牌，这样才能未雨绸缪，在对方打出底牌之前想出应对之策，避免被他所伤。

商场竞争讲的是兵不厌诈，故而藏住底牌才能为自己树立一道屏障，以便在危机时刻转败为胜。李嘉诚指出，做生意的过程既是钱与钱的交易过程，也是斗智过程，就如打牌的人从不显露自己的底牌一样。做生意，贵在保密，就能更快接近赢的结果。

要想找到对手的致命弱点或软肋所在，就要摸清他的底细，将其看个清清楚楚、明明白白。任何聪明的企业家都明白，一个聪明的商人是不会轻易显现自己的实际状况的。没有底牌可出的对手是最脆弱的，在他们的要害处轻轻一击，也就致命了。

因为有法宝在手，李嘉诚总能对万事处之泰然，在最后关头丢出重磅炸弹，从而将主动权牢牢地掌握在自己的手里。

李嘉诚启示录

李嘉诚如是说

随时留意身边有无生意可做，才会抓住时机，把握升浪起点。着手越快越好。遇到不寻常的事发生时立即想到赚钱，这是生意人应该具备的素质。

我除了用很多时间考虑失败的可能性外，还会反复研究哪些行业对我们是未来的机会，哪些行业风险高，哪些生意今天很好，但10年之后优势不再，哪些今天欠佳，10年之后却风景秀丽。比如石油公司赫斯基，最初大家并不看好，但我却一直很有信心，这是由于我平时对经济、政治、民生、市场供求、技术演变等一切与自己经营行业有关或没有直接关系但具影响的最新、最准确数据及讯息全部储备所有详细数据，加上公司内拥有内行的专家，当机会来临时我便能迅速做出决定。

第 12 堂课

以小博大——布局巧制胜，先思考再出手

以小博大，用 1 元钱做 100 元钱的生意

赚钱需要执着的拼劲，但更需要巧妙的运作。善于以小博大，才称得上制胜的上乘之作。而作为一个超级企业家，李嘉诚在以小博大方面绝对堪称案例教父。

当年，李嘉诚从 5 万元起家，创造出今天千亿身家的企业帝国。他的成长，与其说是创业，倒不如说是创造，一个几乎从无到有的创造，一个从不可想象到兀立于眼前的现实的创造，一个企业帝国神话的创造。我们作为局外人，纵观李嘉诚一生，究竟是什么成就了李嘉诚今日的辉煌成就？

答案就是——搏。李嘉诚善于搏，但他搏的不是蛮力，而是谋略和成功的运作。同时善于挖掘市场空白点，抓住机遇，借势成功。

小有小的好处。小企业也可以成"形"。原因何在？众所周知，产品投入市场的生命周期中，一个完整的产品生命周期包括：投入期、成长期、成熟期和衰退期四个不同的阶段。当上一代产品开始衰退，下一代产品尚未开发投产之时，此时市场中就充满了机遇。小企业不可能在一个产品的成熟期与大企业竞争，而一旦出现市场空白，大企业和小企业的差别就不再明显，小企业就可以利用这些机会乘虚而入。利用市场产品的衰退期进行创新活动，是很多小企业成功的法宝，这非常符合顺势思维所强调的寻

找对手的漏洞这一原则，我们把市场中出现的这种空白状态称为"战略空白"。小企业有四两拨千斤的机会，正是抓住了战略空白，所以能以小博大，获取成功。

这是小企业做大的成功之路，同时也是李嘉诚的创富法门，以小博大，四两拨千斤。一个成功的商人要有魄力和敢与一切争锋的精神，不能因为暂时弱小而放弃继续拼搏的信念，勇争第一要成为不变的追求。如果当初李嘉诚因为自己的"小"而放弃竞购的机会，他就不会取得今天辉煌的成绩。但是"以小博大"不是莽撞，要懂得运用商业头脑，一味蛮干无异于自取灭亡。只有深刻认清自己的实际能力及准确无误地分清时局后，才能上演"小蚂蚁"扳倒"大象"的好戏。优秀的商人往往是出色的智谋家，商场争夺不比战场冲锋容易多少，只有充分调动自己的智慧，才能将看似遥远的财富拉到自己身边。

没有机会，便创造机会

星云大师曾说："机会不是完全靠别人给予，也不会有上天赐予，机会还是要靠自己创造。"所谓机会，需要缘分，也需要争取。机会并非均等，但强者往往能够依靠自己的能力稳稳地把握住自己命运的航向。著名剧作家萧伯纳也说："人们总是把自己的现状归咎于运气，我不相信运气。出人头地的人，都是主动寻找自己所追求的运气；如果找不到，他们就去创造运气。"

李嘉诚就是一个善于发现和把握机会的成功商人。从发现塑胶花，到建立跨国跨行业的企业王国，李嘉诚每一次似乎都能在司空见惯之中发掘出机会，然后排除障碍，把一个个在许多人看来大胆的构想变成现实。这里，我们不妨套用本杰明·狄斯累利的一句话，他说虽然行动不一定能带来令人满意的结果，但不采取行动就绝无满意的结果可言。

确实，纵观古今中外历史上许多成功的例子，我们可以发现能够主动发现甚至创造机会的人，往往也是更容易取得成功的人。

法国白兰地酒历史悠久，酒味醇厚，但直到 20 世纪 50 年代，白兰地仍然没能进入美国市场。趁着 1957 年 10 月艾森豪威尔总统 67 岁寿辰之际，法国商人制订了一项完美的计划。他们致函给美国有关人士：法国人民为了表示对美国总统的友好感情，将选赠两桶已有 67 年历史的白兰地酒作为贺礼。这两桶酒将由专机运送到美国，白兰地公司为此支付巨额保险金，并将举行隆重的赠酒仪式……

美国新闻界将此消息如实报道出去，结果这两桶白兰地还未运到美国，美国人对它已是翘首以盼了。

白兰地酒运抵华盛顿举行赠送仪式时，人山人海，盛况空前，而新闻界更是不甘寂寞，有关赠送白兰地酒仪式的专题报道、新闻照片无处不在，美国总统对白兰地的赞赏更无人不知。聪明的法国商人们如愿以偿，白兰地酒终于打入了美国市场。

等待是成功的天敌，等待最终只会两手空空，因为机会和成功不会主动找上门。如果想获得成功，最可靠的方法就是用行动去创造机会。只要肯去发现甚至创造机会，再小的希望也有实现的可能。

正如培根所说："贤者创造机会多于发现机会。"李嘉诚的成功告诉我们，人不仅要把握机会，更要创造机会。机会可以暂时不存在，但通过你智慧的头脑，在暂时不存在机会的情况下，同样可以制造出机会，关键在于你思考问题时需要另辟蹊径的思维。善于制造机遇，并张开双臂迎接机遇的人，最有希望与成功为伍。积极创造机遇，也正是现代青少年必须具备的人生态度。

竞争是搏命，更是斗智斗勇

李嘉诚说：不必再有丝毫犹豫，竞争即搏命，更是斗智斗勇。倘若连这点勇气都没有，谈何在商场立足。在商场中，企业要想生存，就不可避免地会遇到许多危险时刻，如果不能审时度势，主动出击，就只会陷入被动。只有在危急之时，敢想敢搏，才能在竞争中立于不败之地。

摩根年轻时便敢想敢做，颇具商业冒险和投机精神。1857 年，摩根从哥廷根大学毕业，进入邓肯商行工作。一次，他去古巴哈瓦那为商行采购鱼虾等海鲜归来，途经新奥尔良码头时，他下船在码头一带兜风，突然有一位陌生人从后面拍了拍他的肩膀："先生，想买咖啡吗？我可以出半价。"

"半价？什么咖啡？"摩根疑惑地盯着陌生人。

陌生人马上自我介绍说："我是一艘巴西货船船长，为一位美国商人运来一船咖啡，可是货到了，那位美国商人却已破产了。这船咖啡只好在此抛锚……先生，您如果买下，等于帮我一个大忙，我情愿半价出售。但有一条，必须现金交易。先生，我是看您像个生意人，才找您谈的。"摩根跟着巴西船长一道看了看咖啡，成色还不错。想到价钱如此便宜，摩根便毫不犹豫地决定以邓肯商行的名义买下这船咖啡。然后，他兴致勃勃地给邓肯发出电报，可邓肯的回电是："不准擅用公司名义！立即撤销交易！"

摩根勃然大怒，不过他又觉得自己太冒险了，邓肯商行毕竟不是他摩根家的。自此摩根便产生了一种强烈的愿望，那就是开自己的公司，做自己想做的生意。无奈之下，摩根只好求助于在伦敦的父亲。父亲吉诺斯回电同意他用自己伦敦公司的户头偿还挪用邓肯商行的欠款。摩根大为振奋，索性放手大干一番，在巴西船长的引荐之下，他又买下了其他船上的咖啡。

摩根初出茅庐，做下如此一桩大买卖，不能说不是冒险。但上帝偏偏对他情有独钟，就在他买下这批咖啡不久，巴西出现了严寒天气，一下子使咖啡大为减产。这样，咖啡价格暴涨，摩根便顺风迎时地大赚了一笔。从咖啡交易中，吉诺斯认识到自己的儿子是个人才，便出了大部分资金为儿子办起摩根商行，供他施展经商的才能。摩根商行设在华尔街纽约证券交易所对面的一幢建筑里，这个位置对摩根后来叱咤华尔街起了不小的作用。

试想，如果摩根畏首畏尾，不敢放手尝试，那么他有可能也就是个普通的商人，或者小有成就，但绝不会成为华尔街的风云人物。或者我们也可以这样理解，是敢想敢搏的精神成就了摩根，同样也成就了李嘉诚。

当年李嘉诚的塑胶花开遍香港时，他心里想的是怎样进军世界市场。功夫不负有心人，不久就有一家拥有遍布北美的销售网的生活用品贸易公司到香港考察，准备从香港订购大批塑胶花，并且有意长期合作。面对这个千载难逢的进军北美的大好机会，李嘉诚第一次打破了他一贯稳健第一的做事风格。

在冷静分析当时香港塑胶市场后，李嘉诚果断决定，一周之内，将自己的塑胶花厂的生产规模扩大到令外商满意的程度！无论怎样看，这个决定都是极大的冒险，首先扩建工程是否能完成无法保证，其次即便完成了，是否能最终争取到这个合作项目，尚且未知。要知此次外商来港是要考察整个香港塑胶行业，从中选择一家或几家作为长期合作伙伴。当时可与李嘉诚相抗衡不乏其人，但是李嘉诚不再顾忌那么多，他很清楚机不可失，此时不搏，可能自己打入世界市场的宏愿又要停滞不前了。

李嘉诚甘愿冒险。结果证明，他的大胆是对的。李嘉诚成功签下了这次合作的大单，进军世界的大门成功开启，李嘉诚又迈进了另一个腾飞期。

哈佛有句名言说："世上到处充满了生机与机遇，敢于冒险必有所获。"这句话告诉我们：机遇本身就蕴藏着风险。迎难而上就是一种勇气，害怕挑战的人只会像蜗牛一样，将自己深深地掩埋，再无出头的机会；害怕挑战的人惧怕失败，他们也许不明白拼搏和成功的道理。只有敢想敢搏，并且不是靠蛮力，而是凭智慧和魄力去拼搏的人，才是在竞争中走到峰顶的人。

在危险处搏利润

白手起家的李嘉诚，从当初的塑胶业到地产，再到石油、码头、零售、网络等领域，辗转之间，总能在危险处搏利润。李嘉诚一生无数次大小商战，恰恰印证了一句话，"无限风光在险峰"，而敢于攀登险峰，摘取这朵成功之花的人，常常需要有超越常人的胆识，甚至剑走偏锋的豪气和勇气。

在这一点上，王均瑶的故事很有代表性。

1989年的春节，正在湖南忙生意的王均瑶耽误了购买返乡的火车票，为了能回家过个团圆年，王均瑶和老乡商量了一下，决定包一辆大巴。但是通往温州的山路非常难行，大巴一路颠簸，行驶缓慢，心急的王均瑶随口说了一句："车太慢了。"谁知一位同乡却挖苦他说："嫌慢，你包飞机啊！"说者无意，听者有心。王均瑶真的思考起了这个别人想都不敢想的事情。

王均瑶当时还在为人打工，但他认为包飞机并非是件不可行的事情，既然土地能包、大巴能包，飞机为何不能包？那时，温州已经修了机场了。王均瑶想的是：首先，要向长沙机场问一问飞机能不能"包"，假如能包，新修的温州机场会不会存在无法降落的问题。王均瑶回到温州之后，这一连串的"问题"成为春节聚餐中的热门话题。

论证完后，王均瑶过完年后赶往长沙，开始了落实、谈判和签约的工作。但是在那个年代，民航实行的还是半军事化管理，乘飞机还有行政级别限制，民营资本要想渗透进去谈何容易。"我都不相信自己的耳朵。"当时的湖南民航局运输处处长周纪恒回忆当时的情形说，那时王均瑶一脸认真地说找他有急事，"但万万没想到这个年轻人说的急事，居然是要承包飞机。"他当时真的吓了一跳。

当时他告诉王均瑶，这是从来没有过的事，有很大的风险，搞不好一年要亏几十万元甚至上百万元。但王均瑶相信包机可以给老乡创造方便，开始时亏一点也没有关系。经过几次远赴温州认真调查，王均瑶终于如愿以偿与湖南民航局签订了承包飞机合同。1991年7月28日，一架从湘江畔飞来的"安—24"银鹰稳稳降落在温州永强机场。这一天对王均瑶来说，是一个万分激动的日子，对中国民航事业的改革来说，也翻开了新的一页。

1992 年，王均瑶的温州天龙包机公司正式成立，注册资金 60 万元。

王均瑶有很好的经营理念，他曾说过这样的话：衣食住行是人生的大事，一个企业如能抓住其中的两个就发达了。可以说，王均瑶已经完成了三个，有飞机和出租车的"行"，有牛奶的"吃"，有房地产的"住"。

1994 年，王均瑶乳品公司成立，他不仅在全国建立乳业生产基地，销售网络遍及全国，"均瑶牛奶"也成了家喻户晓的品牌。1995 年，他整合了民营企业很少涉足的航空、乳业，成立了均瑶集团公司。世纪之交，王均瑶又到上海发展，斥资 3.5 亿元在浦东征地 270 亩，建立均瑶集团总部，又投资 5.5 亿元兴建顶级物业大厦"均瑶国际广场"。

王均瑶有一句经典的话："在我眼里，没有不可能的事情。"这也许能在某种程度上说明王均瑶之所以成功的原因。而这其实也是李嘉诚成功的一个重要原因。作为华人巨商代表，李嘉诚的创业和成功，步步演绎着也印证着"无限风光在险峰"这句话。

李嘉诚说："因害怕失败而不敢放手一搏，永远不会成功。"确实，成功的商家不仅需要有敏锐的商业觉，还需要有过人的胆识，只有这样才能在机遇到来之时，及时地抓住它而闯出一片天地。

《冒险》一书的作者维斯戈说：如果想生活过好一点，就必须冒险。不制造机会，自然无法成长。每一次的冒险，都无法避免会有所失。如果你一点都不怕，这种冒险根本不是冒险，对你一点也没有好处——没有任何冒险是绝对安全的。

当然，冒风险也要从实际出发，因为我们的愿望是要获得成功。事实上，所冒风险的大小和我们的收益基本上是成正比的，越是危险之处，风险愈大，当然你所可能获得的利润也就更大。正如维斯戈在书中所说的，我们不妨从现在开始给自己设定一个人生目标，持续地学习，不停地进取，偶尔有点冒险精神，让自己在所从事的领域达到满意的目标，成就自己的大事业。

舍小利方可取大利

成为华人首富的李嘉诚令人艳羡，进入福布斯财富排行榜第八位也令人艳羡。但是，我们有没有想过，是什么让李嘉诚成就了现在这样的伟业？

答案是，李嘉诚能有当今的事业，是因为其心中怀揣着伟大的目标，并且不断为之努力，不断攀登更高的山峰。眼里只有芝麻，努力再久也得不到西瓜。只有具备鸿鹄之志，搏击长空，才能成就大业。拥有财富梦想的人绝不会将自己困在普普通通的小事上，他们眼里只有最好、最高、最强。

当李嘉诚成功在销售界打开局面的时候，他是高级打工仔，却并没有因为高级而停止脚步，而是选择舍弃当前的稳定，选择自己创业；当李嘉诚成为塑胶花王的时候，他却并没有因为坐到高峰而选择停止脚步，而是继续前进，走入地产业，走入其他领域……中国古人常说舍得，有舍才有得。诚然，舍小利方可取大利，这句话绝对不是空谈。在当年李嘉诚参与中环地铁竞标案中，这一点已经体现得淋漓尽致了。

其实，很多时候，一个企业领导者的决策过程就是舍与得的取舍过程。马云同样为我们提供了一个很好的典范。

马云为了使阿里巴巴成为世界上最好的电子商务平台，多年来一直"舍得"让新成立的业务处于亏损状态。在2007年的年会上，马云指出阿里巴巴目前的主要任务是做大规模，而不是赚钱，尤其是对淘宝和支付宝而言。他让大家忘掉钱，忘掉赚钱，不要在意外界对阿里巴巴的负面评价。

很多人都很关注阿里巴巴的淘宝网收费的问题，马云的想法很简单，他认为淘宝如果要真正想赚钱，首先要考虑的是淘宝帮别人是否真正赚了钱。所以说，淘宝现在收费的时机尚不成熟，因为它的市场还需要培育。如果阿里巴巴在路上发现了很多的小金子，于是它就不断地捡起来，当它浑身装满了金子的时候它就会走不动，这样的话它就永远到不了金矿的山顶。另外，马云认为淘宝收费是需要有一点创新的，因为所有模仿的东西都不会超出预期值很多，就像谷歌（Google）能超出人们期望的高度就是因为它的创新，全球最大门户网站雅虎也是靠自己的创新最终大获成功的。

自从淘宝成立以来，它每年的交易额以 10 倍的速度迅速增长，仅 2007 年上半年的交易额就达到了 157 亿元，网站注册会员超过 4000 万，在中国 C2C 市场中的份额几乎达到了 80%。面对这样卓越的成绩，淘宝却说："我们现在的规模连婴儿都不是。"他们认为只有当淘宝的交易额可以与传统的商业巨头，像国美、沃尔玛等相媲美时，淘宝才是真正面向个人用户电子商务的未来所在。

马云的这种舍弃小利益、为社会创造更高价值的理念，使得他把握住了互联网的命脉。同时，正是基于对电子商务的坚定信念，马云立志在不久的将来要把阿里巴巴做成世界十大网站之一，从而实现"只要是商人，就一定要用阿里巴巴"的目标。

大舍才能大得，舍得让利，自己才能得到利。李嘉诚和马云的气度与这种经营理念恰恰是这句话的最佳实例。一时的利益得失并不决定真正的成败，而善于让小利的人，看起来好像是吃亏了，事实上他们谋求的是长远的大利益。

卡耐基曾说，宏大的目标才能换来巨大的回报。亿万富翁的心永不会在小目标上停留片刻。一朵花再香也无法拥有整座花园的魅力。财富不是简单的算术题，只会算一加一等于二的人不会有大的发展。一万个小目标的叠加也不会换来宏大的未来。要做大事的人不妨学习一下李嘉诚，甘舍小利，方能得大益。

扭转乾坤，以"小"吃"大"

生意场上以"小"吃大绝非不可能，拥有清晰的头脑和运筹帷幄的本领，就能变不可能为可能。有句话叫"弱肉强食"，意思是弱小的总会被强大的吞噬。现实生活中弱小者也往往是失势一方，但商场却有例外。很多商人就凭着超强的商业头脑和惊人魄力以小博大，在竞争激烈的利益博弈中占得先机，成就自己的财富梦想。

李嘉诚就是一个很好的例子。在他的传奇人生里，上演过不少以小博大的精彩片段。其中，入主和黄蛇吞大象完美落幕堪称经典。李嘉诚以不足7亿的实有资产，控制时市价62亿港元的和记黄埔，而且神奇的没有"消化不良"，相反，演绎出和记黄埔日后的辉煌。以小吃大，李嘉诚堪称个中高手。

在李嘉诚打出吃下和黄的牌时，董事会上不出所料，亦是嘘声一片："我们不能，你行吗？"是的，我行！李嘉诚用实际成果做出了回应。改变乾坤，李超人就是有着别人难以想象的好胃口和消化能力。但更重要的一点是，他有着自己冷静的分析判断力和自信。

李嘉诚不打无把握的仗，实际上在收购和黄之初，对于自己是否有能力吃下和黄，以及如何运作等问题，李嘉诚是不可能没有经过周密考虑的。以小吃大的自信和魄力，来源于实力、冷静判断与深谋远虑。

在中国古代历史上，以小吃大，以弱胜强的例子比比皆是。东汉末年群雄并起，袁绍独领风骚，而曹操的实力远不如他。但是官渡一战，曹操却以少胜多，大败袁绍，原因即在于曹操明辨局势，对双方实力和作战方案都有清醒的认识和详密的计划。况且袁绍为人"志大而智小，色厉而胆薄，忌克而少威，兵多而分画不明，将骄而政令不一，土地虽广，粮食虽丰，适足以为吾奉也。"所以才会有这场历史上著名的以少胜多战役，而官渡一战也基本奠定了曹操在北方的势力，为此后三国鼎立局面的形成有着很重要的影响。

相反，如果不能审时明事，反而盲目自大，那么就很有可能要招致可怕的后果了。

有一头野猪，从一出生就被关在一个山洞里喂养。它的妈妈十分宠爱它，平常舍不得放它出去锻炼锻炼，直到野猪长大了，牙齿长得又长又尖，它妈妈才放它出山洞，让它去自谋生路。因而这头野猪直到出山洞时，还不知道别的动物是什么长相，又都有些什么本事。这只刚"出道"的野猪，刚开始碰到的恰好都是些力气比它小的动物，理所当然地这些小动物也就成了野猪的"阶下囚"，野猪为此洋洋得意，它错误地认为这世上所有的动物都不如它。

隔了几天，这只野猪碰见了一只狼，它扑上去就把狼咬死了，这一下，野猪更加得意，更加自信，行为也就更加放肆。随后它看见鹿，又扑上去乱咬一气，鹿挣扎了几下，就死于野猪的"钢牙"下。野猪的自信心上升到了极点，它决定要凭着自己的本领雄霸天下。

一天，这只野猪正在森林里散步，一头大象走了过来，野猪自言自语地说："这家伙个头儿真大，但看样子并不灵活，我要在它面前显示一下我的力量，征服它，让它以后听从我的指挥。"野猪带着必胜的信心，毫不犹豫地朝大象冲了过去。大象毫不惊慌，它伸出长长的鼻子把野猪卷了起来，高高举起，然后狠狠地摔到地上，几脚就把这只狂妄自大的野猪踩死了。

这虽然只是个故事，但给我们的启示却是深刻的。以小吃大也要从实际出发，关键是要始终对自己和整个局势有清醒的认识和判断。反之，假如有一点小本事就盲目自大、目中无人，战胜了弱小的对手便认定自己能力超群，可以挑战一切劲敌，那么当自己被更强劲的对手打得一败涂地时，便只有后悔不已了。以小吃大，除了要有魄力，更重要的还要具备洞察力和分析力，要首先"吃透"乾坤（局势），才能真正地扭转乾坤。

李嘉诚启示录

李嘉诚如是说

世界上任何一家大型公司，都是由小到大，从弱到强。

在决定一件大事之前，我很审慎，会跟一切有关的人士商量，但到我决定一个方针之后，就不再变更。

不必再有丝毫犹豫，竞争即搏命，更是斗智斗勇。倘若连这点勇气都没有，谈何在商场立脚，超越置地？

　　今天在竞争激烈的世界中，你付出多一点，便可赢得多一点。好像奥运会一样，如果跑短赛，虽然是跑第一的那个赢了，但比第二、第三的只胜出少许，只要快一点，便是赢。

第 13 堂课

合作互惠——合作通天下，互惠才能共赢

要竞争更要合作

竞争的出现正代表着一个时代的进步，且竞争意识在生活中的各个方面都能具体地体现。尤其在生意场上，竞争意识正代表着一种能力，企业的能力和个人的能力。合理的竞争需要正确的方式方法。只要掌握了正确的竞争方式，不仅可以在生意场上如鱼得水，也能在人际关系上左右逢源，所以合作精神就显得更加重要。

众所周知，李嘉诚的成功正成为其他企业者和各大企业效仿的对象，他的成功并不都是偶然，他的管理方法，为人处世的原则，正在为追逐事业高峰的人们指引航程。李嘉诚为人谦和，知识广博，喜欢结交朋友，这也是他奠定自己的事业不可或缺的条件。

李嘉诚的成功，有相当一部分的原因是他喜欢结交朋友，并喜欢帮助他人，凡事喜欢换位思考，先站在对方的角度看待问题，并以对方的利益为先。他这种做人做事的态度和原则是很多人都无法做到的，这也就奠定了他在商场中备受尊敬的位置。

在商场上竞争生存是第一位的，这毋庸置疑，然而在全球化日益加深的今天，人们愈来愈认识到在竞争之外，合作同样重要。

惠普公司和康柏公司是两家分别在美国排名第二和第三的计算机公司，声名显赫。美国电脑业巨头惠普公司 2001 年 9 月 3 日宣布，为了在

激烈的行业竞争中占据优势，它已经与康柏公司达成股票价值高达 250 亿美元的合并协议。两家公司的发言人说，合并后的"新惠普"总部将设在原惠普公司总部所在地——美国加利福尼亚州的帕洛阿尔托。新公司的雇员多达 14.5 万人，将在 160 多个国家开展业务。新公司的年总收入有望达到 874 亿美元，与行业领头羊 IBM（国际商业机器公司）并驾齐驱。

像康柏公司这样位居世界前列的大公司，"说没就没了"，在中国企业家的眼中自然是不可思议。但惠普公司和康柏公司这两个曾经水火不容的信息时代"斗牛士"，却悄无声息地走到了一起，其速度之快，让整个 IT 界都吃了一惊。在敬佩惠普公司的智慧和康柏公司的勇气之余，我们更敬佩其强大的合作力量。它们把合作比竞争更重要演绎得淋漓尽致，发挥得炉火纯青。

惠普与康柏的合作，向我们充分显示了一个道理，合作与竞争，不是水火不容，而是相互依存，你中有我，我中有你。一方面，通力合作鼓励各个成员间相互竞争；另一方面，成员间相互竞争促进整体竞争力的提高。同样，李嘉诚的成功不仅仅是赢在了商场，更赢在了人际关系上，他深深懂得竞争与合作并存的商业法则。有合作的竞争，才能达到双赢的局面，生意才能源源不断。因为业务的往来结交了很多好朋友，情谊在，生意就不会成问题。中国有句古话说得好，"和气才能生财"，这不光体现在生意场上，也体现在生活中的各个方面。

利益共沾，"和"字为先

在《李嘉诚成功启示录》里有这样两段话：

人面对力所不及的事时，往往逞一时之气，显一时之威，到头来只能是自己打落了牙往肚子里咽，自己酿的苦酒自己喝。我们常常就是缺乏这种进退自如的状态，往往是为了某些既得利益拼命争取，就算力所不及也毫不在意，到头来甘苦自知。与其那时来收拾残局，甚至造成亏本，倒不如从一开始就克制一些。对本身力所不及，又面临强大竞争对手，可能使自己受损的，不妨以"和"的心态来面对，以求和，即双方合作，双方受益。

　　成功学中，有一条"互利法则"，即你给人一份利，别人就会给你一份利。"利益共沾"的法则。一个人不能把目光仅仅局限于自己的利益上。舍得让利，让对方得利，最终还是会给自己带来较大的利益。

　　上面两段启示录，是李嘉诚对成功商业经的看法，利益共沾和互利合作是非常重要的经商之道，它们之间的关系是相辅相成，缺一不可的。这也是聪明的生意人应该具备的能力，凡事多照顾他人的利益，不要光以自己的利益为先，从而在自己能力范围之内，做到利他人之益，日后才能利于己。

　　正像李嘉诚成功启示录里讲的一样，我们需要在充满竞争的时代学会生存，一个人的才能和力量总归是有限的，为了让生存不再那么的艰难，我们唯有合作，互惠互利。李嘉诚说到了，也做到了。

　　1991 年 5 月，李嘉诚、荣智健联手收购恒昌集团，一时成为股市佳话，体现了有钱大家赚的原则。在收购恒昌之前，荣智健和李嘉诚是秘密策划收购活动，与此同时，由郑裕彤家族的周大福公司、恒生银行首任已故主席林炳炎家族、中漆主席徐展堂等成立了备贴公司，提出以每股 254 港元的价格向恒昌全面收购，涉及资金 56 亿港元。得知此消息之后，李嘉诚和荣智健按兵不动。起初备贴公司的三大股东已经对恒昌集团的物业、汽车代理权及粮油代理等业务做好了瓜分计划。不过备贴却出师不利，恒昌的大股东并不支持他们的计划，在还没有进入谈判环节，就被拒之门外，关闭幕后洽商的后门。这时荣智健带领的中泰新财团加入了角逐，其中李嘉诚占 19% 的股份。同年 8 月，新财团向恒昌提出收购建议，每股作价比当时备贴高出 82 港元，涉及资金 69.4 亿港元。经过一个月的商谈，双方达成了共识，并于同年 9 月由荣智健、李嘉诚的新财团完成的并购成为香港收购史上最大的一宗交易。中泰集团自此次并购之后，逐渐成为香港股市的中流砥柱，荣智健、李嘉诚的这番作为不得不让人另眼相看。次年，中泰集团宣布集资，并收购恒昌剩余的股权。荣智健开出了收购条件，这时李嘉诚没有受到其议论的干扰，欣然接受荣智健的条件。经过一番苦战，中泰集团终于对恒昌全面彻底收购。自此，中泰开始拥有蓝筹股。他们之间完美的合作，让荣智健和李嘉诚均名利双收。

所以相互合作，利益共沾才能为下次的合作做好铺垫，排除障碍。要多以大局为重，凡事多从对方的角度出发思考问题，不仅在生意场上如鱼得水，也会让自己心情愉悦，游刃有余。

有一则寓言也阐释了这样一个道理：

曾经有一位生前经常行善的基督徒见到了上帝，他问上帝天堂和地狱有何区别。于是上帝就让天使带他到天堂和地狱去参观。到了天堂，在他们面前出现一张很大的餐桌，桌上摆满了丰盛的佳肴。围着桌子吃饭的人都拿着一把十几尺长的勺子。不过令人不解的是，这些可爱的人们都在相互喂对面的人吃饭。可以看得出，每个人都吃得很愉快。天堂就是这个样子呀！他心中非常失望。接着，天使又带他来到地狱参观。出现在他面前的是同样的一桌佳肴，他心中纳闷：天堂怎么和地狱一样呀！天使看出了他的疑惑，就对他说："不用急，你再继续看下去。"过了一会儿，用餐的时间到了，只见一群骨瘦如柴的人来到桌前入座。每个人手上也都拿着一把十几尺长的勺子。可是由于勺子实在是太长了，每个人都无法把勺子内的饭送到自己口中，这些人都饿得大喊大叫。

这就是为什么有人说懂得与别人合作与分享，就会看到天堂；反之则是地狱。

不管是天堂还是地狱，不管是寓言还是李嘉诚成功的背后，都深谙和谐的环境是日后发展的助力，抓住机遇，科学合理地合作，联手出击，就会战无不胜。

求和带来双赢

"以和为贵"是儒家在处理人际关系当中最为看中的一项品德，孔子有说"礼之用，和为贵"，孟子说"天时不如地利，地利不如人和"，都是在强调这一品德。它能使我们少些埋怨，为达到一个共同目标放弃个人私利与成见，从而多些进取精神，无形中是一种"制动的能力"，这种能力必将成大事。

精于用人之道的李嘉诚也深谙以和为贵必生财的道理，这也是他成就辉煌事业的秘诀。他 14 岁投身商界，22 岁正式创业，半个世纪的奋斗铸就了辉煌的业绩，今时今日的李嘉诚成为最成功的华人企业家，也是最独具个人魅力的成功人士。他秉承"人和"为创业理念，因此，这些都为他将来的事业奠定了坚实的基础。

纵横生意场多年，他一直讲求一个"和"字，他更多地关注别人的利益，以他人利益为先，这些都是非一般人所能及的。

1978 年，李嘉诚初任老牌洋行和黄集团的执行董事，刚上任时困难重重，遭受到不少嘘声。当时几家报社的记者穷追不舍地追问汇丰银行总经理沈弼为什么一定要选择李嘉诚来接管和黄时，一向和李嘉诚私交甚好的沈弼却说："李嘉诚带领的长江实业近年来成绩颇佳，声誉又好，而和黄的业务自摆脱 1975 年的困境步入正轨后，现在已有一定的成就，汇丰在此时出售和黄股份是理所当然的。"

这时李嘉诚一边顶住巨大的外界压力，不露声色，一边用实际业绩来再一次证明他的远见。功夫不负有心人，李嘉诚从接任和黄开始的 1978 年到 1989 年，集团的年纯利润就增长了 10 倍还多，丰厚的回报，不仅使股票一路飙高，而且赢得了股民和股东的信任及好感。再不会有人对李嘉诚的能力抱怀疑的态度，也不再有汇丰"偏袒"长江实业的嘘声。

事实上，李嘉诚作为和黄的执行董事也是集团公司最大的股东，他完全可以行使自己的主权作最后的决策，但他并没有那样做，在股东会议上，他总是以商量的口气发表看法，并耐心征求股东的意见，他的谦让让董事会股东和管理层员工都对他更加敬重和信服。

此外，李嘉诚的惯例是拒绝收取和黄董事会袍金，赢得股东们充分信任之后，他们更加信任长江实业系股票。有了股东们的拥护和支持，长实系股票一路被抬高，市值大增，股民股东均从中得到好处，最后得大利的自然是李嘉诚。

自古，中华民族就秉承"以和为贵，和气生财"的道理，儒家说"亦有和羹，既戒既平"真意也就在于此。

舍得让利，自己才能得利

李泽楷是李嘉诚的次子，现任电讯盈科主席。1989 年从美国返港的李泽楷就职于和黄集团，仅仅用了 10 年的时间，便在事业上创造了辉煌成绩，成了有着"小超人"美名的香港第二大富商。他的成功和他父亲的教育是离不开的，曾有人问他"你的事业上如此成功，是不是父亲传授了一些赚钱秘籍"时，李泽楷却引用了父亲教育过他的一句话："如果可以赚十分利，我只取九分，把一分让给对方，这样皆大欢喜，生意越做越顺利，越做越长久。"

李嘉诚做生意就是秉承着这点，宁可自己吃亏，换来的却是别人的信任和再次合作的机会，得大利的还是自己。

有一次，李嘉诚接受一家媒体采访时被问到经商多年最引以为荣的事情是什么时，他谈起 20 世纪 70 年代，由他带领的长江实业集团在刚刚起步的阶段曾击败置地（当时香港实力最雄厚的英资地产商，被喻为"地产巨无霸"），投得地铁公司那块位于中环旧邮政局地皮的往事。的确，20 世纪 70 年代，一个走农村包围城市的华人企业击败了当时在香港最有实力的地产大鳄，最终竞标成功夺得当时市值约 2.4 亿港元，30 个大财团争相竞投的中区地段邮政总局地皮。媒体称此次竞标成功为"华人的光荣"。

李嘉诚在"邮政总局大厦竞标案"中的成功，不仅打败了英资地产霸主，同时也奠定了长江实业成为香港第一大地产公司的位置。

中环地铁站是香港最繁华的政治文化中心，不仅有全香港最繁华的金融街，周围还有香港行政公署、最高法院、海军总部、红十字总参会及文物馆等著名建筑。因此这里是全香港地产商无不垂涎的地皮。从 1975 年香港地铁公司成立开始，李嘉诚就密切地关注任何与地铁相关的资讯，其中就包括最重要的招标与开发计划。1977 年，香港地铁公司开始招标，原址拆迁后重新盖地铁周边物业，这一计划，吸引了当时 30 家的地产商，其中置地也在其中，置地的名誉和实力是当时被最为看好的一家竞标集团。李嘉诚也加入了这场竞标的活动中，除了丰厚的利润，他更看重长江实业在此次竞标中的声誉，他打定了即使破釜沉舟也要做一次正面的交锋的主意，若一旦中标，长实的声誉会一路上升，这是长江实业跻进第一流地产商的极好机会。当时的长实和那些地产巨头比起来显得默默无闻，为了要取得这次成功，李嘉诚做了周密的前期调查，他发现地铁公司以高利息贷款支付地皮，公司内部已经现金严重匮乏，现在急需现金回流以偿还高额贷款，并以此希望能获得更多的利润。但此时的李嘉诚和长江实业，资金实力都不是最强的，尤其是面对像置地这样强劲的对手。所以李嘉诚决定冒一次险，紧急筹备资金，并与地铁公司商洽时，提交了这样一份提议：满足地铁公司急需现金的需求，长江实业公司提供现金做建筑费，待商厦建成后出售，利益由地铁公司和长江实业分享，地铁公司占 51%，长江实业占 49%，最后如果出售与预期不符，所有的亏损由长实独自承担，并且允诺按时交接，绝不拖延。这样的提议对长实是一次冒险也是考验，但地铁公司却被吸引和打动。最后李嘉诚不负众望，他带领的长江实业也成为全香港实力最强和声誉最好的地产商，李嘉诚一夜成名，成为首位华人地产大亨。

说到这里，我们不妨先来看一个故事。

一个青年向一位大商人请教成功之道，商人却拿了三块大小不一的西瓜放在青年面前，"如果每块西瓜代表一定程度的利益，你选哪块？""当然是最大的那块！"青年毫不犹豫地回答。商人一笑："那好，请吧！"他把那块最大的西瓜递给青年，而自己却吃起了最小的那块。很快，商人就吃完了，随后拿起桌上的最后一块西瓜得意地在青年面前晃了晃，大口吃起来。青年马上明白了商人的意思：商人吃的瓜虽无青年的瓜大，却比青年吃得多。如果每块西瓜代表一定程度的利益，那么商人占有的利益自然比青年多。吃完西瓜，商人对青年说："要想成功，就要学会放弃，只有放弃眼前利益，才能获取长远大利，这就是我的成功之道。"

生活中，一些人目光只会停留在眼前利益，无论做什么都不舍一分一厘，只求自己独吞利益。常常因不舍一时的小利，而失去了长远之大利。可谓捡了芝麻，丢了西瓜。

在前面的竞标案中，看似李嘉诚占了弱势，与自己的投入相比，却少分了一点钱，也许在当时很多人都觉得李嘉诚吃了亏，但事实上李嘉诚有他自己的一番道理，他说："我有很多合作伙伴，合作后，仍然来往，有时候吃点亏往往可以争取到更多人愿意与之合作的机会，你要先想到对方的利益，然后思考对方为什么要和你合作，然后再说服他，跟自己合作不仅有钱赚，而且还有下次合作的可能。"

可见，这种舍得让利，自己才能得利的处事方法实在是很高妙，它显示了李嘉诚的风度和气量，很多合作者欣赏他的气量才愿意长久地与他合作下去，而只有长久稳定的合作才能巩固集团的稳健发展。

没有绝对的竞争，也没有绝对的合作

还没有把东西买回来，就要想着如何把它卖出去。这是中国传统经商者普遍具有的观念，同时也是李嘉诚在生意场上所奉行的座右铭。他自己就曾说过："当我购入一件东西时，会做最坏的打算，这是我在 90% 的交易前所要想的事情，只有 10% 的时间是想到可赚多少钱。"

在生意场上多年的打拼逐渐让李嘉诚拥有了一套自己的商场谋略，其中之一就是："不要与业务'谈恋爱'，也就是不要沉迷于任何一项业务。"李嘉诚将自己的这句言论运用于自己的实际行动之中，我们从他的投资方式上就可以很清晰地看出。

这是发生在 1987 年的事情。当时，李嘉诚为了得到英国电报无线电公司 5% 的股份，他不惜花巨资购买，数额高达 3.72 亿美元。3 年之后，英国电报无线电公司的股票价格上涨。于是，李嘉诚以迅雷不及掩耳之势将手中 5% 的股份抛掉。3 年前的买入与 3 年后的卖出，这一买一卖之间，李嘉诚赚到了 1 亿美元。而李嘉诚在决定购买这家公司的股票时，仅仅用了不到半个小时的时间。

李嘉诚在追求高额利润的同时，他的经商之道也告诉他：没有绝对的竞争，也没有绝对的合作。从上面的事例我们能够看到，李嘉诚并不是因为喜欢哪一只股票所以才购买。他的目的非常单一，那就是花最短的时间赚最多的钱。

李嘉诚对股票本身没有感情，而是对其身后所蕴含的巨大商业利润有浓厚的兴趣。同样地，与合作方的生意也绝对不能带有过多的情感因素，因为如果有过多的情感因素集结此中，就会让你不忍心割断与对方本来已经没有利益可图的生意。相反，在生意场上同样也不能树立起永远的敌人，因为你不知道在什么时候这个敌人可能就是你利益的最好来源。

三国故事里，刘备与孙权打过，刘备也与孙权一起打过曹操。《资治通鉴》中对这段历史的描写非常精彩，刘备的个性正是这样：考虑到自己的利益，随时调整外部关系。三国这段往事固然已成为历史。但在今天的商业领域，竞争与合作的精彩度又岂会输于历史呢？

在特制咖啡的生意上，星巴克被一些自营咖啡店看成是"恶魔王国"。

但行业调查显示，大部分咖啡店在和这个西雅图巨人的短兵相接中，不但生存下来了，而且生意比以前还好。

这是因为，星巴克让其他经营者加倍小心，更重视创新，充分利用它们自己灵活性的优势。星巴克为顾客第一次喝特制咖啡提供了一个舒适的地方，但特制咖啡是一个新兴行业，有足够的空间让小规模经营者从星巴克手里争夺顾客。

新的消费者如果喜欢小店特制咖啡的口味，许多人就会愿意品尝它们的风味，甚至会更偏爱这些邻近星巴克的咖啡自营店的新品。在竞争产生协同效应和过度竞争之间有一种微妙的关系，很难平衡。想要参与竞争的人需要明白，市场这块蛋糕是否大到足够每个人都可以分到一块。换句话说，在市场份额的竞争中把市场做大才有意义；但为一个不增长的市场争个头破血流是不值得的，这就是为什么说星巴克帮了对手一个大忙的原因。沃顿商学院营销学教授大卫·鲁宾斯坦说，星巴克建立了对星巴克品牌的需求，培育了市场对某一类产品的初始需求，就像给市场注射了一针兴奋剂。

当大公司培育了初始需求，也就为他人进入这个市场营造了一个"利基市场"空间，而利基市场的存在又促进了大公司的业务发展，因为它不可能为所有人提供所有产品。另外，与竞争对手在一起的时候，还有一种隐形的好处，那就是在提供给消费者足够多的选择空间的时候，就有可能分到自己的消费者。如果这些商铺中有一家消失了，其他商家的日子也未必好过，这是因为消费者很少在只有一种选择时购物。曾经有人因为星巴克的自制咖啡而头痛，但也有人灵机一动搭上了顺风车。当星巴克买下了大版的报纸广告宣传它们的自制咖啡时，有一个聪明的老板娘到速印后做了一面旗子，上面写着"提供5种自制咖啡"。

商场上，没有永远的合作和朋友，也没有绝对的竞争与敌手，当对方亮出撒手锏的时候，不也露出了自己的底线和致命的弱点么？竞争也孕育合作的可能，任何时候，都很难确定下一刻出现在你面前的将是竞争对手还是合作伙伴。而李嘉诚通过他与汇丰银行的合作再次证实了这条生意场上的规则。

依靠汇丰银行这只大手来帮助建立自己事业的大有人在。航运界的包玉刚就是很好的例子，他凭借汇丰银行的贷款获得了"船王"的封号。李嘉诚与船王的发家史也有相似之处，那就是"尽量用别人的钱赚钱"。李嘉诚借着这句名言来为自己事业添加筹码。他与汇丰银行的合作，不仅在生意上取得了巨大的成功，而且还与该银行的董事局常务副主席沈弼成了很好的朋友。

华人行的产权在 1974 年就归汇丰银行所有。1976 年，汇丰银行想要拆卸旧的华人行，并且用这块地盘来发展新的出租物业。华人行的名气以及占地位置等巨大的商业优势，这些都无不让各个地产商跃跃欲试，而沈弼却偏偏选中了他之前就看上眼的李嘉诚。引起沈弼对李嘉诚的注意还应该提及地铁车站上盖发展权一事，当时的李嘉诚就是由于此事而在华人界获得了极大的声誉。其实，沈弼看中的是李嘉诚的智慧与勇气。

1978 年，李嘉诚想要以分散户头暗购的方式来获得九龙仓的股票，从而控制其董事局。当时想要收购九龙仓的可都是强中之强，这其中就有船王包玉刚。然而，让李嘉诚始料未及的是，九龙仓股票被炒得很高，这也使得九龙仓老板不甘心放弃，又决意反购。战争的火苗刚刚被点起，就在这千钧一发的时刻，九龙仓老板为了保住自己的产业，向汇丰银行发出了求救信号。沈弼也因此劝说李嘉诚放弃此次收购。为了给自己恩人一个面子，同时也让自己能够从中受益，李嘉诚灵机一动，答应了沈弼。之后，李嘉诚在外界都不知晓的情况下与包玉刚悄然相见，并且转让了手中1000 万股的九龙仓股票。这样，李嘉诚就通过包玉刚与汇丰银行取得了合作。

既给了沈弼面子，赚得了人情，同时自己也通过包玉刚从汇丰银行获得了利益，李嘉诚可谓是这场商战中的最强之手。他在九龙仓、包玉刚与汇丰银行之间周旋，在自己取得利益的同时也不忘给他人甜头，这正所谓

"没有绝对的竞争，也没有绝对的合作"。

互信才能合作，分享才能共赢

互信才能合作，分享才能共赢。任何成功都是建立在互信合作的基础上的，成功从来不能独占，只有善于分享的人才能在共赢的美满结局下获取最大收益。

在李嘉诚的一生信条里，"信"字占了很大比重。在商战中，任何一个商人要想真正立足，与合作人的互信是必不可少的。没有互信，就无法很好地合作，而商场如战场，从来没有人能够孤军奋战而始终立于不败之地。李嘉诚深谙此道，所以他是一个懂得互信合作的出色商人，同时也是一个善于分享以求共赢的合作者。在大小无数的商战抉择中，李嘉诚逐渐形成他睿智自信的风格，但他从不霸道。即使像在收购天水围工程等看似李嘉诚占足优势，完全可以以一个危机时拯救者的姿态咄咄示人的项目中，李嘉诚也始终抱持着他儒雅谦和的风度，他愿意用最大的让利和诚意来实现合作，而不是制造一场貌似优势者与弱势者的对话。李嘉诚是用自己的实际行动践行"互信才能合作，分享才能共赢"这一商业规则。

当然，商场上明知此道却仍然出于利益心的驱使，并不懂得合作和分享的例子也比比皆是。

一个精明的荷兰花草商人，千里迢迢从非洲引进了一种名贵的花卉，培育在自己的花圃里，准备到时候卖上个好价钱。对这种名贵的花卉，商人爱护备至，许多亲朋好友向他索要，一向慷慨大方的他却连一粒种子也不舍得给。他计划培植3年，等拥有上万株后再开始出售和馈赠。

第一年春天，他的花开了，花圃里万紫千红，那种名贵的花开得尤其漂亮。第二年的春天，他的这种名贵的花已经有五六千株，但没有去年好，花朵变小不说，还有一点点的杂色。

第三年春天，名花已经培植出了上万株，但那些名贵的花已经变得更小，完全没有了在非洲时的那种雍容和高贵。

难道这些花退化了吗？他百思不得其解，便去请教一位植物学家。

植物学家问他："你这花圃隔壁是什么？"

他说："隔壁是别人的花圃。"

植物学家又问他："他们种植的也是这种花吗？"

他摇摇头说："这种花在全荷兰只有我一个人有。"

植物学家沉吟了半天说："尽管你的花圃里种满了这种名贵之花，但和你的花圃毗邻的花圃却种植着其他花卉，你的这种名贵之花被风传授了花粉后，又染上了毗邻花圃里的其他品种的花粉，所以一年不如一年，越来越不好看了。"

商人问解决之道，植物学家说："谁能阻挡风传授花粉呢？要想使你的名贵之花不失本色，只有一种办法，那就是让你邻居的花圃里也种上你的这种花。"

于是商人把花种分给了自己的邻居。次年春天花开的时候，商人和邻居的花圃几乎成了这种名贵之花的海洋——花朵又肥又大，花色典雅，朵朵流光溢彩，雍容华贵。这些花一上市，便被抢购一空，商人和他的邻居都发了大财。

花草商人起初之所以事与愿违，是因为他不懂得这样一个简单的道理：人普遍都是利己的，但给予总是相互的。任何人都不是孤立地存在于社会之中的，人与人之间有着各种各样的密切联系，都需要直接或间接地给予和接受，无论少了哪个环节，都必将影响到不可分割的整体，而自己也必然受到一定的影响。当你充分信任别人并能够与别人分享时，不仅你自己获得了财富，也帮助别人获得了财富，取得了双赢的成果。

李嘉诚启示录

李嘉诚如是说

如果一单生意只有自己赚，而对方一点不赚，这样的生意绝不能干。

我觉得，顾及对方的利益是最重要的，不能把目光仅仅局限在自己的利上，两者是相辅相成的，自己舍得让利，让对方得利，最终还是会给自己带来较大的利益。占小便宜的不会有朋友，这是我小的时候母亲就告诉给我的道理，经商也是这样。

跟我合作过、打过交道的人，都是智囊，数都数不清。

不怕没生意做，就怕做断生意。

第 14 堂课

以股促商——于股市沉浮，见危机创富力

认清形势，不被股市套牢

2007 年的香港股市可以用"疯狂牛市"来形容，一路攀升的迅猛涨势让股民们欢呼雀跃，至 10 月底，已经高达 31638 点。然而，大喜之后的大悲却让股民们措手不及。

进入 2008 年，由于受金融海啸的袭击，股市开始狂跌。又是一年 10 月到，然而与 2007 年的火热相比，2008 年的 10 月，香港股市逐渐与隆冬靠近，黑色风暴过后，港股已跌至 13968 点。

无论内地还是香港，腰缠万贯的富豪们都因吃不消而大片倒地，唯有李嘉诚在这场股市灾难中活了下来。其实，李嘉诚从 2007 年开始就已经在告诫股民要谨慎炒股了，他说："作为中国人，我很为内地股市担心，现在内地市盈率竟达 50~60 倍，绝对是泡沫。内地经济发展无疑较香港更快速，但这样的市盈率仍过于惊人。香港股市的市盈率尚不算高，还在合理水平，QDII 的投资额只占港股总市值的 1% 影响不会太大。如果内地经济有什么波动，香港也会受到影响，希望大家可以量力而为。大家可以回头看历史，过去香港股市多次暴涨后大幅下跌，普通大众所受伤害最大。市民应汲取教训，量力而为，做好自己的业务，炒股票就要小心。香港的竞争力不能光靠炒股票，要实实在在去做事。"

的确，李嘉诚在股市方面多采取保守策略，很多次，他都在新闻发布

会中表明了自己的态度。李嘉诚对"股神"并不感兴趣,他多次申明自己是一个实业家,实实在在发展事业,做好企业管理工作,对未来经济形势高瞻远瞩,这些才是他主要应该做的。也许正是这种对股市的"淡漠"精神,才让李嘉诚与金融风暴擦肩而过,没有受到重大伤害。

依靠大手笔减持手中的股份,是李嘉诚能够成功与股市寒冬相抗衡的重要手段。和记黄埔前大班马世民称赞李嘉诚说:"他的反应很快,正因为他有良好的判断力,亦即他的强项,他所做的决定通常都是正确的。"李嘉诚近乎完美的减持套利让他获益匪浅。2007 年 A 股市场一片热火朝天的景象,然而李嘉诚却只用"抛售"的方法来套利。他通过减持手中南航、中海集运以及中国远洋的股份,累计套现超过了 90 亿港元。

2007 年 2 月,李嘉诚以 111 亿美元的价格抛售了印度电信公司的股份,可谓获益良多。之后李嘉诚还大幅减持了金匡企业和永安旅游等几只港股。2009 年 1 月 7 日,李嘉诚基金会以每股 1.98 港元至 2.03 港元的价格抛售其持有的中国银行 20 亿港元股份,而基金会购买这批股票时的成本价却是 1.13 港元。这样一来,李嘉诚减持套利所得的净收益就有 18 亿港元。2007 年 10 月,香港恒生指数创下历史新高 31638 点,然而在李嘉诚大量减持后,恒生指数便持续下跌。2008 年 1 月,恒生指数跌至 25000 点。

"持盈保泰"是李嘉诚的和记黄埔公司早就确立的策略。为了保持稳定,股票投资只占了相当小的比重,而主要的投资则放在了政府债券上,李嘉诚认为这是最稳当的投资方式。期货交易回报率高,然而却有着巨大的风险。李嘉诚在看了一本名为《富爸爸,穷爸爸》的书后便决定涉足投资,他首先就选择了期货市场。李嘉诚第一次拿出了 5 万港元来投资,第二年就获得了不少的收益,于是他决定再次进军。李嘉诚告诫广大股民在投资的过程中要把握规律,认清形势,不能一味地跟风,一旦被套牢,后悔都来不及了。

股市灾难让很多人遭受了痛苦的打击,然而要书写更多的辉煌就应该反过头来仔细分析失败的原因,毕竟未来有的是光明大道。反省虽然痛苦,但却必须要做,重新认识市场,每一个股民都要保持清醒的头脑,有时候痛苦实为一种美好的回忆。任何时候，认清形势，理性进退，都是股市不变的生存法则。

牛市来时，敲响警钟之时

股市从来都不会平静，即便是偶遇平静那也是非常短暂的，因为风暴会随时来袭。股民们对牛市的来临欢欣鼓舞，其实这时候最需要的就是谨慎。正所谓：物极必反，实属自然规律。

理论上讲，牛市分为三个阶段，这三个阶段的衔接又极为微妙。牛市是诸多因素共同作用的"产儿"，这个"新生儿"的免疫力其实是非常低下的，稍有不慎便有夭折的危险。可是人们大多只会沉浸在迎接新生儿的欢乐中，然而这欢乐背后隐藏的却是一声声不是生就是死的钟声。

通过对李嘉诚最近 10 年来的投资情况进行分析发现，当所有人涌向牛市的时候，李嘉诚却悄然地退出了。他会频繁地减持手中的股份，在股市迈向牛市的时候，他却已经急流勇退。

金融危机的阴霾尚未见底，当众多财富大亨都在金融海啸里未能幸免，大部分财富急剧缩水，有的甚至倒下了，然而反观李嘉诚，他却是少有的警觉者。回顾 2007 年，李嘉诚在媒体面前的一些言论我们可以知道，当时他就提醒广大投资者谨慎投资，不可跟风。

最鲜明的例子就是 2007 年 5 月份，他对内地 A 股市场的持续牛市表示担忧，就曾提醒投资者要特别注意股市泡沫。就在当月就有"5·30"暴跌。还有一例就是同年 8 月，H 股在"直通车"政策的刺激下，出现了异乎寻常的暴涨，当时李嘉诚向股民发出善意的劝告，提醒大家 A 股和 H 股都处在高位，而且当时就预先告诫人们要注意美国的次贷危机的影响。

2009 年年初，李嘉诚在出席公司业绩发布会的时候就指出，次贷危机的影响还没有消失，提醒投资者切不可有投机心理，因为当时 H 股在经历了"3·17"股灾之后出现了回暖的迹象。

9 月份，美国著名投行雷曼兄弟倒闭，"黑色 10 月"股灾席卷欧美，严重的次贷危机正式到来,人们又一次被这位"超人"的先知先觉所征服。在一次采访中,李嘉诚就已经察觉到了金融危机将会到来,他也提醒了自己旗下公司管理层及公众。正是怀着"牛市来临之时,就是警钟敲响之时"的想法,李嘉诚才在沧海横流的股市中,立于不败之地。

李嘉诚面对牛市常常说,"股票太高了,我想买但是太贵。短时会赚钱,长期肯定要赔钱。我不想以这种方式来进行投资。"事实证明,他的决策是非常正确的。面对牛市,他会选择退出股市,这就是李嘉诚不贪赚得更多。他也不贪高,不等股市涨到最高点才退出。在别人贪婪的时候,他却怀着一颗恐惧之心来应对投资赚钱的诱惑。"上帝要使人灭亡,必先使人疯狂"。忍耐地等待机会,当股票大幅下跌,谁也不敢买,大部分投资者都在割肉抛售股票,这时候他却大量买入股票,不到两年工夫这些股票迅速反弹,大盘涨了,李嘉诚赚了。大牛市之后肯定有大熊市,肯定有大调整。李嘉诚在面对股票大跌的时候,显现出了其"泰山崩于前而色不改"的英雄气概。

李嘉诚的投资策略始终是谨慎的,他从不盲目地进行投资,即使出现牛市他也不贸然出击,相反,他认为牛市来的时候是最危险的时候,这个时候的警钟一定会提醒他或者在牛市来临之前,他已经做好了离开牛市的准备。"福兮祸之所伏,祸兮福之所倚"也许能概括这位首富的股票投资至理。

发行新股,拓展实业

借助发行新股筹集资金是李嘉诚筹集大量资金发展实业的重要策略。20 世纪 70 年代初,李嘉诚提出长实要赶超置地的目标。当时的长实与置地实力悬殊。置地已经是上市公司,长实想要赶超置地,也必须要依靠上市来筹集资金。长实 1972 年底在香港上市,同时还将眼光瞄准了海外市场,1973 年初就在英国伦敦上市,1974 年,长实又获得加拿大政府批准在温哥华证券交易所发行股票。长实在香港和海外上市,发行股市筹集资金，解决了资金困境，为企业发展实业奠定了雄厚的资金基础。此后，李嘉诚在起伏不定的股市里很多大手笔都与股市密不可分。20 世纪 80 年代，长实已经实现了赶超置地的目标。之所以能够在不到 10 年的时间赶超，长实上市，借助股市筹资的策略不可忽视。和黄开始进军内地电视市场时，在 2003 年 7 月，也发行 2100 万新股，注资 3000 万美元，入主华娱电视。

李嘉诚涉足多个领域，在多元化的领域里游刃有余。商海沉浮，一旦遇到资金不足，拓展实业的情况下，发行新股是一个非常有效的运作资金的策略。利用股市筹集大量的资金用于发展实业。

股市风云变幻，能够制造很多一夜暴富的神话，也同时充满了陷阱，可能一夜之间一无所有。投机炒股的暴利远远比发展实业的盈利来得更加容易。股市暴利时期，很多人都炒股，追逐短时期内迅速地暴富。李嘉诚在股市里，并不盲目跟风，他有自己理智、清醒的判断，不会为股市节节攀升时的暴利冲昏头脑，不会盲目追逐，而是转而用筹集到的资金发展实业，一步步稳扎稳打。即使在股市行情看涨的情况下，李嘉诚仍然保持清醒的头脑，意识到市场行情总是处于波浪式的发展状态，不可能永远处于高潮，高潮往往也意味着低潮的开始。

发行新股现在已经成为海内外企业筹集资金的重要渠道。借助于新股发行，成功进军实业领域的例子比比皆是。

欧洲电信业的巨头德国电信在 20 世纪 90 年代谋求海外扩展战略时，1996 年 11 月首次在纽约、东京、法兰克福三地同时上市，筹集到高达约 137 亿美元的资金。在发行新股时，人们争相购买，掀起了申购的狂潮，不仅降低了企业的债务负担，而且为企业的发展奠定了雄厚的资金基础。

1999 年 6 月，为了实施国际收购兼并战略，德国电信再次发行新股，筹资达 106 亿欧元。借助于筹集到的巨额的资金，德国电信得以在国际电信行业大展拳脚。如今，德国电信充分利用海内外的资本，已经在国际电信行业占有一席之地。

毋庸置疑，李嘉诚是一位成功的投资家。在跌宕起伏的股市中，李嘉诚往往高人一筹、运筹帷幄，并不热衷于投机，不热衷于借股市暴涨暴跌的动态获取暴利，而是转而投资实业，诸如房地产、互联网等多个领域。

多年来，李嘉诚的名字在华人世界里可谓家喻户晓。他本人也常常被视为基石投资人，即新股发行成功的基石。在市场上，拥有广泛的市场号召力。今天，在现代社会化的大生产中，凭借发行股票的方式能够充分地借助股市的优势筹集资金，不仅能够摆脱资金困境，同时还可以大大提升企业的市场竞争力发展。

借股市沉浮进行商战，坐收渔利

股市的跌宕起伏牵动着众多行业大鳄们的神经。从股市涨跌中，能够使人一夜暴富，也能够使人倾家荡产。每当股市震荡，跌入谷底的时候，总会有一些企业面临关闭的境地，众多企业身价缩水，纷纷捂紧钱袋子的情况下，行业的竞争力不强，此时对于跃跃欲试趁机收购的企业来讲则是良好的时机。在股市跌入谷底之际，李嘉诚趁机收购，以较低的价格收购，为日后企业的大规模扩张做好准备。一旦市场行情转好的时候，则能够赚得盆满钵满。

李嘉诚非常善于把握时机，权衡长远利益与眼前利益，制造出了多起股市低潮期间收购企业的典型案例。香港电灯有限公司（港灯）是香港十大英资上市公司之一，占据垄断地位，盈利丰厚而且稳定。李嘉诚对港灯十分看好，打算将其招入旗下。然而置地抢先一步在1982年收购港灯。李嘉诚冷静理智地静观其变，不会鲁莽行事。之后，遭遇香港刮起迁册风，市场动荡，股市大跌，而置地自身又由于急剧扩展陷入了资金缺乏的困境。

李嘉诚在1985年收购置地持有的34.6%港灯股权。他以29亿港元现金收购，省下了4.5亿港元，成为港灯收购的最大赢家。

李嘉诚偕同香港同行收购曾有"中环大地主"之称的置地一向被人们津津乐道。置地曾经在香港地产界占有举足轻重的地位，实力雄厚，拥有多处地段优越的地产，使得众多华商虎视眈眈。李嘉诚也对置地一直情有独钟。

早在 1984 年间，受到股市震荡的影响，置地股市大跌，陷入了谷底。面对置地四面楚歌的窘境，香港的地产大鳄更是轮番上阵，意欲趁机低价收购置地。以李嘉诚为首的华商财团更是在 1987 年年底、1988 年年初，多次与置地的高层会晤商谈。

在经过多次的激烈交锋之后，置地这个昔日不可一世的雄狮仍然不肯妥协，针锋相对地布置了反收购的矩阵。最终，华资财团并没有大获全胜，怡和仍然对置地拥有牢固的控制权，并且以协议的形式规定在此后的 7 年内，华资仅能购入象征性股份，不得购入怡和系任何一家上市公司的股份。

李嘉诚并不过分关注一时的得失，总是深思熟虑、精心考虑，善于采取迂回作战的策略。在 1997 年，受到亚洲金融危机的冲击，香港的地产行业也遭受打击，李嘉诚此时再次向置地出手。在 8 月间，购入置地 3.06% 的股权。随后，又再次增持置地股份至 4.02%。他入股后，市场随即显示了利好的趋势，置地股票大涨。

享有"股神"美誉的美国投资家沃伦·巴菲特也十分精于股市的投资之道。1966 年，正当美国股市形势一片大好，股票飙升的时候，很多人依靠进行疯狂的投机而暴富，巴菲特却无动于衷。1968 年，巴菲特公司的股票取得了 59% 的增长佳绩。巴菲特此刻做出来惊人的举动，清算了他合伙人公司几乎全部的股票。

1969 年，股市急转直下。到 20 世纪 70 年代初，美国经济陷入了"滞涨"的困境，巴菲特此时却十分欣喜，1973 年，在美国股市大跌之际，巴菲特以不到华盛顿邮报每股商业价值 1/4 的超低价格大举买入华盛顿邮报的股票，收购该公司 1.06 亿美元的股份。由于他的介入，《华盛顿邮报》每年以平均增长 35% 的盈利。截止到 2006 年年底，巴菲特持有公司股份 33 年，增值至 12.88 亿美元，投资收益率高达 127 倍。多年的事实证明，华盛顿邮报公司果然不负巴菲特的厚望，成为他持股时间最长、盈利最丰厚的股票。

1992 年，巴菲特斥资 32200 万美元购入美国高技术国防工业公司——通用动力公司的 435 万股股票。购入时每股价格 74 美元，半年后，每股价格攀升至 113 美元，他持有的股票市值也已高达 49100 万美元。

李嘉诚和巴菲特一样，无疑是股市投资的高手，在错综复杂的股市行情中，李嘉诚总是善于在对行情长远、全方位的综合考查基础上，相机而动，借股市沉浮逐波而上，从而达到事半功倍的效果。

高沽低买，持减有道

李嘉诚多年来在商海叱咤风云，依靠其过人的胆识和谋略，取得了辉煌的战绩。而他处事谨慎保守、低调不张扬的作风更是广为传颂。在跌宕起伏的商场中，变幻莫测，险象环生。而对于金融危机，所有投资人更是谈"金"色变。对此李嘉诚有自己的一套应对策略，那就是高沽低买，持减有道。

面对周期性经济危机的冲击，李嘉诚的应对策略往往高人一筹，不仅没有被冲垮，反而在危机中急剧扩张。以 2008 年金融危机为例，"李超人"早有劝诫在前，早在 2006 年李嘉诚就提醒和黄的高层要未雨绸缪，减少债务，应对危机。

孙子说："兵者，诡道也。"意思是说，领兵打仗，讲求的就是一个随机应变。兵来将挡，水来土掩。同样，我们也可以说："商者，诡道也。"商业头脑的高下就是应变能力的高下。但很多人设计好一个当时不错的计划之后，一门心思放在按步骤进行上，反而忽略了身边的变化，到头来却是计划耽误了自己。在金融投资领域更是如此，一个精明的投资人，一定懂得相时而动，知道在什么时候应当买进，什么时候应当卖出。

有一年，美国但维尔地区经济萧条，不少工厂和商店纷纷倒闭，被迫贱价抛售自己堆积如山的存货，价钱低到 1 美元可以买到 100 双袜子。

那时，约翰·甘布士还是一家织制厂的小技师。他马上把自己积蓄的钱用于收购低价货物，人们见到他这股傻劲儿，都公然嘲笑他是个蠢材。约翰·甘布士对别人的嘲笑漠然置之，依旧收购各工厂和商店抛售的货物，并租了很大的货仓来贮货。他有自己的计划，因为他相信不久这些废物就会成为宝贝。他妻子劝他说，不要购入这些别人廉价抛售的东西，因为他们历年积蓄下来的钱数量有限，而且是准备用作子女教养费的。如果此举血本无归，后果便不堪设想。对于妻子忧心忡忡的劝告，甘布士笑过后又安慰她道："3 个月以后，我们就可以靠这些廉价货物发大财了。"

甘布士的话似乎兑现不了。过了 10 多天后，那些工厂即使贱价抛售也找不到买主了，他们便把所有存货用车运走烧掉，以此稳定市场上的物价。甘布士的太太看到别人已经在焚烧货物，不由得焦急万分，便抱怨他。对于妻子的抱怨，甘布士一言不发。

终于，美国政府采取了紧急行动，稳定了但维尔地区的物价，并且大力支持那里的厂商复业。这时，但维尔地区因焚烧的货物过多，存货欠缺，物价一天天飞涨。原本计划把存货多留一段时间的甘布士马上把自己库存的大量货物抛售出去，一来赚了一大笔钱，二来使市场物价得以稳定，不致暴涨不断。在他决定抛售货物时，他妻子又劝告他暂时不忙把货物出售，因为物价还在一天一天飞涨。他平静地说："是抛售的时候了，再拖延一段时间，就会后悔莫及。"果然，甘布士的存货刚刚售完，物价便跌了下来。他的妻子对他的远见钦佩不已。后来，甘布士用赚来的钱，开设了 5 家百货商店，生意也十分兴隆。如今，甘布士已是全美举足轻重的商业巨子了。

甘布士看到，通货膨胀之后必然有一个恢复期，所以趁机收购货物等待升值。但是当市场上出现恢复的苗头时，他立即决定改变计划，开始抛售货物。这样的应变正是一个成熟的商人制胜的秘诀。

由此可见，尽管人人都期待着以最快的速度获得最大的成功，然而在激烈的竞争中每前进一步都会遇到困难，很少有人能直线发展。因此，随着变化而变的发展是大多数成功者的制胜之道。李嘉诚深知，任何事情都不会完全按照我们的主观意志去发展、变化，要获得成功，就得首先去认识事物的性质和特点，然后再根据实际情况来调整自己的对策。在变化莫测的商海中更是如此，只有懂得相时而动，瞅准时机准确地高沽低买，才能在股市浮沉中，驾驭变化，始终立于不败之地。

以股融资，事半功倍

李嘉诚之所以能在地产业站住脚，是因为他把长江上市，以股融资的方式获得了大量资金。

资金是关系到企业发展的关键因素，获取稳定的资金来源是企业实现扩展的先决条件。而融资难是企业面对一个充满潜力的行业时非常窘迫的困境。面临激烈的市场竞争，机会往往稍纵即逝，因此，利用股市进行融资已经成为有效地获取大量资金的渠道。股市则为企业搭建了融资平台。

20世纪70年代初，长实进军地产行业盈利颇丰，一度超过了李嘉诚起步的塑胶花盈利，使得李嘉诚更加坚定了在地产行业大展宏图的信心。然而，面对地产行业的巨额成本仅仅依靠单个人的力量则是杯水车薪。当时，恰逢李福兆为首的华人经纪打破了外籍人士所垄断的上市领域，组建了"远东交易所"，为华资公司上市提供了平台。李嘉诚与其他五位华资地产商抓住契机，果断采取了上市聚集资金的策略。

1972年11月，长实在远东交易所挂牌上市，此后相继在1973年在伦敦上市、1974年在加拿大的温哥华挂牌上市。成功上市使得长实拥有了雄厚的资金支持，拓展了大规模筹集资金的渠道。李嘉诚此时雄心勃勃地开始拓展业务，开发住宅楼行业。首个住宅楼是1975年在北角半山塞西湖修建的大型楼盘，赚取利润达6000万港元，激发了李嘉诚继续在地产行业淘金的信心。不难想象，如果当时李嘉诚不采取上市融资的方式，则很有可能错失了进军地产行业的良机，长实的扩张速度也将会慢很多。

如今，上市也已经成为海内外企业普遍采用的融资方式。以股融资，既是通过市场来筹集资金的机制，使得急需资金的企业能够把社会上闲散的资金聚集起来，暂时摆脱资金的困境，实现资金有效利用。同时，也在很大程度上提升了资金配置效率，为企业扩张储备资金，增强企业的竞争力。当然并非所有的企业都是在遭遇到资金缺乏的情况下才上市融资。即使一些资金实力雄厚的企业，通过这种方式积蓄力量，蓄势待发，能够在更高的层面上为企业拓展业务范围提供支持。

随着国内资本市场的逐步开放，选择香港、欧美国家等上市也成为企业搭建融资平台的途径之一。而香港处于国际知名的国际金融中心的地位，具有长期积累下来的成熟的商业运作优势，灵活稳健的资本市场、健全的制度建设、完善的基础设施，对中国内地企业的融资具有非常大的吸引力。中国内地的很多企业都把香港作为对外融资，实现业务扩张的重要平台，其中一些知名的运动品牌已经成功在香港上市，为企业的发展筹集大量的资金。以安踏集团为例，安踏早在 2007 年 7 月 10 日在香港成功上市，融资高达 30 多亿港元，在中国本土运动品牌国际融资额中位居榜首。正是得益于稳定的资金来源，安踏自上市两年多来，每年的业绩都持续增长。

而作为另一个例子的恒大地产，也于 2009 年 11 月在香港联交所主板挂牌上市，以每股 3.5 港元的价格发售 16.1 亿股。由于恒大地产发售的股价相对便宜、企业的发展潜力大等原因，此次招股市场反应热烈，融资高达 60 亿港元，成为 2009 年内地房地产企业赴港融资最多的企业，也为企业的可持续发展提供了稳健的资金来源，大大提升了企业的市场竞争力。

如今，上市融资已经成为企业拓展实业的最常见的重要方式之一。当初李嘉诚大胆将长实上市，无疑是明智之举。就企业的发展而言，决策层的胆略和见识在很大程度上影响着企业的发展进程。李嘉诚的长实早在几十年前就在香港上市，采取以股融资的方式大规模筹集资金，为长实大举进军房地产行业提供了资金来源。此后，长实在地产行业大展宏图，与当初采取的以股融资的方式着实密不可分。

李嘉诚启示录

李嘉诚如是说

任何理想的实现，都不可徒囿于空中楼阁的构想，而必须先奠下稳固的基础，然后循名责实，按照计划向目标迈进。

商业的存在除了创造繁荣和就业，最大作用是服务人类的需要。企业是为股东谋取利润，但应该坚持为固定文化，这里经营的其中一项成就，是企业长远发展最好的途径。

当生意更上一层楼的时候，绝不能贪心，更不能贪得无厌。

第 15 堂课

广纳人才——知人要善任，人才为根本

家有梧桐树，何愁引凤凰

卡耐基认为，要想掌握高超的用人之道，必先要做到知人善任。李嘉诚认为，管理之道，简单来说是知人善任。香港作家何文翔认为，任人唯贤，知人善任，既严格要求，又宽厚待人。

知人，就是要了解人，指的是对人的考察、识别、选择；善任，就是要善于用人，指的是对人要使用得当。知人善任，就是要认真地考察手下、确切地了解手下，把每个人都安排到适当的岗位上去，让他们充分地发挥自己的特长，施展才干。这是做好领导工作的根本任务之一。

好比一部机器，有了先进的设计、合理的结构和科学易行的操作规程，还必须有高质量的操作人员。通常说，路线确定之后人才就成了决定因素，就是这个意思。

李嘉诚素以唯才是举的用人之道为自家的经典定律。1980 年，李嘉诚提拔盛颂声为董事会副总经理；1985 年，委任周千和为董事会副总经理。后来，又对二人委以重任：盛颂声负责长实公司的地产业；周千和主理长实的股票买卖。

所以说，家有梧桐树，何愁引不来金凤凰？有李嘉诚这棵梧桐树坐镇，何愁引不来那些人才。一大批精英人士投奔李嘉诚而来，最后，李嘉诚旗下竟然出了数名"打工皇帝",不能不说是梧桐树的丰硕回报得来的结果。

卡耐基根据多年的经验总结出:不同工作职位有不同要求,不同的人才适合从事不同的工作。某人既能统观全局,又善于协调指挥,善于识人用人,组织才干出众,有雄才大略,是一个帅才,就应放在决策中心做领导工作。某人思想活跃、兴趣广泛、知识面宽,既有综合分析能力,又敢议事直言不讳,有求实精神,无利俗杂念,这是优秀的反馈人才,应选为智囊。有的人忠实坚定、耿直公正、身正行端、平易近人,让他们从事监督工作,定能做出第一流的成绩。还有的人对领导意图可心领神会,对领导的指示能忠实执行,既埋头苦干又任劳任怨,实在是难得的执行人才,让他担任办公室主任、秘书,一定能把工作做好。各种人才应该各得其位。现代领导者必须善于区别不同人的不同才能,让他们在最合适的岗位上发挥作用。如果让优秀的反馈人才去当执行人员,必然"犯上多事",反之,如果让执行人才当智囊,岂不自欺欺人?世上无无用之人,贵在所用恰当。

在一次演讲中李嘉诚说:"成功的管理者都应是伯乐,伯乐的责任在甄选、延揽比他更聪明的人才。"

谈到人才,不能不谈到李嘉诚的得力干将李践。李践把自己的经历称之为"从小乞丐到李嘉诚得力干将"的坎坷人生经历,不能不让人想到李嘉诚的"知人"。有记者曾写道:"如果不是亲耳听到他对昔日岁月的回忆,记者甚至很难把眼前这位意气风发的'不惑'男子与'乞丐''自卑'等词语联系到一起。"

李践1992年下海与朋友合伙创办自己的公司。他说,正是由于自己8年赚了1.8亿元引起了李嘉诚的注意。2000年,李嘉诚的"Tom.com"公司出资2.7亿元收购了李践的公司49%的股份,新公司成为Tom户外传媒集团的第一个子公司,由他出任首席执行官。李践说:"从此,我有了更大的施展个人管理才能的舞台。"

李嘉诚为自己的厂子取名长江,正是基于长江不择细流的道理,而他也的的确确是这样做的，也因此，他的企业可以凝聚一心，勇往直前。

选用贤人，知人善用，这样的伯乐自古有之。历史上就有很多如同李嘉诚一样求贤若渴的人物，其中秦穆公就是一例。《资治通鉴》中记载了秦穆公求贤的故事。

有一个叫百里奚的奴隶非法逃到越国，被逮捕了。百里奚本来是虞国的谋士，因为战败被俘成了奴隶。秦穆公听说他有才，就打算高薪招揽人才，但是不敢声张，最后只用 5 张羊皮就赎了他。楚人一看百里奚如此不值钱，也就大大方方地放了人。

百闻不如一见，秦穆公一见这位"五羖大夫"，立刻失望地说："原来年纪这么大了！"的确，那时的百里奚已经 70 多岁了。但古稀之年的百里奚却说："要是给大王逮鸟套狼，臣确实是老了点；不过治国安邦，我比当年的姜子牙还年轻 10 岁呢！"百里奚畅谈天下大事，果然有雄才大略，滔滔不绝，于是秦穆公就让他主持国政。

经过百里奚的推荐，秦穆公又知道了蹇叔。百里奚说了这样一段话："当年我在齐国游历时，是蹇叔收留了我。我两次听了蹇叔的话，都得以脱离险境；一次没听，就遇上了虞亡遭擒的灾难。"秦穆公一听还有比百里奚更有才的人，连忙派使者请蹇叔出山。百里奚、蹇叔就这样成为他的左、右庶长，秦国从此变得富强起来了。

秦穆公是领导当中求贤若渴的典范。家有梧桐树，秦穆公手下的人才也越来越多。如果不是秦穆公的好才，又怎么会得到这么多人才呢？

李嘉诚的用人之道，就如同秦穆公选得良臣一样，秦穆公需要贤臣为他打理国家，李嘉诚需要有能力的人帮他负责公司业务。所以，他们不但要做到选贤，还要善任。

而经营者要真正做到善任，首先应该从事业的全局出发，充分考虑人才的具体特点，把他放到合适岗位上。这才是引凤凰的根本所在。

大胆起用新人

白手起家的李嘉诚，在其长江实业集团发展到一定规模时，敏锐地意识到，一个企业的发展在不同的阶段需要有不同的管理和专业人才，而他当时的企业所面临的人才困境较为严重。

"用人不疑，疑人不用"这是个相当经典的命题，李嘉诚认为，用人要敢于授权，信任对方，合作才能继续。"疑"和"用"的问题是关于信任和授权。无条件的、完全的信任，就要疑人不用，用人不疑。

李嘉诚克服重重阻力，果断起用了一批年轻有为的专业人员，为集团的发展注入了新鲜血液。与此同时，他制定了若干用人措施，诸如开办夜校培训在职工人，选送有培养前途的年轻人出国深造。李嘉诚不仅能在企业发展的不同阶段大胆起用不同才能的新人，而且能在企业发展的同一阶段注重发挥人才特长，恰当合理运用不同才能的新人。因此，他的智囊团里有着一大批朝气蓬勃、精明强干的年轻人。

2008 年有一条新闻出得新奇，名字叫《"北京小学生"打响了长实"北伐"的第一枪》。其中的主人公大家并不熟悉，堪称绝对新闻。与此同时，令人不禁浮想联翩，对小学生的实力打了个大大的问号。文中的主人公叫郭子威。

这一年，长江实业挥军进京收拾"逸翠园"。作为长江实业"北伐"先锋的正是郭子威。奇怪的是，此人竟然无人知晓。但戴着"李嘉诚钦点"这个光环，就说明郭子威并不普通。果然，很快他就得到了一个"滑头新人"的称号。

郭子威有个比喻，"内地房地产尚处于小学阶段，而香港房地产现在是大学阶段"。同样，郭子威现在只是个"北京小学生"，要想成为"潘、王、任"这样的"北京大学士"还得多学习。

据说，那时每天上网看北京楼市新闻信息已经成了郭子威的必修课。果然，郭子威是秉承了长和系稳重谨慎的作风。因为他表示，不对"拐点论"发表任何意见，就不得罪任何人，真是"贼"。为此，郭子威的威力立刻显了奇效，从此成为李嘉诚的先锋军。

事实上，任何企业都是如此。如果企业家要扩大事业，就必须向外招揽新的人才，这一方面可以弥补老臣们胸襟见识上的不足；另一方面也可以利用专业人才，推动企业的进一步发展。因此，一个企业家在不同的发展阶段，就需要不同的人才。新人就是企业新的顶梁柱。

在长江管理层的后起之秀中，最引人注目的要数霍建宁。

霍建宁毕业于名校香港大学，随后留美深造。1979 年学成回港，被李嘉诚招至旗下，出任长江会计主任。他利用业余时间进修，考取了英联邦澳洲的特许会计师资格证。

李嘉诚很赏识他的才学，1985 年任命他为长江董事，两年后即提升他为董事总经理。外界的媒体称霍建宁是一个"全身充满赚钱细胞的人"，这绝不是虚言。事实上，长江的每一次重大投资安排、股票发行、银行贷款、债券兑换等，都是由霍建宁策划或参与抉择的，其能力可见一斑。

李嘉诚虽出生于 1928 年这个动荡的年代，但其核心思想却极为超前，知人要善任，李嘉诚在实践中证实霍建宁确实具备直觉的经商才华后，能不拘一格委以大任让霍建宁十分感动，从而一举成为李嘉诚旗下一员"打工皇帝"。

不只李嘉诚，很多成功的企业家都懂得如何重用有能力的新人。

阿尔弗雷德·斯隆立足于人性的管理哲学，使得他在通用汽车内部的人际管理协调得非常好。

20 世纪 30 年代，美国经济大萧条，凯迪拉克汽车连连亏损，当时的企业高层包括阿尔弗雷德·斯隆正在开会讨论是否应该放弃这个部门，这时德雷斯塔特突然闯入会议室，他要求领导能给他 10 分钟的时间，让他介绍一个用一年半时间就可以使这个部门扭亏为盈的方案。

在会的高层都为他的鲁莽感到震惊，然而阿尔弗雷德·斯隆十分欣赏他的责任感、主动性、勇气和想象力，当即决定将德雷斯塔特提升为凯迪拉克公司的主管。事实证明，在德雷斯塔特的全面掌控下，不到一年凯迪拉克便起死回生了。这就是阿尔弗雷德·斯隆的成功秘诀。

是的，对于任何一个成功的商人、老板、领袖来说，带有偏见的任用常常为公司带来灾难。而只有客观评价，并且敢于为自己的企业注入新的血液、新的活力，才能让整个公司焕发生机。

"水能载舟，亦能覆舟"，李嘉诚非常清楚一个公司最重要的是什么，他广纳人才，而不在意人才的背景，只要有能力，他均奉为上宾。因为新人能给企业注入活力，所以他不吝冒险。也因此，他才收获了数员大将，为长江添了新的掌舵手。

把"客卿"看成是企业的"添加剂"

古人云："智莫大乎知人。"人才是事业成功最重要的资本和基础，深受中华传统文化熏陶的李嘉诚深谙此道。古有"千里马常有而伯乐不常有"的感叹，然而，港人却盛赞李嘉诚具有九方皋相马的慧眼。因为正是李嘉诚极为高明地辨识和使用了众多的"千里马"，他的商业巨舰才驰骋商场几十年而无坚不摧，无往不胜。

李嘉诚少年时，父亲曾讲战国时孟尝君的故事给他听，李嘉诚深受启发——孟尝君之所以能成大事，正是因为得到了幕僚的大力帮助。后来，当他自己掌舵一个企业的时候，精于用人的他知道，不仅要大胆起用精明强干的年轻人，还要准备一大批老谋深算的客卿。后来，李嘉诚因为自己和员工的努力，以及广得客卿之助，终于成就了一番大业。

香港商界盛传李嘉诚左右手与客卿并重，其中最令人注目的是精明过人、集律师与会计师于一身的李业广和叱咤股坛的杜辉廉。

杜辉廉是一位精通证券业务的专家，被业界称为"李嘉诚的股票经纪"，备受李嘉诚青睐和赏识。

李嘉诚多次请其出任董事均被谢绝，他是李嘉诚众多"客卿"中唯一不支干薪的人。但杜辉廉绝不因为未支干薪而拒绝参与长实系股权结构、股市集资、股票投资的决策。

为了回报杜辉廉的效力之恩，当杜辉廉与梁伯韬合伙创办百富勤融资公司时，李嘉诚发动连同自己在内的 18 路商界巨头参股，为其助威。在百富集团成为商界小巨人后，李嘉诚等又主动摊薄所持的股份，好让杜、梁二人的持股量达到绝对的安全线。

李嘉诚的投桃报李，知恩图报，善结人缘，更使得杜辉廉极力回报李嘉诚，甘愿为李嘉诚服务，心悦诚服地充当李嘉诚的客卿和幕僚。杜辉廉在身兼两家上市公司主席的情况下，仍忠诚不渝地充当李嘉诚的股市高参。如杜辉廉为李嘉诚在股票发行，二级市场上的收购立下了汗马功劳，特别是在 1987 年香港股灾之前，为李嘉诚的集团成功地集资 100 亿港元。

袁天凡的才华在香港金融界路人皆知。李嘉诚为邀得袁天凡的加盟，历经"峰回路转"到"柳暗花明"。尽管两人过往甚密，但袁天凡却多次谢绝了李嘉诚邀其加入长实的好意。

李嘉诚并不言弃，仍一如既往地支持袁天凡：荣智健联手李嘉诚等香港富豪收购恒昌行，李嘉诚游说袁天凡出任恒昌行行政总裁一职；袁天凡与他人合伙创办天丰投资公司，李嘉诚主动认购了天丰公司 9.6% 的股份。李嘉诚多年来的真诚相待，终于打动了孤傲不羁而才华出众的袁天凡，他应邀出任盈科亚洲拓展公司副总经理。在袁天凡的鼎力协助下，李泽楷孕育出了叫响香港的腾飞"神话"。

李嘉诚能够并善于突破固有的、传统的育才模式，而紧跟时代的潮流，创立出新的、适合企业实际需要的人才培育模式，为公司的发展、壮大奠定坚实的人才资源基础。

有客卿的帮助，事业才会有最快的提升。

秦始皇执掌大权后，下了一道命令：凡是从别的国家来秦国的人都不

准居住在咸阳，在秦国做官任职的别国人，一律就地免职，3天之内离境。李斯是当时朝中的客卿，来自楚国，也在被逐之列。他认为秦始皇此举实在是亡国的做法，因此上书进言，详陈利弊。

他说：从前秦穆公实行开明政策，广纳天下贤才，从西边戎族请来了由余，从东边宛地请来了百里奚，让他们为秦的大业出谋划策；而且，当时秦国的重臣蹇叔来自宋国，邳豹和公孙枝则来自晋国。这些人都来自于异地，都为秦国的强大做出了巨大贡献，收复了20多个小国，而秦穆公并未因他们是异地人而拒之门外。

李斯直言指出，逐客令实在是荒唐至极，把各方贤能的人都赶出秦国就是为自己树敌，帮助别人扩张实力，而削弱自己的实力。李斯之言使得秦始皇如醍醐灌顶，恍然大悟，急忙下令收回逐客令。秦始皇因为听取了李斯的建议，不但留住了原有人才，而且吸引了其他国家的人才来投奔秦国。秦国的实力逐渐增强，10年之后，秦始皇终于完成统一大业。

事实上，一个企业的发展，不仅需要内部人员的齐心协力，还需要得到企业外部人员的支持和帮助。如果能够借用"外脑"，既能增强企业的发展，树立良好的企业形象，又可以广交朋友，提高企业的知名度。很多时候，人的强大不仅在于提高自身的智慧，凝聚众智更为重要。如果我们总是能够抱着一颗坦诚谦虚之心，广采博纳，凡人也可能成为超人。

把客卿当成企业的添加剂正如为平时用惯了的杀虫剂换了一副新的强效剂一般，实用又管用。实在是一举两得。

建立有傲骨的团队

增强团队精神是每位领导必须做到的，只有强大的团队才能在市场的浪潮中立于不败之地，才能做大公司。没有强大的团队，领导的工作魅力怎能得到下属的认可呢？李嘉诚说，要建立无傲心有傲骨的团队。

有个领导人胸有成竹地说："就算你没收我的生财器具，夺走我的土地、厂房，只要留下我的伙伴，我将东山再起，建立起我的新王国。"这就是团队的力量。仔细观察每位成功的公司管理人几乎都拥有一支完美的管理团队。这些成功的领导人所率领的团队，无论是他的成员、组织气氛、工作默契和所发挥的生产力，和一般性的团队比起来，总有非凡的优势。

通过在团队里学习、成长，每位伙伴都会不知不觉重塑自我，重新认知每个人跟群体的关系，在工作和生活上得到真正的欢愉和满足，活出生命的意义。

李嘉诚在一次演讲中说："我常常跟儿子说，你要建立没有傲心但有傲骨的团队，在肩负经济组织其特定及有限责任的同时，也要努力不懈，携手贡献于社会。"

这段话被许多人引用，但他们未必能够明白李嘉诚话里的真正意思。后来，针对"傲心"和"傲骨"的问题，李嘉诚做了这样的解释："傲心与傲骨的区别非常大。一个人如果认为自己了不起，就像一杯水装满了之后，一滴水都装不进去，这是傲心。"

李嘉诚绝不允许自己的团队傲慢无礼，但要求自己的团队自尊自爱。20世纪70年代，长实公司召开记者会，邀请与长实有业务联系的公司参加，有一个大公司的外国主管，在这个会议期间，表现得非常傲慢无礼，目中无人。

这个外国的主管原本答应参加会议，但事到临头，他却回自己的国家去旅行了，这件事情让李嘉诚非常不满。李嘉诚后来亲自去找到他，并问他："既然答应的事情，为什么又反悔？如果我是你的话，我连觉都睡不着。"

面对李嘉诚的责问，这位外国主管却漫不经心地答复说："I'll sleep like a baby.（我会像一个小孩子一样睡着。）"

李嘉诚被激怒了，但他依然非常有涵养地忍住愤怒的火焰回答他：

"Sorry，I don't think so.（我并不这么想。）"

这件事情之后，李嘉诚为了保护公司的利益和声誉，他就把交易价格提高了50%。结果不到72小时，那位傲慢无礼的外国主管就打电话来协商，请求和李嘉诚面谈。当李嘉诚赶到他们那边的时候，他和其他主管纷纷请李嘉诚吃饭。

李嘉诚说："你们是不是还 sleep like a baby？"他们面带愧疚地说："我们一直都没能睡好。"那位外国主管非常不好意思地向李嘉诚道歉，李嘉诚大度接受了他的道歉。虽然李嘉诚对这名无礼的外国主管没有责骂，也没有惩罚，但是他的举动却让他真心地感到了自己的错误所在。

这正是李嘉诚为自己所说的"傲骨"和"傲心"两个词做出的完美诠释。建立一个团队，傲心不能有，但一定要有傲骨。傲骨是一种自信，是一种不屈从于他人志得意满下的做人准则。这是李嘉诚一直坚持的准则。

我们正处在一个充满竞争的时代，管理者必须重新界定自己和企业的地位。无论你的企业是盈利的还是非盈利的，都必须面对高利润企业的高效率竞争，若不及时反省管理原则，随时都有可能惨遭淘汰。

管理者应向部属说明企业竞争力的重要性。强有力的竞争，可以促使员工发挥高效能的作用。因此，在对下属的管理中，引入竞争的机制，让每个人都有竞争的意念，并能投入到竞争之中，组织的活力就永远不会衰竭。如何能够达到这样的目的，势必需要企业有一份傲骨，让员工们都有上进心、自尊心，耻于落后。拥有傲骨是刺激员工们上进的最有效的方法，能够让他们坦然面对竞争和压力，发挥出自己的全部潜能。

公司如家才能留人才

新华百佳时装厂董事长何美英说："一个企业要发展，就要创造拴心留人的环境。怎么拴心留人？我觉得就是要企业搞得像个大家庭一样。"

舜宇集团工会的主席鲁炳江说："打造亲情文化，不仅表现在企业对员工的尊重和信任上，而且表现在企业要全心全意为员工排忧解难办实事上，把造福员工作为自己的使命之一。"

海科世达—华阳电器有限公司总经理吕克勤说："经营企业不应该只想到短期利益，而要未雨绸缪，高瞻远瞩。"

李嘉诚喜欢在长江员工同乐会上对员工说"我们这个大家庭"，让人听了十分温馨。将"家"的温情延伸到每一名员工的心坎上。

在企业创办不久，为了降低成本，改善经营状况，李嘉诚的企业被迫大量裁员。在企业遇到困难的时候，裁员是很正常的事。但是，李嘉诚却认为，员工失去工作就意味着没有了生活来源，从艰辛中走过来的李嘉诚对此体会尤深。李嘉诚坦诚地承认，自己经营上的失误导致了裁员。他在向被辞退员工及家属表示歉意的同时承诺，只要经营出现转机，愿意回来的员工，仍然能在公司找到他们的职位。李嘉诚有诺必践，相继返回的员工都能比以前更加努力地从事本职工作。

李嘉诚有一个得力的亲信叫袁天凡。早在 1991 年荣智健联手李嘉诚等香港富豪收购恒昌行时，李嘉诚就游说袁天凡出任恒昌行政总裁。袁天凡于是辞去联交所要职，走马上任。但在 1992 年 1 月，由于荣智健向众富豪收购他们所持的恒昌行其余股份，袁天凡就愤然辞职，表示不再做工薪阶层，要自己创业。1992 年 2 月，袁天凡与杜辉廉、梁伯韬主持的百富勤合伙创办天丰投资公司，袁天凡占 51% 股权，并出任董事总经理，并兼旗下两家公司的总裁。李嘉诚认购了天丰投资公司 9.6% 的股份，以此支持袁天凡。袁天凡曾多次公开表示："如果不是李氏父子，我不会为香港任何一个家族财团做。他们（李氏父子）真的比较重视人才。"

在亚洲金融风暴波及香港的时候，长江实业公司员工的公积金因外放投资受到不少损失。按理，遭遇这样的天灾大家只好自认倒霉。可李嘉诚却动用个人资金将员工的损失如数补上。宁可自己受损，绝不让员工吃半点亏的真情义举，这样的企业老板理当深得人心、深受员工的拥戴。常言道，以诚感人者，人亦以诚应之。李嘉诚用个人的损失，换取了比金钱更重要的东西，不能不说是李嘉诚广纳人才的一个佐证。

人尽其才，用人取其特色

在总结用人心得时，李嘉诚曾形象地说："大部分的人都会有长处和短处，好像大象的食量以斗计，蚂蚁一小勺便足够。各尽所能，各取所需，以量材而用为原则；又像一部机器，假如主要的机件需要五百匹马力去发动，虽然半匹马力与五百匹相比小得多，但也能发挥其一部分的作用。"

的确如此，所谓人无完人，三个臭皮匠赛过一个诸葛亮，只有通过优化组合，将每个人的特色都发挥到极致，才能人尽其才，物尽其用，从而获得完美共生。

有人曾说，在李嘉诚庞大的商业王国中，只要是人才，就能够在企业中有用武之地。是的，李嘉诚及其所委任的中层领导都明白这个道理。李嘉诚说，就如同在战场，每个战斗单位都有其作用，而主帅未必对每一种武器的操作比士兵纯熟，但最重要的是首领亦非常清楚每种武器及每个部队所能发挥的作用——统帅只有明白整个局面，才能做出出色的统筹并指挥下属，使他们充分发挥最大的长处以取得最好的效果。

在集团内部，李嘉诚彻底摒弃家族式管理方式，人们看不到家长制作风的影迹，完全是按照现代企业管理模式进行运作。除此之外，他还精于搭建科学高效、结构合理的企业领导班子团队。李嘉诚深知，企业发展在不同阶段需要有不同的管理和人才需求，适应这样的需要，企业就突飞猛进，否则，企业就要被淘汰出局。

在李嘉诚组建的公司高层领导班子里，各方面人才都十分齐全。评论家说："这个'内阁'，既结合了老、中、青的优点，又兼备中西方的色彩，是一个行之有效的合作模式。"

当然，用人所长，并不是对人的短处视而不见，更不是任其发展，而是应做具体分析、具体对待。有些人的短处，说是缺点并非完全确切，因为它天然就是和某些长处相伴相生的，它是长处的一个侧面。

这类"短处"不能简单地用"减去"消除，只能暂时避开，而关键还在于怎么用它。使用得当，"短"亦即长。克雷洛夫有一段寓言说，某人要刮胡子，却怕剃刀锋利，搜集了一批钝剃刀，结果问题一点也解决不了。

在一个人的身上，有长处也有短处，用人就要用其长而不责备其短处。对偏才来说，更应当舍弃他的不足之处而用他的长处。一位优秀的企业领导，会趋利避害，用人之长，避人之短，如此一来，则人人可用，企业兴旺，无往而不利！

一个工程师在开发新产品上也许会卓有成就，但他并不一定适合当一名推销员；反之，一个成功的推销员在产品促销上可能会很有一套，但他对于如何开发新产品却一筹莫展。如果老板在决定雇用一个人之前，能详细地了解此人的专长，并确认这一专长确实是公司所需的话，用错人的悲剧就可以避免了。

古人说得好："事之至难，莫如知人。"辨人才最为难，而辨别偏才的能用可否则更难。这是因为事有似是而非的地方，例如"刚直开朗似刻薄，柔媚宽软似忠厚，廉洁有节似偏隘，言讷识明似无能，辨博无实者似有才，迟钝无学者似渊深，攻忤谤讪者似端直，——较之，似是而非，似非而是，人才优劣真伪，每混淆莫之能辨也"。所以说，世上最难的事没有比识人更难了。每一个聪明的领导人都要精于识别偏才造成的假象，而辨别使用他们。

有人问淘金工，怎样获得金子？淘金工说："金子就在那儿，你把沙子去掉后，剩下的自然就是金子。"这个回答颇有"禅"的意味，它指明了我们在生活中求真求善的最佳方式与途径。

一般来说，人的本性是见利不能不求，见害不能不避。趋利避害是人的本性，商人做买卖，日夜兼程，不远千里，为的是追求利益；渔民下海，不怕海深万丈，敢于逆流冒险搏斗，几天几夜不返航，因为利在海中。因此对许多人，只要有利可图，虽然山高万丈，人也要攀登；水深无底，人也要潜入。所以，善于管理的人，对人才要顺势引导。

人都有优点和缺点，在用人时必须坚持扬长避短的原则。用人，贵在善于发展、发挥人才之长，对其缺点的帮助教育固然必要，但与前者相比应居于次。而且帮助教育的目的，也是使其短处变为长处。如果只看短处，则无一人可用，反之，若只看长处，则无不可用之人。因此，在人才选拔上切不可斤斤计较人才的短处，而忽视去挖掘并有效地使用其长处。

现代社会活动纷繁复杂，一个领导人即使三头六臂，也不可能独揽一切。一个高明的领导者，其高明之处就在明确了下级必须承担的各项责任之后，所授予的相应权力。从而使每一个层次的人员都能司其职，尽其责。李嘉诚常常除了做出必要的示范外，一般对下属无太多干预，也不事无大小一律过问。

用人学研究证明，高明的领导者在管理职员时，应利用爱人之心纠正他们，按照职员行为的准则来约束行为。所以说，有了绝对不可违反的准则，必然会在良好的秩序下实现管理，领导者也就可以正常地行使权威。制定不随意改变的管理制度、规范是高明的领导者进行管理的最根本途径。

李嘉诚能够知人善任，将每个人的长处都挖掘，并让其发挥效用。由此可见，李嘉诚在用人方面的确称得上是慧眼识才的伯乐。

李嘉诚启示录

李嘉诚如是说

人才取之不尽，用之不竭，你对别人好，人家对你好是很自然的，世界上任何人也都可以成为人的核心人物。

要吸引及维护好员工，要给他们好的待遇及前途，让他们有受重视的感觉。当然，还要有良好的监督和制衡制度，不然山高皇帝远，一个好人也会变坏。我老是在说一句话，亲人并不一定就是亲信。一个人你要跟他相处，日子久了，你觉得他的思路跟你一样是正确的，那就应该信任他；你交给他的每一项重要工作，他都会做，这个人就可以做你的亲信。知人善任，大多数人都会有部分的长处，部分的短处，各尽所能，各得所需，以量才而用为原则。

唯亲是用，必损事业。

我们所有的行政人员，每个人都有他的职责，有他自己的消息来源、市场资料，当我们决定一件比较大的事情时他们就派上用场了。

一家小一点的家庭式公司是要一手一脚去做，但当公司发展大了，便要让员工有归属感，令他们安心，这是十分重要的。

第 16 堂课

灵活应变——抓时机求变，活水能活企业

善于随机应变，开创新局面

相同的事情，别人做得很顺利，到你做的时候一定不要照搬，因为可能事情已经发生变化了。事物都是不断变化和发展的，如果凡事都照搬教条，而不知随机应变，具体情况具体分析，那就难免失策。形势瞬息万变，波谲云诡，所以必须从实际出发，相机行事，照搬教条只能使人自食恶果。

"机遇是不可以用金钱来估量的，是生存和发展的法宝。"李嘉诚认为要主动跟着机会转，不要等机会来上门，而且要懂得随机应变，不能生硬地跟在机会后面跑。

商场的竞争十分激烈，虽然李嘉诚是塑胶花大王，但面对日新月异的商场，也不得不眼观六路耳听八方，做好随时随地改变已有路子的准备。为了更好地发展自己的产业，李嘉诚认真考察市场后，决定向北美进军。

他设计印刷了精美的产品广告画册，寄到了北美一些贸易公司。很快就有了回应，一家大公司派人到香港考察，选择样品，还要考察工人。李嘉诚初次出击，便很快有了这样的效果，很是兴奋。

但他面对这个大好的商机，并没有得意忘形。他得知北美那边的公司要派人来考察，第一反应便是与那边取得联系，通过电话里简短的交

谈，探知了对方的一些来港意图，还得知对方还要考察香港一些其他的企业。

经过短暂的思考，李嘉诚依然决定在对方来之前，扩大塑胶厂的规模，为这次商机赢得最大的胜算。这样做是很冒险的事情，很有可能会赢不来商机，反而因为操之过急的扩张，拖垮自己。

但是李嘉诚义无反顾要为北美客户的来访做最好的打算，事实最后证明，他的冒险是对的，这家公司成了他的大客户。所以说，只有敢于随机应变，才能开创出新局面来。

在付诸实践时应灵活机动，有些人不懂这个道理，结果僵化不变，形而上学，反而弄巧成拙，事与愿违了。

战国时代，有施氏和孟氏两家邻居。施家有两个儿子，一个儿子学文，一个儿子学武。学文的儿子去游说鲁国的国君，阐明了以仁道治国的道理，鲁国国君重用了他。那个学武的儿子去了楚国，那时楚国正好与邻邦作战，楚王见他武艺高强，有勇有谋，就提升他为军官。施家因两个儿子显贵，满门荣耀。

施氏的邻居孟氏也有两个儿子长大成人了。这两个儿子也是一个学文，一个学武。孟氏看见施氏的两个儿子都成才，就向施氏讨教，施氏向他说明了两个儿子的经历。孟氏记在心里。

孟氏回家以后，也向两个儿子传授机宜。于是，他那个学文的儿子就去了秦国，秦王当时正准备吞并各诸侯，对文道一点也听不进去，认为这是阻碍他的大业，就将这人砍掉了一只脚，逐出秦国。他学武的儿子到了赵国，赵国早已因为连年征战，民困国乏，厌烦了战争，这个儿子的尚武精神引起了赵王的厌烦，砍掉了他的一只胳膊，也逐出了赵国。

孟氏之子与邻居的儿子条件一样，却形成两种结果，这是为什么呢？施氏后来听说了之后，说道："大凡能把握时机的就能昌盛，而断送时机的就会灭亡。你的儿子们跟我的儿子们学问一样，但建立的功业却大不相同。原因是他们错过了时机，并非他们在方法上有何错误。况且天下的道理并非永远是对的，天下的事情也并非永远是错的。以前所用，今天或许就会被抛弃；今天被抛弃的，也许以后还会派上用场，这种用与不用，并无绝对的客观标准。一个人必须能够见机行事，懂得权衡变化，因为处世并无固定法则，这些都取决于智慧。假如智慧不足，即使拥有孔丘那么渊博的学问，拥有姜尚那么精湛的战术，也难免会遭遇挫折。"而孟家父子正是不懂变化之道而遭此惨事的。

现实生活中，也有这样因时过境迁，自己却不能适应变化，重走老路，而导致自己生活不幸的情况发生。李嘉诚的例子告诉我们商场要从变化的角度来考虑，如果依然按照过去的眼光、想法、办法来处理，就可能四处碰壁。所以，一定要面对现实，从变化的角度想问题，办事情。一个人必须见机行事，懂得权衡变化，天下没有永恒的法则。

找到特别的经营项目

时代千变万化，钱却没有改变模样，要想让它投入自己的怀抱，就要变着花样讨它欢心，这就是赚钱思路。跟上时代的步伐，你才能踏上成功之路。

社会发展日新月异，思想守旧，与社会脱节必然招致被淘汰的恶果。俗语说："士别三日，定当刮目相看。"如果只抱老眼光，无法推陈出新，付出再多，有时也是枉然。只有紧跟时代步伐，你才会成功。

亮出新招，做出新意。这正是李嘉诚的经商要诀。他所追求的商业经营，就是需要个性化、特别化。而且，他不但是自己这样做，还教导他的儿子也这样做。李嘉诚建议李泽钜要有特别经营的项目，这样才能不断开拓出新市场。

在李嘉诚的指导和推动下，李泽钜真的做到了。作为以房地产开发为主的长江集团，一向都是以推动环保为己任。李泽钜对环保事业也是不遗余力，不但号召大家一起环保，他自己在这方面也是身体力行。

李泽钜常参加环保活动，他常以长江集团代表的身份出席这些环保活动，为长江集团树立了良好的公众形象，受到了公众的一致好评。一个好的企业形象，也是能够在无形中为企业创造收益的。

在李嘉诚的潜移默化影响下，李泽钜献身环保，有了属于自己特别的经营项目，从而也从侧面推动了集团的发展，一举两得。其实，这样的做法正是创新思维，经商不仅仅是比拼物力和财力，而是需要推陈出新，想出创意，也就是变换思维。

思维的变换，会让事情出现一些意想不到的转机。不过，如何能够找到这个创新点，而不是受困于头脑的牢笼，把"念头"束之高阁，就需要自己的摸索和努力了。

人类的思维活动存在着正向和逆向两种方式。正向思维是一种习惯性的思考方式，在通常情况下，这种思维方式能有效地解决一些常规问题；而逆向思维则是创造性思维立交桥中的重要通道，运用逆向思维，往往会产生超常的构思，出奇制胜。

李嘉诚所奉行的正是"人无我有，人有我转"的理念，而他教给李泽钜的也正是从这个理念中衍生出来的东西。你存在的价值就在你和别人不一样的地方。当别人的视角在此岸时，你就应该把你的眼光放在彼岸，这样，你才能看到更为绚烂的风景，先人一步迈上成功的海岸。

在明处吃亏，在暗中得利

会吃亏的人，往往看中潜在利益。不会吃亏的人，只看眼前利益，在是非纷争中斤斤计较。所以，不善吃亏的就要真吃亏。

世界上没有白吃的亏，有付出必然有回报，生活中有太多类似的事情，尤其在生意场上。如果一个人能心平气和地对待吃亏，表现自己的度量，他就更容易获得他人的青睐，获得经商所需要的人脉资源，从而获得商业上的成功。华人首富李嘉诚说："有时看似是一件很吃亏的事，往往会变成非常有利的事。"说的正是这个道理。

李嘉诚有很多财富，但他的这些财富并不是单单靠节俭积攒下来的，更多的则是靠经商得来的。那么，李嘉诚是如何让财富越滚越大的呢？有一个很简单的方法便是吃小亏，赢大利。很多人不愿意吃亏，认为吃亏会损害自己的利益，其实，有这样看法的人，都是没有长远眼光的人，成不了大事。

李嘉诚曾兼任国际城市的主席，该公司每年为他开 200 万元袍金，但李嘉诚一分钱也不拿，全部投入长实的账号中。将私人的钱用来支持企业的运作，看似是自己损失了 200 万元，但其实，他这样不谋私利的做法，反而是支持了企业的运行，为企业创造了更大的利润，也为自己赢得了更多的财富。

与李嘉诚一样，肯吃小亏、赢得大利的人还有严介和。

太平洋建设集团创始人严介和就敢于吃亏，这也是他在商场中叱咤风云，将生意做大做强的重要法宝之一。

1992 年，严介和东拼西凑 10 万元在淮安注册了一家建筑公司。当时，南京正在进行绕城公路建设，严介和知道后，先后往返南京 11 趟，最终得到 3 个小涵洞项目。这时，项目到严介和手里已经是第五包了，光管理费就要交纳 36%，总标的不足 30 万元。

这是一个注定亏本的项目，当时算算账预计亏损 5 万元左右。可严介和对自己的员工说："亏 5 万元不如亏 8 万元，要亏就多亏点，一定要保证质量。"结果，本应 140 天完成的工作量，严介和带领大家只用了 72 天就完工，其速度令工程指挥部大吃一惊。更令人振奋的是，指挥部在对 3 个小涵洞验收的时候，检测结果质量全优。

严介和以"吃亏"为经营理念，打响了自己的品牌。从此，他的业务迅速扩大，先后参与了南京新机场高速、京沪高速、江阴大桥、连霍高速、沂淮高速、南京地铁等一系列国家和省市重点工程的建设。

每当谈起南京绕城公路项目时，严介和总是说："亏 5 万元不如亏 8 万元，后来赚了 800 万元，这就是太平洋的第一桶金。如果不亏，我这个苏北人能拿到订单吗？两眼一抹黑，什么人也不认识，可我就是从那里起步的，今天的诚信是明天的市场、后天的利润。"

生意场上，是看到眼前比较直接的小利益，还是把眼光放长远一些，发现更大，但可能比较隐蔽的大利益呢？这可是一门学问。很多人往往见便宜就想得，生怕自己吃一丁点亏，结果使自己的路越走越窄。试想，如果每一个老板都打着自己的小算盘，整日盘算着如何敛聚更多的财富，如何使自己比别人获得的收益更多，这样还有谁愿意为其卖命呢？

聪明的商人懂得吃亏，自己吃了点亏，让别人得利，就能最大限度地调动别人的积极性，使自己的事业兴旺发达。譬如你卖给别人 2 斤肉，回家之后称，正好 2 斤，他心里不会有什么感觉；如果多一两，他心里会很舒服，下回还会到你那里买；如果差个二三两，他下回肯定不来了。

一个人独资经营的情况下，不仅势单力薄，而且人力、才智匮乏，资金上也很难维持长久。如果能找到可以长期合作的合伙人，就会增强公司的实力，虽然部分利益要分给合作伙伴，但较之无法持续经营的情况，实在是好太多了。甚至当你遇到坎坷无法使合作继续进行的时候，不妨吃点亏，也许天地会更宽广，利润也更大。

"吃亏是福"也不是句套话，尤其是关键时候要有敢于吃亏的气量，这不仅能体现你大度的胸怀，同时也是做大事业必备的素质。把关键时候的亏吃得淋漓尽致，才是真正的赢家。但吃亏也是有技巧的，会吃亏的人，亏吃在明处，得利在暗处。

善于吃亏是占大便宜的一种博弈策略，这是智者的智慧，更是经商技巧。

"一招鲜"：费力虽少，收获很大

是兔子就去跑，是鸭子就去游泳。要想在商场上打拼，必须扬长避短，这样才能发挥潜能，走在别人的前面。富兰克林说"宝贝放错了地方便是废物"，说的就是这个道理。

同一件衣服，有的人穿起来惊艳四座，有的人穿起来平淡无奇，甚至有些东施效颦的味道。之所以出现如此大的差距，在于每个人都有各自的气质，只有穿符合自己气质的衣服，才能凸显自己的美丽与潇洒。

同理，在商场之中，不是什么人都能够做成同样的生意，关键要看你的能力，你所经营的是否是你的强项。如果让一个擅长教课但缺乏经商经验的教师下海经商，就会出现因经验不足而血本无归的情况。一个人只有凭借自己的强项闯商界，他才会成功。

李嘉诚的强项有很多，但最让别人佩服的强项，当算是他的"洞察力"。李嘉诚是一个心明眼亮的商人，他看待任何事物都基本八九不离十，所以，这也为他在商界打拼埋下了成功的伏笔。

李嘉诚收购别的企业、公司，都是凭着他的一双慧眼，很多别人不看好的企业，但李嘉诚就偏偏看中。而事后也证明了李嘉诚的火眼金睛。当然，这样的绝活不是天生就有的，而是李嘉诚后天练就出来的。

将自己的长处发扬，帮助自己实现理想，茅侃侃就是这样的一个人，他虽然年轻，但是却将自己的"一招鲜"发挥到了极致，也算得上是商界的一个奇才了。

1999 年，北京育英中学有一个叫茅侃侃的高一男生地理会考不及格，补考，还是不及格。按国家政策，他没有考大学的资格了。年级主任为此头发都急白了一茬，居然出了这种人。

茅侃侃同学瘦得像一根竹竿，脸色青黑，打扮嘻哈。每天睡 4 小时，或者两天连着只睡 8 小时。那几年他都是这么过的：早上五点半起床，骑车 10 分钟去学校埋头苦干，把当天作业全部消灭掉。上课的时候就心里琢磨晚上的事儿。下午五点半放学回家，吃完饭就一个人闷在小屋里弄电脑，一直到 12 点。

他上初一时瀛海威时空已经上线，于是他申请做了一个程序论坛的斑竹，最让他兴奋的事就是想出各种招儿去维持论坛的发展。周末就组织活动，把论坛的人招呼到一块儿聊天。

那时候，茅侃侃带着校队横扫北京市的计算机比赛，遇不到对手。初三又迷上了山地车，每天放学后玩山地车到晚上 8 点，然后再弄电脑到凌晨 2 点。

茅侃侃的思维习惯和行事作风就是在这个阶段形成的。他基本不跟同龄人打交道，网上打交道的人都比他大七八岁，一块儿玩山地车的人也多是有工作的青年人，大家谈的东西就是要做什么样的生意，解决什么样的问题，很实际。除了那些表面化的嘻哈打扮，茅侃侃的思维和行为要比实际年龄老到得多。好多网友在见到他以后，怎么也不相信跟自己在网上聊天的竟然是个 17 岁的小男孩。

2000 年，他连着取得了微软和思科的计算机认证，拿着这两个招牌在一家网站谋了一个月薪 3600 元的职位。接下来的 3 年里，他换了十几份工作，从小网站、游戏公司、电视台，一直换到政府事业单位；从研发、策划、市场、宣传一直做到节目制作；自己还开了家公司，给人家外包研发项目。他把自己积蓄的 20 多万元都当学费赔了进去，当然也见识到了各行各业、各阶层的门道。

2004 年年底，茅侃侃又一次碰上一个曾经合作过的国有企业老板。当年为他做项目，从后台数据处理到市场推广策划，效果超出了老板的预料。这一回茅侃侃把想了一年的 Majoy 项目跟他交流：把网络游戏搬到线下，模仿其后台数据运行，但用实景，由玩家实际扮演。两个人一拍即合，茅侃侃以智力入股他的公司，双方正式运营 Majoy，对方予以 3 亿元投资，茅侃侃为总裁。

茅侃侃是个聪明人，他懂得运用自己的优势进入自己擅长的领域，经过多年的坚持与努力，在事业上有了非凡的成就。

曾担任 UT 斯达康总裁兼 CEO 的著名企业家吴鹰说："作为一名企业家，选择项目的时候，首先是要认清自己，充分利用自己，发挥自己的优势。你跟别人不同在什么地方？你凭什么做？别人做跟你做有差别，才能做。我们国家现在强调创新，如果没有独特性，千万不要做。"

了解自己，就是要客观、全面地了解自己的个性、特长、天赋、潜力等方面情况，也许你擅长编程，也许你在某一商业领域有着广泛的商业网络，也许你有着极好的耐性，能以贴身式服务赢得别人的信任和尊重……

一个人要在商场上打拼，要想取得成功，就必须拥有自己的"一招鲜"，学会经营自己的强项。李嘉诚能够有声有色地经营自己的企业，就是因为他有自己的"一招鲜"绝活。

优势那么多，总有一个适合你，帮你致富。如果还做不好，就是自己不够好，还得不断学习，只有持续学习，我们才能不断掌握新知识、新技能，为经营强项积累知识资本。

匆忙出手，等于自寻死路

保持宁静吧，考察应当做什么，因为这不受眼睛而是受另一种观照力的影响。宁静，才能听到花开的声音；宁静，才能听到雪落的声音。即使是处在喧嚣的都市，只要让你心中那些噪音沉寂下来，你就能知道自己到底应该做什么，你就能听到别人听不到的声音，抓住别人抓不住的机遇。

很多人认为按部就班难以成为富豪，所有富豪都是走在时代的前端，都是乘风破浪之人。有这样想法的人都有一个认识误区，认为冒险才能获得大的财富，其实有时候，匆忙出手，反而会忙中出错，自己找死路。

李嘉诚从不会这样，他做任何事情都是准备得很缜密，他从不打无准备的仗。

1978 年，李嘉诚打算收购和黄的时候，就做出了精心的准备，随后经过长达 10 年的耐心等待，才在 1988 年推出了这个计划。

漫长的 10 年时间，李嘉诚才磨砺出锋芒的宝剑，利润突破了百亿元。人们在称赞李嘉诚的过人胆识和气魄时，更是惊讶他的忍耐力。许多人都会在漫长的时间等待中丧失斗志，但是李嘉诚却能够忍耐到胜利的最后一刻。

像李嘉诚这样做大事的人，明白做事不能操之过急，要有足够的耐心等待和创造机会。

拿破仑·希尔说：只有最充分的准备才能换来最好的结果。相反，如果没有做好准备，匆忙出手，那么很可能就是自寻死路。

在吸引了几乎全世界人眼球的拳坛世纪之战中，当时正如日中天的泰森根本没有把已年近 40 岁的霍利菲尔德放在眼里，自负地认为可以毫不费力地击败对手。同时，几乎所有的媒体也都认为泰森将是最后的胜利者。美国博彩公司开出的是 22 赔 1 泰森胜的悬殊赔率，人们也都将大把的赌注压在了泰森身上。

在这种情况下，认为已经稳操胜券的泰森对赛前的准备工作——观看对手的录像，预测可能出现的情况及应对措施，保证自己充足的睡眠和科学的饮食方面都敷衍了事。但是，比赛开始后，泰森惊讶地发现，自己竟然找不到对手的破绽，而对方的攻击却往往能突出自己的漏洞。于是，气急败坏的泰森做出了一个令全世界都感到震惊的举动：一口咬掉了霍利菲尔德的半只耳朵！

世纪大战的最后结局当然是：泰森成了一位可耻的输家，还被内华达州体育委员会罚款 600 万美元。泰森输在准备不足。当霍利菲尔德认真研究比赛录像，分析他的技术特点和漏洞时，泰森却将教练准备的资料扔在一边；当对手在比赛前拼命热身，提前进入搏击状态时，他却和朋友在一起狂欢。虽然泰森的实力确实比对手高出一筹，从年龄上也占尽了优势，但他最后却输得一败涂地。

哈佛箴言说：每一次失败都因准备不足，每一项成功都和准备的充分有关。李嘉诚的成功和泰森的失败皆因准备。很多时候，比赛中比的并不是谁的实力最强，而是谁犯的错误最少。李嘉诚的经验告诉我们，只有真正地重视准备，扎实地把准备工作做到位，才能从根本上保证不犯或者少犯错误。当准备的习惯成为你身体的一部分，它就会帮助你取得令人惊讶的胜利。

李嘉诚启示录

李嘉诚如是说

在 20 岁前，事业上的成果百分之百靠双手勤劳换来；20 岁至 30 岁之间，事业已有些小基础，那 10 年的成功，10％靠运气，90％仍是由勤劳得来；之后，机会的比例则渐渐提高；到现在，运气已差不多占三四成了。

在开会之前，对方一定要明白我要求什么，我也要完全明白对方的要求是什么。

电讯业的竞争激烈，当时如果不出售橙（Orange），又不收购扩充的话，便很难在行业内竞争。我不怕竞争，但我怕负债过高。橙的管理层是想继续扩充的，但我觉得负债太多对公司不利，加上当时每一个打来提出收购的电话所建议的价格已经很高，所以权衡二者，我认为出售橙可以实时为集团赚一笔大钱，发展其他项目。

第 17 堂课

善于借势——善借真功夫，左右天下商势

巧妙筹划，四两拨千斤

有人曾做过一个比喻，国际大企业为恐龙，国内大企业就是老虎，国内中小企业是狼。那么当你是狼时，如何才能战胜兽中之王老虎甚至庞然大物恐龙呢？答案很简单，四两拨千斤，巧妙筹划，巧妙借势才可。

20世纪70年代，香港最浩大的公共工程堪称地铁工程。很多人都说，这是一块真正的肥肉，自然，恐龙老大置地觊觎以待，很多大企业也虎视眈眈。彼时，李嘉诚才刚刚闯入地产业没多远，怎么才能吞下那块肥肉而让其他人干瞪眼呢？李嘉诚做了一个周密的计划。

他先是通过各种渠道多方打听，获悉地铁兴建经费不足。而地铁公司的意向是：用部分现金、部分地铁股票支付购地款。香港地区政府坚持要全部用现金支付。于是眼前一亮的李嘉诚立刻意识到，只要以全部现金的条件去接触地铁公司，胜利必然在望。而彼时置地定会以自己的老大地位难以撼动而高姿态强势出马，只能引起反感，坐失良机。

因此，李嘉诚找到了作为支点的"四两"：第一，满足地铁公司急需现金的需求，由长江实业公司一方提供现金做建筑费；第二，商厦建成后全部出售，利益由地铁公司与长江实业共同分享，并打破对半开的惯例，地铁公司占51%，长江实业占49%。

在双方的对局中，要善于观察形势，抓住解决问题的关键环节。关键

环节找到了，从容发力，可以收事半功倍之效。李嘉诚就是利用了这一点，他的巧妙筹划收到了立竿见影的效果。

四两拨千斤源自太极拳《打手歌》："任他巨力来打我，牵动四两拨千斤。"所谓顺势借力，以小力胜大力。其不但在现在常用，在古代亦是应用频繁，克敌无数。

西汉初年，刘邦的军队被匈奴大军包围在白登山，欲退无路，欲战不能胜，形势十分危急。最后，陈平不费一兵一卒，只是"搞定"了一个女人，就巧妙地解了汉军之围。当时，匈奴仍不断侵扰北方边境。刚刚做了皇帝不久的刘邦决心一劳永逸地解决匈奴问题。公元前200年，匈奴单于冒顿率师南下，刘邦亲率30万大军迎战，不想在白登山（今山西大同东北）中了匈奴兵的埋伏，被30万匈奴骑兵包围。当时，匈奴兵的阵势十分壮观，战阵的东面是一色的青马，西面是一色的白马，北面是一色的黑马，南面是一色的红马，气势逼人。刘邦在白登山被围了七天，救兵被阻，突围不成，又值严冬，粮断炊绝，许多士兵的手指都冻掉了。刘邦焦急万分。双方力量相差悬殊，硬拼是不可能成功的，而对手又是死敌，没有商谈的余地。真是一个板上钉钉的死局啊。可是，办法总是有的。

正在这危难之际，刘邦手下大臣陈平想到一个妙计，他派使求见冒顿单于的阏氏，给她送去一份厚礼，其中有一张洁白的狐狸皮，并对阏氏讲，如果单于继续围困，汉朝将送最美的美女给单于，那时你将失宠。同时，陈平又令人制造了一些形似美女的木偶，装上机关使其跳舞。阏氏远远望去，见许多美女舞姿婆娑、楚楚动人，担心汉朝真的送美女来，于是，她说服单于放开了一个缺口，刘邦趁机冲出重围。这就是历史上的"白登之围"。

陈平的巧妙筹划就在于其抓住了一个最有力的支点——阏氏。自古英雄难过美人关，一向精明的单于被蛊惑似乎也不在话下了。

阿基米德说过，"给我一个支点，我可以撑起一个地球"。一个人的力量是弱小的，要想四两拨千斤必须借用别人的力量作为成功的支点，才能让自己变得强大，才有改造世界成就未来的动力。善用外力的人往往最先得到胜利。善于借支点以拨千斤，如此成功亦不是难事。

李嘉诚正是懂得这个道理，才能在商场中游刃有余。

化敌为友，为己所用

多一个朋友就会多一条路，无论什么身份的人都希望自己能够有贵人相助，在关键时刻遇上熟人提携。胡雪岩说的"花花轿子要人抬"就是这个道理。多一个朋友，就少一个陌生人，有时候甚至是少一个敌人。但是有时候难免与人结仇，这时候，要学一学《资治通鉴》第二卷中的蜀汉大将蒋琬。

蒋琬做大司马时，他与杨戏谈论，杨戏有时不应答。有人就对蒋琬说："您与杨戏说话而他不应答，他太傲慢了！"蒋琬说："人的内心不同，各自像人的面孔一样。当面顺从，背后说相反的话，这是古人的告诫。杨戏想要赞许我对呢，那么不是他的本心；想要反对我的话，那么宣扬了我的错误。所以他沉默不语，这是杨戏为人直爽呀。"

杨敏曾经说蒋琬办事糊涂，不如前人，有人把这话告诉了蒋琬，蒋琬说："我实在不如前人，没有什么可追究的。"后来杨敏因事犯罪拘囚狱中，大家还担心他一定会死，而蒋琬内心没有厚薄，杨敏得以免掉了重罪。

虽然蒋琬没有很快将杨戏和杨敏两人争取为自己的密友，但他既往不咎、不责人过的做法，为他接过诸葛亮的交接棒管理蜀汉赢得了很多人脉。在很多人只服诸葛亮的时期，这本身就达到了化敌为友的目的。

蒋琬的深明大义的做法为自己赢得了战友，李嘉诚虽然没有过像蒋琬这样的举动，但是，在李嘉诚经商的过程中，他也是个十分善于借势的人，不论是好的势头还是坏的势头，李嘉诚都可以应对得当。

李嘉诚的成功让很多人羡慕，同时也让很多人嫉妒。嫉妒李嘉诚的对手，为了达到打压他的目的，将拍摄到的长江厂破旧不堪的厂房照片刊登在了报纸上。他们用照片向人们说明李嘉诚的长江厂规模很小，而且很不正规，让顾客对其失去信心。

李嘉诚并没有被这种不正当的手段击倒。他反而利用对手拍下的照片，四处去走访香港百家代销商。李嘉诚坦言自己创业初期，厂房的确比较破旧，但丝毫不影响产品的质量，李嘉诚的坦诚，和对手的险恶形成了鲜明的对比。最终，李嘉诚赢得了代销商的信任，他们钦佩李嘉诚敢于将弱点示人，李嘉诚的这种魄力使得代销商们纷纷订货。

很快，李嘉诚的生意红火起来。对手们采用恶劣的招数并没有影响到李嘉诚的事业，反而为李嘉诚的事业做出了贡献。

李嘉诚经过艰辛奋斗，在强手如林的商业界站稳脚跟，并一一击败对手，终于发展成为商界第一号人物，以上所讲的正是他化敌为友的典范。对手本想搞垮李嘉诚，却被李嘉诚巧妙地将这些恶意宣传当作为自己做了一次实惠的广告。

李嘉诚的过人之处就在于：他既消除了竞争对手，又没有过分树敌，而且还成就了自己，使得自己成为了最后真正的赢家。这种超越常人的谋略，让人叹为观止。

将对手的招数化作自己的招数，借着对手，除去自己路前的障碍，这是借势中的真功夫。但是也要注意，一般说来，谁是化解干戈的主动者，谁就会在日后的结交中占据主动的位置。就像蒋琬和李嘉诚一样，在精神上，主动者就是领袖，而被动者是下属。

所以要把握好"铸剑为犁"的时机，尽量不要让对方先占了时机。因为只有自己占据先机，才能令这化敌为友之招发挥效用。

借别人的钱赚钱

西方商业界有句名言："只有傻瓜才拿自己的钱发财。"
美国有位亿万富翁说："别人的钱是我成功的钥匙。"

李嘉诚有句名言："尽量用别人的钱赚钱。"

把别人的钱和别人的努力结合起来，再加上自己的梦想和一套行之有效的方法，成功就在眼前。

李嘉诚为了获得更多的资金，除招股集资之外，他还努力取得银行的支持。为此，他需要想办法与汇丰银行处理好关系。香港经济界人士常说："谁攀上了汇丰银行，谁就攀上了财神爷；谁攀上了汇丰大班（大班是指香港大机构的主席、董事总经理或行政总裁），谁就攀上了汇丰银行。"

这话一点也不夸张，说起汇丰银行，在香港几乎家喻户晓，当时所有的港币全部由汇丰银行发行。汇丰一直奉行所有权与管理权分离的原则，管理权一直由英籍董事长掌控。当时的汇丰集团董事局常务副主席是沈弼。李嘉诚寻求与汇丰合作发展华人行大厦，正是与沈弼接洽的，两人还由此建立了友谊。

在香港，经汇丰扶植成为富商巨贾的人不计其数。20 世纪 60 年代，刚入航运界不久的包玉刚，靠汇丰银行提供的无限额贷款，成为人所共知的"世界船王"；李嘉诚取得汇丰银行的信任，建立了合作关系，发展旧华人行地盘，业界莫不惊讶于李嘉诚"高超的外交手腕"。后来，他也正是在汇丰银行大佬的鼎力资助下，成为"香港地王"的。借汇丰的钱扩大自己的实力，这种借势真可谓不费吹灰之力。

借别人的钱，为自己挣钱，这样既省力气，还能够获得大利润的方式，是许多商人都乐于采用的。

美国也有这样的例子。阿克森是位亿万富翁，他的事业也是靠借钱做起来的。

阿克森原是一位犹太律师。有一天，他突发奇想，觉得借用银行的钱可以赚大钱，于是他很快找到一家银行的借贷部经理，说要借一笔钱修缮律师事务所。由于他在银行里人头熟、关系广，因此当他走出银行大门的时候，手里已经有了 1 万美元的支票。阿克森一走出这家银行，紧接着又进了另一家银行，在那里，他存进了刚才借到手的 1 万美元。这一切总共才花费了 1 个小时。看看天色还早，阿克森又走进两家银行，重复了刚才发生的那一幕。这两笔共 2 万美元的借款利息，用他的存款利息偿还，大体上也差不了多少。几个月后，阿克森就把存款取出来还债。此后，阿克森在更多的银行进行这种短期借贷和提前还债的做法，而且数额越来越大。不到一年光景，阿克森的银行信用已经"十足可靠"，凭他的一张签条，就能借到 10 万美元，他用贷来的钱买下了费城一家濒临倒闭的公司。几年后，阿克森成了费城一家出版公司的大老板，拥有 15 亿美元的资产。

没有之前的铺垫，阿克森就不能拿到银行的 10 万美元借款，买下一家自己心仪的公司，成就以后的辉煌。富翁们都明白，不能仅凭空空两手打拼天下，费时费力，结果也未必如意。只有审时度势地借钱，才能在关键时刻加足马力追赶财富的身影。

银行的主要业务是放款，把钱借给诚信的人，赚取利息；借出愈多，获利愈大。汇丰银行正是看准了李嘉诚的诚信和才干才敢放手一搏的。

用别人的钱为自己赚钱，是许多成功人士走向致富的方法。威廉·尼克松总结了许多百万富翁的经验说："百万富翁几乎都是负债累累。"银行是诚信的人的朋友，通过放款赚取利息；借出愈多，获利愈大。

当然，"用别人的钱"的方式应该是正当、诚实的，绝不能违背道德良知。只有在合适的契机借势，才能真正做到用别人的钱为自己做灶火，把自己的企业烧得越来越旺。

在中国，有个人叫汪来进，他就是凭着借钱贷款成为远近闻名的"核桃大王"。

故事从一场大火说起。汪来进本来有一家建材门市，因为一场大火化为灰烬，损失近 50 万元。后来他看中了村里山上的核桃，觉得这是个发财之道，就转手收购核桃，果然小赚一笔。但是在一次给外地客户送货的时候，他的 7000 千克核桃全被骗走，几年的心血没有了。就在汪来进无比消沉的时候，县核桃厂厂长跟他说杭州等地的核桃市场很值得一做。经过深思熟虑，汪来进决定办厂，他大胆向信用社贷款 12 万元，买设备、进材料，经过几个月的努力初见成效，2004 年他的核桃销售额 500 万元，现在的销售额已超过 1000 万元。

汪来进在最困难的时候向银行借钱，最终成就自己，这是他从一贫如洗到成为富翁的关键原因。试想一下，如果当初因为缺乏资金放弃办厂的念头，他就不会"一雪前耻"，改变贫穷的面貌，汪来进就会一直被贫困压迫，长久翻不了身。创业初期缺乏资金并不可怕，可怕的是不懂得借钱。借钱并不丢人，而是掌控大局看清未来的明智之举。"借"是解燃眉之急的最佳办法，不借才会葬送自己。

穷不能打动别人，也不是别人借钱给你的理由，只有让别人觉得你迟早能还给他，他才会借钱给你，学会了这个小窍门，财富或许来得更快。借钱并不是丢脸的事情，只要能够让借来的钱用得其所，如李嘉诚那样，发挥其应有的效用。

借壳上市，省时省力又省财

胡雪岩曾说过，一个生意人既要懂得如何筹措资金，更要学会如何去使用资金。我们可以引申为，一个生意人既要懂得如何使用资金，更要懂得如何去借壳上市。

以钱生钱，这是很多商人都能做到的，可是在有钱却没有时间的情况下，我们该怎么办呢？答案很简单，借壳借资质，借鸡下蛋。移花接木，借鸡下蛋，就只有大智慧的人才能够做到。

胡雪岩办钱庄用的就是借鸡下蛋这一招，他挪用公款，作为自己的流动资金，维系了钱庄的运营。当然，在古代是可以公款做借贷的，如果现代人也采用同样的策略，势必会触犯法律。但是胡雪岩借鸡下蛋，以智生财的谋略，值得现代人学习。

李嘉诚在 20 世纪 90 年代的时候，迎来了事业的高峰期，他推出的大型屋村先后竣工，利润滚滚而来，挡也挡不住。他在进军海外市场的时候，也没有放弃在香港的事业，但是事情往往难以两头兼顾，李嘉诚为了稳住势头，不让楼市被他人占据，便于1990年起，与中资中信、首钢联手合作，借壳上市，新组中信泰富、首长国际两间上市公司。

所谓借壳上市，其实是一个股市术语。就是说一家公司上市，原则上需要5年以上的经营实绩，按正式手续在交易所上市，需花费相当的人力、财力和时间。很多急于上市的公司无法等待，便通过收购他人的小型上市公司，以实现自己上市的目的。

但他们收购的这些小型上市公司资产和营业额都极少，就像一个"空壳"一样，所以，买家不需要很多资金就可以收购。李嘉诚正是通过这样的方法，成功上市，还没有花费太多的资金。

其实，很多公司在壮大自己的过程中，都会选用借鸡下蛋、借壳发展的方法。例如，有的公司在海外上市，就是在替自己融资，突破资金方面的瓶颈。

有道是："造船不如买船，买船不如借船。"很多精明的温商在创业之初，都是白手起家，凭借的就是"借船出海""借鸡下蛋"的生财良方。在温商看来，善于借外力的人总是能成功借别人的力量、金钱、智慧、名望甚至社会关系，用以扩充自己的大脑，延伸自己的手脚，提高赚钱能力。正所谓借他人之光照亮自己的"钱"程。

一个穷人到富人家里讨饭。他先要求在富人家的火炉上烤干衣服，仆人认为这不需要花费什么，就答应了。在烤衣服的过程中，穷人又请求厨娘给他一口锅，好煮一锅"石头汤"喝。厨娘从来没有听说过石头可以煮汤，就好奇地答应了。在煮"石头汤"的过程中，穷人请厨娘为这锅汤加了些作料，有油、盐、豌豆、薄荷、香菜、肉末。最后穷人将石头扔到了外面，将肉汤美美地喝到了肚里。这个故事可以给人很多启迪。从某种意义上说，这个穷人就是社会资源的组织者，聪明的巧借，使得"石头汤"成了美味的肉汤，喝进肚里，得以充饥。在商场中，谁能做一个聪明的社会资源利用者，谁就能喝到那碗美味的"石头汤"。

世人眼中所谓生意的成功，并不是只顾实行自己的构想，而是巧妙地运用他人的智慧和金钱，以创造另一番事业。中国有句俗话说"吃不穷，穿不穷，用不穷，不会算计一世穷"。在温州人看来，一个人能否真正成为财富的主人，关键不在于他眼下拥有多少资本，而是在于他是否拥有运作的能力。一个善于赚钱的人，应该是懂得"以钱生钱，以小钱生大钱"的人，是懂得财富倍增原理的人。

所以，当我们自己的力量还不够强大时，最好找棵大树来乘凉，用他人的影响力，来帮助我们做事。善于借助别人的力量，让弱小的自己变得强大，让强大的自己变得更加强大，可以使自己的成功更持久。

审时度势，捕捉机会最重要

看清形势，等待时机，抓住合适的机遇是成功的关键，商人经商，也要讲究这样的计策，不然白白让机会浪费，那就太可惜了。正如梭罗说过的那样："生命很快就过去了，一个时机从不会出现两次，必须当机立断，不然就永远别要。"

能否抓住机遇是一个人平庸或者卓越的分水岭。决定一个人成败的不是才华，也不是性格，而是他是否有善于抓住机遇的能力。

李嘉诚就是一个善于捕捉机会的人，1966 年年末，香港房地产业从近两年的低迷状态中开始复苏。但随之而来的却是一件又一件不好的事情。局势的突变，令香港人心惶惶，老百姓都不能安心好好地过日子。人们担心战争再度爆发，会殃及自己，为了避免受到波及，香港许多人开始移民，发生了第二次世界大战后第一次大移民潮。

能够移民的人自然大多都是有钱有势的人，他们纷纷贱价抛售物业。这样一来，刚刚有了复苏苗头的楼市，再次沉入谷底。新建成的楼房无人问津，整个地产业陷入僵局，房地产市场卖多买少，有价无市。地产商、建筑商焦头烂额，一筹莫展。

这个时候，李嘉诚在观察时势，经过深思熟虑之后，做出了一个惊人的举动，便是将楼市人弃我取，趁低吸纳。李嘉诚在整个大势中逆流而行。

虽然从表面上看，他的举动很不符合常理，但实际上仔细分析，可以看出李嘉诚这样做其实是很有道理的。

李嘉诚能够冷静地分析局势，认为战争不会轻易打响，那么，既然如此，楼市还是有复苏的可能性。所以他做出"人弃我取，趁低吸纳"的历史性战略决策，并且将此看作是千载难逢的拓展机会。

结果李嘉诚不负己望，到了1970年，香港百业复兴，地产市道转旺，李嘉诚一举成了这场房产大地震的赢家。

善于把握事态发展变化的局势，抓住有利的时机，是成事的必需条件。商机往往和危机连在一起。每个进取者都希望求取势能，只有那些乘势敢为，通过自身的努力，谋求发展的人，才能成就大业。

公元208年，秦将章邯率军攻打赵国巨鹿。赵王歇向楚国求救。楚怀王任命宋义为上将军，项羽为次将军，率军去营救赵国。楚军到达安阳后，宋义畏缩不前，驻留此地长达46天之久。项羽劝说宋义立即攻秦救赵，被宋义拒绝了。当时天寒多雨，将士挨冻受饿，痛苦不堪。而宋义却亲自跑到无盐大摆宴席，为自己的儿子到齐国做相送行，并借机扩展个人势力。

乘宋义离开之际，项羽鼓动将士们说："我们奉命攻打秦军，救援赵国，现在却留在这里不能前进。这里遇到灾荒，将士只能吃个半饱，军中存粮也不多。上将军对此丝毫不放在心上，只顾饮酒作乐，根本没想到要率军去赵国征粮，并与赵军合力抗秦，反而美其名曰'等待秦军疲惫之机再打'。如果强大的秦国攻击刚刚复国不久的赵国，必然能把赵国灭掉。赵国灭掉之后，秦军只会更加强大，根本无机可乘。况且我军刚刚在定陶吃了大败仗，大王正坐卧不安，将全军交给上将军指挥。朝廷安危，就在此一举了。不料上将军却如此不爱惜将士，只顾徇私，这样的人怎么能做社稷之臣！"

项羽的话立刻在全军中引起共鸣。当宋义返回安阳时，项羽乘机将其杀死，然后号令全军，说道："宋义与齐国密谋反楚，楚王命令我将其杀死！"将士上下无不服从。消息传回国内，楚怀王只好正式任命项羽为上将军去营救赵国。此后，项羽破釜沉舟，九战九捷，歼灭了秦军主力，解除了巨鹿之围。

项羽审时度势，把握住了时机。既杀了宋义，夺取了兵权，又歼灭了秦军，解除了巨鹿之围，可谓一箭双雕。

其实，捕获机会，见机而动，这个道理并不难理解，但许多人却令人遗憾地失去了成功的机会。失机的原因恐怕体现在两个环节上，一个是识机，一个是择机。时机来到，有的人能及时发现，有的人却视而不见，有的人虽然有所发现，但认识不清，把握不准。对机会的认识决定了对机会的选择。

不能识机，也就无所谓择机，识机不深不明，便会在选择上犹豫徘徊，左顾右盼，不能当机立断，最终错失良机。因此，必须养成审时度势的习惯，随时把握客观形势。透过现象，发现本质，方能及时抓住时机。

巧借局势"东风"，顺流行船

富兰克林说："聪明人在他的举动未被证明为成功之前，他的言行总会被绝大多数并不聪明的人嘲笑。"的确如此，机遇对每个人都是一样的，如果你没有捕捉到，让机遇白白溜走，那就是你的损失了。能否抓住机遇，关键是看你是否具有准确的判断力、坚定的信念和果断的决策。

李嘉诚是一个善于捕捉机遇的人，虽然他在塑胶公司步步高升，前途光明，但他并没有满足于现状，就此止步。他有着更大的雄心和抱负。

他的信心已经被激发出来，他要做的是更广阔的天地，他觉得这个世界在他面前已经小了许多，李嘉诚决定辞职，开始创业。决定创业的李嘉诚并没有盲目选择项目，而是对时势进行了一个精准的判断之后，才着手进行创业的。

1950 年夏，李嘉诚在筲箕湾创立长江塑胶厂。之所以选择塑胶产业，是当时的西方国家对中国进行经济封锁，香港物资匮乏，经济出现了低迷，为了调整香港的经济，当时的政府及时调整产业政策，使香港经济由转口贸易型转向加工贸易型。

一时之间，加工业兴起，塑胶、玩具、日用五金、手表装嵌等众多行业相继崛起，而李嘉诚选择塑胶，是出于两种考虑，一是他在塑胶公司积累了充足的全盘经营塑胶厂的经验。二是塑胶业在当时世界上尚属新兴产业，发展前景十分广阔。

在这两点的考虑下，李嘉诚开始创业之路。事实很快证明，李嘉诚是一个善于把握时局，抓紧机会的人。加工业相对其他产业比较容易做，投资少、见效快，适宜小业主经营。而且塑胶原料从欧、美、日进口，产品既可在本地市场销售，还可以扩展到海外，销售渠道很宽广，是一个有潜力的产业。

李嘉诚借着整体局势的"东风"，找到了一条属于自己的道路，并且还越走越宽广。

1973 年，英国利物浦市一个叫科莱特的青年，考入了美国哈佛大学，常和他坐在一起听课的是一位 18 岁的美国小伙子。大学二年级那年，这位小伙子和科莱特商议一起退学，去开发 32Bit 财务软件，因为新编教科书中已解决了进位制路径转换问题。

当时，科莱特感到非常惊诧，因为他来这儿是求学的，不是来闹着玩的。再说对 Bit 系统，墨尔斯博士才教了点皮毛，要开发 Bit 财务软件，不学完大学的全部课程是不可能的。他委婉地拒绝了那位小伙子的邀请。

10 年后，科莱特成为哈佛大学计算机系 Bit 方面的博士研究生，那位退学的小伙子也是在这一年，进入了美国《福布斯》杂志亿万富豪排行榜。

1992 年，科莱特继续攻读，读到了博士后；那位美国小伙子的个人资产，在这一年则仅次于华尔街大亨巴菲特，达到 65 亿美元，成为美国第二富豪。1995 年科莱特认为自己已具备了足够的学识，可以研究和开发 32Bit 财务软件了，而那位小伙子则已绕过 Bit 系统，开发出新的财务软件——Eip，它比 Bit 快 1500 倍，在两周内就占领了全球市场。

这一年，小伙子成了世界首富，一个代表着成功和财富的名字——比尔·盖茨也随之传遍全球的每一个角落。

强者之所以强，就在于他能看准时机，勇于借东风，而不会坐以待毙。李嘉诚和比尔·盖茨的成功，并不是因为他们比别人更聪明，而是因为他们能够把握到"风向"，随着风向而行，这样就比有些逆风而行的人前行得更快、更巧。

李嘉诚启示录

李嘉诚如是说

到目前为止，我似乎没有大的错误，每次做决定前也做好准备，例如橙（Orange）这历史上最大的交易，我事前不认识对方，亦从未见面，只听过他的名字，那次对方只有数小时逗留在香港洽谈，因我事先已熟悉 cellular telephone（移动电话）的前途及做好准备，向对方清楚表达，所以很快便可做决定。我虽然是做最后决策的人，但事前一定听取很多方面的意见，当作决定及执行时必定很快。可见时间的分配、消除压力要靠组织来配合。

在事业上谋求成功，没有什么绝对的公式。但如果能依赖某些原则的话，能将成功的希望提高很多。

从前经商，只要有些计谋，敏捷迅速，就可以成功；可现在的企业家，还必须要有相当丰富的资本、资产，对于国内外的地理、风俗、人情、市场调查、会计统计等都非常熟悉不可。

不敢说一定没有命运，但假如一件事在天时、地利、人和等方面皆相背时，那肯定是不会成功的。若我们贸然去做，至失败时便埋怨命运，这是不对的。

　　这其实是掌握市场周期起伏的时机，并还有顾及与国际经济、政治、民生一些有关的各种因素，如地产的兴旺供求周期已达到顶峰时，几乎无可避免可能会下跌；又因为工业的基地转移、必须思考要增加的投资、对什么技术需求最大等的决定，因应不同的项目找出最快达到商业目标的途径，事前都需要经过精细严谨的研究调查。

第18堂课

投资智慧——找准切入点，演绎投资神话

细节决定大事的成败

有道是"治大国若烹小鲜"，小事成就大事，细节决定成败，一切伟大的事业都是从大处着眼、小处着手的。很多时候成功不是取决于有多么高的智商，而是取决于我们有没有做好一件件小事。

在李嘉诚的一生中，绝大多数决策都与细节有关。他能够从小事中看到大趋势的发展，也能从一件小事的变动中，找到一些不可逆转的原因，从而为企业的发展及时拟定策略。

做企业的人，如果没有宏观的眼光，是无法将企业做大的。但同样，如果没有关注细节的眼光，也是无法把企业做起来的。李嘉诚的故事告诉我们，细节往往是决定大事成败的关键。下面这个故事，就是因为忽视了细节问题而失败的。

当宝洁公司刚开始推出汰渍洗衣粉时，市场占有率和销售额以惊人的速度飙升。可是没过多久，这种强劲的增长势头就逐渐减缓了。宝洁公司的销售人员非常纳闷，虽然进行了大量的市场调查，但一直找不到销量停滞不前的原因。

于是，宝洁公司召集很多消费者开了一次产品座谈会，会上，有一位消费者说出了汰渍洗衣粉销量下滑的关键，他抱怨说："汰渍洗衣粉的用

量太大。"

宝洁的领导忙追问缘由，这位消费者说："你看看你们的广告，倒洗衣粉要倒那么长时间，衣服确实洗得干净，但要用那么多洗衣粉，计算起来很不划算。"

听完这番话，销售经理赶快把广告找来，算了一下展示产品部分中倒洗衣粉的时间，一共 3 秒钟，而其他品牌的洗衣粉广告中倒洗衣粉的时间仅为 1.5 秒。

就是在广告上这么细小的疏忽，对汰渍洗衣粉的销售和品牌形象居然造成了严重的伤害。这是一个细节制胜的时代，对于自己的工作无论大小，都要了解得非常透彻，数据应该非常准确，事件也应该非常真实，这样才能脚踏实地完成宏伟的目标。

"差之毫厘，谬以千里"，有时细节关键到足以致命。所谓的小事情因其小而被人们忽略了，然而它却造成了大难题，常常会给人们带来大麻烦。因此，无论做什么事情，千万不可忽视细节的存在，否则就有可能付出极其惨重的代价。其实，细节是一种创造，也是一种征兆，从中可以看出一个人的命运去向和事情的成败。一些明智的人善于从小事情做起，从而使自己的命运得到彻底的改观。

什么是不简单，就是做好每一件简单的事情；什么是不平凡，就是做好每一件平凡的事情。只有注重细节变通、留心细节的人，才能构筑理想的大厦，走向成功的殿堂。

小事成就大事，细节成就完美。细节就像每一根树根，每一片树叶。没有根，没有叶，何为大树？在竞争日益激烈的今天，任何细微的东西都可能成为成大事或者乱大谋的决定性因素。不要让细节成为身体里的那个"癌细胞"，不要让细节成为粥锅里的一粒老鼠屎，不要让细节成为成功路上的一块绊脚石。从细小处着手，致力于从细小处创新，才能达到预期的效果。

长线投资要有绝对的竞争意识

成功的商人都有很好的投资意识，李嘉诚的投资策略是十分大胆和进取的，而且他对长线投资更是颇有心得和经验。他在全球 3G 的投资，就是长期的投入。1999 年，李嘉诚卖掉了 2G 业务两个月后，便开始部署 3G 业务。

3G 业务可以代表电信的发展方向，前景十分广阔，但是要想做好这项业务，则需要十分的耐心和毅力。李嘉诚做好了打持久战的准备，他采取了周详细致的行动，很快就取得了成功，3G 业务在欧洲掀起了热潮。

3G 成功后，李嘉诚有一次在接受访问时，发表了他对于长线投资的看法，他认为长线投资是可以让投资更上一层楼的。长线投资能够让企业的业务发展持续性更长，而且还能挖掘出企业更大的潜力来。

"1999 年，我们以 317 亿美元的价格售出橙（Orange）公司的 2G 业务。我们预计全球 3G 业务的总成本不会超过 144 亿美元，其中包括执照费、设备费、利息以及创建消费者群体的费用。假设这两项业务拥有相同数量的客户群，如果要让我在二者之间做出选择，我会选择 3G，因为它的发展潜力更大。"

李嘉诚的这段话表明了他对长线投资持有的肯定态度。而长线投资之所以能够在李嘉诚的操作下，将 3G 业务运营成功，很大一部分原因则是因为李嘉诚有着绝对的竞争意识。有人的地方就有竞争，更不用说瞬息万变的商场了。

商场如战场，人们在商场中彼此相处，有合作，也有竞争。

竞争是多维心理结构的协同活动：为了获得成就的需要而参加竞争；有争取优异成绩和获胜的明确的奋斗目标；参与竞争的双方成就高低是在同对方比较中显现的，出于自尊和荣誉，竞争者都肩负着压力；竞争者有决心去克服困难，争取胜利。

由于多种心理活动的协同活动，使参与竞争者精神饱满、斗志昂扬、富有成效地完成任务。可以说，竞争是人类社会向前发展和个人成长的推动力量。

竞争有利于提高工作效率和学习成绩，增强智力和操作能力。在竞争的过程中也能培养良好的人格品质。列宁在谈到竞赛对人格品质形成的作用时说，竞赛"在相当广阔的范围内培植进取心、毅力、大胆和首创精神"。

与李嘉诚有同样投资眼光和竞争意识的，还有创立了世界上最大的比萨饼外卖公司的莫纳汉。他拒绝出售三明治或任何其他产品，以防止店铺的经理分心，保证实现用最快时间送出最美味比萨饼的主要目标。这种策略终于成功了，他成了美国的大富豪，成为一名世界级的企业家。

莫纳汉在1986年出版的自传《比萨虎》一书中说："我决心获胜，决心使我们公司的业绩更上一层楼并击败竞争对手。"无论是优秀的政治家，还是成功的企业家，这种态度是普遍存在的。心理学的研究证实，企业家的竞争意识一般都比较强烈，无论是在工作中还是在游戏里，他们都热衷于竞争。

汤姆·莫纳汉是一位勇于竞争的创新者，他用竞争描述他的童年生活。他说："我玩拼图玩具最出色，打乒乓球最出色，扔石头弹子最出色。在每一项集体运动中，我都是出类拔萃的。"一些有识之士认为，企业家在工作中和游戏时的行为没有什么两样。

1989年，莫纳汉曾打算出售多米诺比萨饼公司，退休从事慈善事业并过悠闲的生活。当无人愿意购买他的公司，他不得不重新埋头于企业时，他声称自己"重新参加比萨饼大战"。

汤姆·莫纳汉喜欢竞争，但必须是公平的竞争。他说："生活和工作的真正意旨是参与超越他人的长期战斗……可在我看来，除非你严格地按照规则行事，否则，即使在企业经营上获得成就也毫无意义。"

莫纳汉相信迅速送货上门。多米诺比萨饼公司的成功是莫纳汉勇于竞争、善于竞争的结果，也是他不懈地坚持和努力的结果。更是他坚持长线投资，不为蝇头小利所动，而敢于坚持自己梦想，看准市场后就坚持走下去的结果。

不论是莫纳汉的成功，还是李嘉诚的成功，他们的例子都告诉我们，做任何事情，都要有耐心和远见，正如李嘉诚所言："把热水烧开也需要时间。"所以，长线投资不能操之过急，只要孜孜不倦地保持追求，便会成为一流的企业家和创新预见者。

人弃我取，果断投资

任何事物的发展都不是一条直线，聪明人能看到直中之曲和曲中之直，并不失时机地把握事物迂回发展的规律，通过迂回应变，达到既定的目标。如果只按照一条路线行进，而不会"绕道而行"，最后只能搞得筋疲力尽，劳累不堪。

李嘉诚就从不会这样做，他是个商人，自然懂得经商之道的多变性和通融性，李嘉诚曾经说过一句话："要永远相信，当所有人都冲进去的时候，赶紧出来，所有人都不玩儿了，再冲进去。"

正是因为有着如此清醒的头脑，李嘉诚才可以在商界叱咤风云几十年，并一直不断开拓。在塑胶花的领域中，李嘉诚可谓是捷足先登，他有着"塑胶花大王"的美誉，李嘉诚的事业在这块领域达到巅峰。

如果换作其他人，必然会考虑成就全球霸业，继续深入发展。但李嘉诚明白，世间所有事情，一旦到了巅峰，无法再有上升的地步，必然会走入下坡路。塑胶花虽然成功了，为他开拓出了数以千万的资金，但是塑胶花不过是他积累资本的手段。真正的事业，还在前方等待着他。

为了寻求新的发展和突破，李嘉诚并没有像有些商人那样，只是盲目地看重热点就开始奋进。他选择了观察，他要选择的行业并不一定是当时的热点，但一定是有发展潜力和适合自己的。

很快，在李嘉诚的长期深思熟虑和周密部署下，他决定挺进地产业。这是一个在当时的人们看来很冒险和难以理解的举动。

在李嘉诚那个时代，房地产还远远没有发展壮大起来，许多富商都不看好这项事业。不过，李嘉诚却有自己独到的见解。他看到了当时的香港长期闹房子饥荒，房屋的增长数量远远跟不上需求量，这一点让李嘉诚坚信，房地产的前景是很可观的。

而最终的事实也证明了，李嘉诚独到的市场眼光和商业手腕，他在1958年，于最繁华的工业区北角购买了一块地，修建了一幢12层的工业大厦，从此，李嘉诚进军地产业的锣鼓正式敲响了，并且一发不可收。

李嘉诚的成功就在于他能够看到别人看不到的机会。人人都看着那些热门、摆在明处的优势，却忽视了隐藏起来的商机。而恰恰是这些被人们忽视掉的商机，往往蕴含了巨大的商业利润。

俗话说："变则通，通则久！"在一些暂时没有办法解决的事情面前，我们应该学着变通，不能死钻牛角尖，此路不通就换另一条路。有更好的机会就赶快抓住，不能一条路走到黑，生活不是一成不变的，有时候我们转过身，就会发现，原来我们身后也藏着机遇，只是当时我们赶路太急，忽略了那些美好的事物。

"人弃我取，学着变通"并不只是一句书面话，应用在商场里也非常厉害，有着扭转乾坤之势。当从事的行业，已经看不到任何发展前景的时候，就算是这个行业有着再丰厚的利润，也要及时抽身。因为看不到前景就意味着这个行业已经失去了发展的活力，再做下去，只有死路一条。

就好像两只蚂蚁的故事：有两只蚂蚁想翻越一段墙，寻找墙那头的食物。一只蚂蚁来到墙脚毫不犹豫地向上爬去，可是每当它爬到大半时，就会由于劳累和疲倦而跌落下来。可是它不气馁，一次次跌下来，又迅速地调整一下自己，重新开始向上爬去。

而另一只蚂蚁则是先观察了一下周围的环境，然后从不远处的地方绕过墙去。很快地，这只蚂蚁绕过来到食物前，开始享受起来，而另外一只还在"坚持不懈"地向上爬。

李嘉诚就像那只绕道的蚂蚁，他冷静清醒地观察了形势，从而再做出判断，他在茫茫的商海中，随机应变，找准切入点，果断投资，最终走出了一条属于自己的道路。这就是审时度势，及时做出合理判断的重要性。

找准投资的最佳切入点

在股市中，投资家与投机家的区别在于：投资家看好有潜质的股票，进行长线投资，既可趁高抛出，又可坐享常年红利，股息虽不会高，但它持久稳定；投机家热衷短线投资，借暴涨暴跌之势，炒股牟取暴利，自然会有人一夜暴富，更有人一朝破产。在香港有许多曾经显赫一时的商贾大亨，就是在股海翻船，将多年心血顷刻间化为乌有。只有投资家才能在股市中长时间盈利。

在商场中也是如此，投资的能力关键点就在于找准市场投资最佳的切入点。就好像一只猎豹一直潜伏不动，当它等到猎物走到最利于它捕捉的位置时，便以迅雷不及掩耳之势将猎物捕捉到。这种能力是投资高手所具备的。

李嘉诚在投资中一向也是奉行这样的原则的，他一向都是在正确的时候做正确的事情。

二十世纪八九十年代，谁在香港拥有了实有产业，谁就拥有了打开财富大门的钥匙。

当时的政策是限制新地进行房地产开发的，李嘉诚一面和其他地产商一样，继续维持高房产价格，一面观察市场，寻找其他的投资机会。结果他发现，做集装箱港口生意比做房地产更合时宜，他便开始转向投资集装箱生意。

后来，李嘉诚对于何时出击海外、何时转战新领域，都做出了正确的决策。李嘉诚每次决定投资，都选择最佳的时机，找准投资的最佳切入点，因此他的投资便每每都是胜利的。

下面这个故事中的老板也有着敏锐的商业眼光，他同样能够发现市场的空隙，做出正确的选择。

一家在市中心开业好几年的理发店，因为理发师手艺不错、价格公道，

已经有了大批老顾客常去光顾了，店内生意红火，理发师通常都不休息，这样下来，理发店每个月的利润相当可观。

但是因为理发店的地方太小，很多前来理发的顾客因为等得不耐烦而只能去别家理发，这样老板就失去了一批潜在客户。

老板想要解决这个问题，便是开一家分店，可是他此时手里的流动资金不够，开分店要花费很多，通过几日的冥思苦想，他终于想到一个方法可以筹措到开分店的钱。

平时很多熟客要求理发店给他们打折、优惠，自己平时给他们都是打9折优惠，这次他要推出新的方式，就是推出 10 次卡和 20 次卡：一次性预收客户 10 次理发的钱，对购买 10 次卡的客户给予 8 折优惠；一次性预收客户 20 次的钱，给予 7 折优惠。

对于客户来讲，如果不购理发卡，一次剪发要 40 元，如果购买 10 次卡（一次性支付 320 元，即 10 次 ×40 元／次 ×0.8=320 元），平均每次只要 32 元，10 次剪发可以省下 80 元；如果购买 20 次卡（一次性支付 560 元，即 20 次 ×40 元／次 ×0.7=560 元），平均每次理发只要 28 元，20 次剪发可以省下 240 元。

通过这种优惠让利活动，吸引了许多新、老客户购买理发卡，结果大获成功，两个月内，该店共收到理发预付款达 7 万元，解决了开办分店的资金缺口，同时也稳定了一批固定的客源。就是用这种办法，店老板先后开办了 5 家理发分店和 2 家美容分店。

找一个现有的企业或者市场，考虑它的不足之处，然后以一种全新的方式，从侧门进入市场；以独特的方式，服务于独特的行业，把目标定位于以前没有得到服务的客户。开拓这个市场，然后占有这个市场，这就是投资缝隙企业，也是找到了投资的最佳切入点。

寻找缝隙企业虽然很有吸引力，但是也要注意区分出好的缝隙和坏的缝隙，投资者要能够了解到缝隙企业的特征，真正看清它的未来有多大的发展空间。因为有些缝隙会最终随着时间的推移而消失的，比如航空服务中提供的打包快餐服务就是一个典型的失败例子。

每个市场总会有缝隙存在，只要投资者善于抓住这些缝隙，那就会为自己的投资增添很多的财富机会。归根结底，认准投资的切入点、选择最佳时刻进入，才是从商的王道。

以奇制胜，拓展投资空间

《孙子兵法》给像李嘉诚一样的商人支了很多奇招，它说："凡战者，以正合，以奇胜。"意思是大凡打仗，一般都是用正兵抗敌，用奇兵取胜。战斗的方式不过是正兵、奇兵两种，但它们的变化方式数不胜数，奇正相转化，就如一个不可穷尽的循环。

从商业角度来讲，李嘉诚极其重视"正"的一面。所谓"正"，指的是企业本身的实力，包括产品的质量、品牌、企业的形象、资金、技术和人才、销售渠道、顾客的忠诚度等；但是李嘉诚从来不是个固执守旧的商人，他同样也善于使用"奇兵"取胜，这里所说的"奇"，指的是企业的产品、策略、技术、管理等独到之处。李嘉诚很清楚，一方面，企业要靠实力来站稳脚跟，在市场上赢得足够的信赖；另一方面，还要出奇制胜。这种"奇"，包括各种领域的创新，而李嘉诚就是一个以"奇兵"制胜的典范。当年他的塑胶厂，如果一味走生产中低档产品用具的路子，很难说李嘉诚的事业能发展到多高。虽然他的塑胶生产在当时看来已经小有成就，但是李嘉诚不满足于此。就在香港塑胶业仍在蓬勃发展之中时，李嘉诚却发现了一支行业奇兵——塑胶花。李嘉诚果断出师，一战获得了个"塑胶花大王"的美誉，从此才算得上是真正踏上了他叱咤商场的征途。

在今天的商业市场最怕的就是抱残守缺，只有出奇制胜、锐利投资，才能让企业拓展实业，立于不败之地。

2005 年，当装有"信芯"的彩电在青岛海信集团破壳而出时，中国的彩电产业就掀开了一个新的篇章。这个引人注目的成就的背后蕴含着海信人 1600 个日日夜夜的辛苦探索，以及 3000 万元的资金投入。海信为什么要花如此大的力气来打造这颗"中国芯"呢？在 2005 年之前，海信彩电的年产量已达 800 万台。

每年制订生产计划时，原材料"集成电路"的采购是一笔庞大的支出——这笔支出全部是给国外企业的，因为海信自己没有芯片，中国企业都没有芯片。根据公开的数据，截至 2004 年年底，我国境内共有彩电企业 68 家，实际年产量达 73288 万台，中国已经成为世界上最大的电视生产国了。然而，这 7000 多万台电视机中所使用的核心视频处理芯片均为进口。据商务部统计，仅 2004 年上半年我国芯片进口额就高达 262 亿美元。2003 年，我国芯片进口累计 416.7 亿美元，贸易逆差 340 亿美元，超过当年全国进出口 255 亿美元的贸易顺差值。当时，芯片贸易逆差年均增幅达 60%，芯片已超过飞机成为美国对华第一大出口商品。因此，无论是从自身考虑，还是从中国市场考虑，一颗小小的芯片不仅能让自己不再受制于人，更能够带来巨大的经济效益。

为了拓展海信的发展之路，海信集团董事长周厚健意识到必须打造一颗属于中国人的彩电之"心"。为此，海信在 2000 年设立了"专用集成电路设计所"。历经 4 年自主研发，终于在 2005 年 2 月制造出了可以完全替代国际同类产品的芯片，并达到了国际先进技术水平。装备了"信芯"的数万台海信电视已经上市。海信计划在更大规模的海信电视上以自有芯片替代外国芯片。

无论是海信还是李嘉诚，他们都给以奇制胜的商业成功法则做了一个很好的示范。在激烈的市场竞争中，并没有固守原有的经营方式，而是把"奇"运用在了新领域、新产品的开发上，用自主创新为自己发掘了一个极具潜力的市场，并已经开始迅速获得利润。"适者生存"是自然界的法则，而这个"适"就是以变制变。无论是苦练内功以修"正"气，还是捕捉市场空白以要"奇"招，任何一个生意人都不要忘了"正""奇"这两手中的任何一只。埋头苦干需要一点巧劲，投机取巧需要踏实的基础。通过用"奇"来吸引用户，扩展市场，从而增加正面力量；而增强后的"正"，又可以为灵活应变创造更大的活动范围和更强的吸引力，二者相辅相成，共同推动企业顺利成长。

大投资才有大收益

大投资，大收益。做生意必须要有大手笔，才能赢得大利益。这是许多人都心知肚明的一个道理。小投资未必不能获得大利益，大投资也未必就总是会大获全胜，这期间的落差要经商的人自己把控。

李嘉诚在这一方面就做得很好，他如果要做大投资，那他最终必定是有大收益的。他在一开始起步做塑胶花的时候，就成了把发达国家的塑胶花向发展中国家转移的第一人，他成了塑胶花大王，挣得了人生的第一桶金。

后来，他又进军房地产，成就了长江实业。李嘉诚做这些投资驾轻就熟，他非常擅长在投资方面做出大动作。他在 1988 年的时候，与人合伙，以 32 亿元的惊人低价，投得温哥华一块比铜锣湾还大的地皮。在物业计划全部完成的时候，投资已经在百亿元以上，其中李嘉诚占一半股权。

做这样的投资其实是很冒险的，因为加拿大地广人稀，这就决定了那里不会像香港那样地产巨商辈出，所以，在这样的地方做地产投资，既好做，又非常不好做。李嘉诚肯冒这样的风险，说明他心中有大抱负。

当很多人对海外发展心存忌讳的时候，李嘉诚一直努力将海外作为他事业的第二春，尽管在海外投资遭到了众人的非议，但没有阻挡李嘉诚拓展海外事业的决心。

同李嘉诚一样有冒险决心的，还有比尔·盖茨。

1974 年 12 月的某一天，比尔·盖茨的朋友保罗·艾伦来到坎布里奇看比尔·盖茨。在报亭里他看到了一份《大众电子学》，封面上面醒目地写着："世界上第一部微型电脑，堪与商用电脑匹敌。"

艾伦急忙买了一本，随便翻了几页，便向比尔·盖茨的宿舍跑去。他见到盖茨就说："我们现在终于有机会动用 BASIC 做点事情了。"盖茨明白艾伦的意思：个人电脑将会创造一个奇迹！一旦电脑像电视机一样普及，对软件的需要将无穷无尽。到那时，他们这些软件设计的天才，前途将不可限量。

很长一段时间，他们曾想自己制造电脑。艾伦对电脑的硬件感兴趣，而盖茨对电脑的软件颇有研究，他认为软件才是电脑的生命，经过一场激烈的争论，艾伦最终认识到的他们的优势是电脑的灵魂——软件。然而，当时的电脑非常稀少，只有少数政府部门、学校、大企业及个别私人拥有。这等于没有"肉体"，而有"灵魂"。因此，盖茨和艾伦可谓英雄无用武之地。20 世纪 70 年代初，是电脑发展史上的一道分水岭。在此之前，电脑距普通百姓非常遥远。

1971 年，"电脑解放"的伟大革命在美国开始了。这年，英特尔公司制造出人类历史上第一个微型信息处理器。这个指甲盖大小的芯片，开创了电脑发展史的新纪元。

1974 年，新墨西哥州的一个电脑迷——罗伯茨制造出了世界上第一部微型电脑。盖茨和艾伦都觉得机会就在眼前，决定立即采取行动。他们给罗伯茨打电话，自称是西雅图交通数据公司的代表，说他们研读了《大众电子学》杂志上那篇介绍阿尔塔家用电脑的文章，还说他们正好开发了一种 BASIC 语言，只要稍微改动，就可以用到阿尔塔 8080 上，询问罗伯茨对此是否有兴趣。罗伯茨从声音上听出了是两个孩子。他冷冰冰地告诉他们，至少有 50 个人对他说过相同的话，而他只想看结果，谁最先向他提供成熟的语言，他就跟谁做生意。

盖茨和艾伦都知道这个机会来之不易，他们不想等待，让机会溜走。于是立即给罗伯茨写了一封信，说他们已研制成了一种可以在所有 8080 微处理器上使用的 BASIC 语言翻译器，他们愿意通过罗伯茨的公司，出售拷有这个软件的磁带或磁盘，每套仅收 0.5 美元。罗伯茨看见信，才改变了主意，认为这两个孩子说的可能是真的，于是他按信封上的电话号码给他们去了一个电话。

比尔·盖茨和保罗·艾伦心里很清楚，关键是赶快拿出东西来，说得再多也没用，说不定还有别的人在做一样的工作，他们必须抢在前面。一连 8 个星期，比尔·盖茨没有去上课，也没工夫再去玩牌。他和保罗·艾伦夜以继日地待在机房。照说，要为阿尔塔 8080 电脑编程序，首先应当有一台这样的机器。可是迄今为止，他们还只是在《大众电子学》的封面上见过一台这种机器的空壳子。好在他们已经十分熟悉 PDP-10 型电脑，在 PDP-10 型电脑上可模拟阿尔塔的微处理器，而 PDP-10 型电脑在哈佛大学是不难找到的。

此前，保罗·艾伦已读过关于 8080 芯片和阿尔塔电脑的各种文章，他用了两个星期的时间，在 PDP-10 型电脑上做出了阿尔塔处理器的模拟器，比尔·盖茨则为该机的 BASIC 语言编制了设计要领。

他们两个在机房中废寝忘食，埋头苦干，每天只睡一两个小时。当盖茨力不能支的时候，就躺在工作台后打个盹。一醒过来，又接着干。与此同时，他们曾多次与罗伯茨交涉，希望多得到一些在《大众电子学》上见不到的有关阿尔塔电脑的资料。罗伯茨问他们何时能去阿尔伯克基演示他们的 BASIC 语言。最初，盖茨说只需 3~4 个星期。他的确只用 3 周时间就编完了程序，但接下来，却耗费了 4 周时间对其进行修改，直至满意。盖茨事后说，在他写的所有程序中，他最骄傲的就是在哈佛苦干 8 周而完成的这个 BASIC 程序。他说："这是我写得最棒的一个。"

1975 年 7 月，比尔·盖茨和保罗·艾伦在新墨西州的阿尔伯克基正式创建了微软公司。这一年，盖茨和艾伦的年龄分别是 20 岁和 22 岁。按照盖茨和艾伦当时的决定，公司的权益按个人投入的劳动分配：盖茨为 60%，艾伦为 40%。一开始，他们合住在"汽车旅馆"中的一间小屋里，后来，他们搬进了市区一个价格低廉的公寓。微软公司成立后，他们就同罗伯茨的微型仪器公司签订了第一个合同，把销售 BASIC 语言软件的专利权授予微型仪器遥测系统公司。

从此，他们的一生开始了巨变。今天，微软已是全世界最大的软件生产商。

人每遇到一些突发情况，往往会犹豫不决，生怕白费力气，结果，机会就在迟疑和等待中白白错过了。而李嘉诚和比尔·盖茨则有一种魄力，那就是他们在做任何事时，敢于冒险，认准了就毫不犹豫地去干，用行动和勇气来证明一切。这种风格无论是在他们创业之初还是在后来，都为他们争取来了更多的机会，这无疑是他们取得成功的一个重要因素。

人生短短数十载，能够做成大事、成就非凡人生的机会并不多。每一个人都应该学会抓紧时机，为自己的人生投下大资本，才能争取大利润。但也要量力而为，不要超出自己的能力范围。

不做盲目的跟风者

李嘉诚一贯善于人弃我取，逆势而上，他在无形中总能把握经济的动向。但李嘉诚从来不做盲目的跟风者，他一旦经过审慎分析之后做出决定，便会坚守到底，并不去理会别人的言论，在喧嚣之中有着自己的冷静定夺。比如投资地产、辗转电讯、投资石油，等等，在李嘉诚的这些早已堪称经典案例的成功中，确实充分地显示了他精到的投资智慧，认准方向，绝不盲从。

盲目追随他人，最终会导致一事无成，枉费心力。下面故事中的这只鹤就是没有自己的冷静判断，从而一事无成。

鹤拿起针线要给自己的白裙子上绣上一朵花。快要绣好时，孔雀过来问她："鹤妹，你绣的什么花呀？"

"我绣的是桃花，这样能显出我的娇媚。"鹤羞涩地说。

"咳，为什么要绣桃花呢？桃花是易落的花，不吉祥，还是绣月月红吧，又大方、又吉利！"鹤听了孔雀的话觉得很有道理，便把快要绣好的桃花拆了改绣月月红。正绣得入神时，只听锦鸡在耳边说道："鹤姐，月月红花瓣太少了，显得有些单调，我看还是绣朵牡丹吧，牡丹是富贵花呀，显得多么华贵！"

鹤觉得锦鸡说得对，便又把快要绣好的月月红拆了，重新开始绣牡丹。绣了一半，画眉飞过来，在头上惊叫道："鹤嫂，你爱在水塘里栖歇，应该绣荷花才是，为什么要绣牡丹呢？这跟你的习性太不协调了，荷花是多么清淡素雅，出淤泥而不染，亭亭玉立的，多美呀！"鹤听了，觉得也是，便把快要绣好的牡丹拆了改绣荷花……

每当鹤快绣好一朵花时，总有其他动物提不同的建议。她绣了拆，拆了绣，最终也没有绣成任何的花朵。

盲目跟随别人意见行动的人是非常可悲的。别人的喜好不代表自己的喜好，别人的见解也未必就很客观。盲目地跟从他人，最终只会导致自己一事无成，白费心力。李嘉诚对楼市的低价收购，从而获得了高利润，就是他不盲目跟随众人的结果。

和黄集团的行政总裁马世民在会见《财富》的记者时说："李嘉诚是一位最纯粹的投资家，是一位买进东西最终是要把它卖出去的投资家。"事实上就是这样的，李嘉诚在股市的角色有一种优势——冷静，耐心。

这种优势，或许很多人都明白，但在急功近利心理的驱使下，许多人都不愿做这种角色，而宁可做投机家。但李嘉诚懂得坚忍终究会换来光明，这就是李嘉诚能驰骋股海多年的原因。

李嘉诚启示录

李嘉诚如是说

眼光放大放远，发展中不忘记稳健，这是我做人的哲学。进取中不忘稳健，在稳健中不忘进取，这是我投资的宗旨。

好景时，我们绝不过分乐观；不好景时，也不必过度悲观，这一直是我们集团经营的原则。在衰退期间，我们总会大量投资。我们主要的衡量标准是，从长远角度看该项资产是否有盈利潜力，而不是该项资产当时是否便宜，或者是否有人对它感兴趣。我们历来只做长线投资。

我觉得投资者买股票最重要的是要看 PE（市盈率）。量力而为，要买 PE 不太高的、赚钱能力强、有能力提高派息水平的公司。

如果出售一部分业务可以改善我们的战略地位，我们会考虑这一步骤。除了考虑获取合理的利润以外，更重要的是在取得利润之后，能否在相同的经营领域中让我们的投资更上层楼。

我个人对全球电信业务很有兴趣，而且时刻都在寻找新的发展机遇。然而，我们绝不能为了获得每一个 3G 营业执照而无限制地竞标。例如，在德国的执照成本过于高昂，超过了我们的预算，别无选择，只有退出。知道何时应该退出，这点非常重要，在管理任何一项业务时都必须牢记这一点。我的主张从来都是稳中求进。我们事先都会制定出预算，然后在适当的时候以合适的价格投资。尤其在电信项目上，你需要时间来创建网络和消费者群体，然后收获的季节才会来到。

富不忘本——内心真富贵，德财智儒兼备

首先是一个人，再是一个商人

　　李嘉诚是全球华人首富，如此耀眼的光芒被每一个人捕捉。如果能选择问他一个问题，相信很多人都会说，如何做一个成功的商人？是的，成功对于一个人太重要了，几乎每个人拼搏都是为了成功。然而李嘉诚面对这个询问却说了一句话："很多传媒问我，如何做一个成功的商人？其实，我很害怕被人这样定位。我首先是一个人，再是一个商人。"这就是一个成功者说的话。

　　富不忘本是什么，不是一句轻易许诺的话，不是一个轻易做的姿态，而是一种精神，一种发达不忘当年志的为人精神。商业上的成功常常让人羡慕，然而人们往往忽略了成功背后的坚持，没有这种坚持，相信其再有钱也会被人们斥之为粪土。内心真富贵，才能行事有方寸。李嘉诚之所以每年都在捐资办学、助残疾人、帮贫人，用自己的财富回馈社会，并非是一个假意做榜样的行径，而是自己作为一个人心中真正的呼声。这是多么珍贵啊！

　　对收购，他不是财大气粗了就目中无人。对收购方，无论成与不成，李嘉诚都能使对方心悦诚服。如果收购成功，他不会像许多老板那样，进行一锅端式的人事改组和拆骨式的资产调整，他会尽可能地挽留被收购企业的高层管理人员，照顾小股东的利益，因此被收购的公司不会处于动荡

不安的状态。如果收购不成，他也不会以自己所持股权作为要价的筹码相要挟，逼迫对方开出高价赎购，相反，他认为生意不成仁义在。

对股东，李嘉诚出任 10 余家公司的董事长或董事，但他把所有的董事年薪全部归入长实公司账上，归大家所有。他自己全年只拿 5000 港元，一直如此。5000 港元的董事袍金，还不及长实公司一个清洁工 20 世纪 80 年代的年收入。以 20 世纪 80 年代的水平，像长实这样盈利极佳的大公司董事局主席，一年最少也有数百万港元薪水。李嘉诚的大商人风范赢得了公司股东的一致好感，这不仅仅是一个商人的成功，更是做人的成功，是十分不易的。

万通公司董事长冯仑对此深有体会："李嘉诚 76 岁，是华人世界的财富状元，也是大陆商人的偶像。大家可以想象，这样的人会怎么样？一般伟大的人物都会等大家到来坐好，然后才会缓缓过来，讲几句话，如果要吃饭，他一定坐在主桌，我们企业界 20 多人中相对伟大的人会坐在他边上，其余人坐在其他桌。饭还没有吃完，李大爷就应该走了。如果他是这样，我们也不会怪他，因为他是伟大的人。

"但是，我非常感动和意外的是，我们开电梯门的时候，李嘉诚在门口等我们，然后给我们发名片，这已经出乎我们意料——李嘉诚的身家和地位已经不用名片了！但是他像做小买卖的一样给我们发名片。发名片后我们一个人抽了一个签，这个签就是一个号，就是我们照相站的位置，是随便抽的。我当时想为什么照相还要抽签，后来才知道，这是用心良苦，为了大家都舒服，否则怎么站呢？

"抽号照相后又抽个号，说是吃饭的位置，又为大家舒服。最后让他说几句，他说也没有什么讲的，主要和大家见面，后来大家鼓掌让他讲，他就说'我把生活当中的一些体会与大家分享吧'。然后看着几个老外，用英语讲了几句，又用粤语讲了几句，把全场的人都照顾到了。

"之后我们就吃饭。我抽到的正好是挨着他隔一个人的位子，我以为可以就近聊天，但吃了一会儿，他起来了，说'抱歉我要到那个桌子坐一会儿'。后来，我发现他们安排他在每一个桌子坐 15 分钟，总共 4 桌，每桌都只坐 15 分钟，正好 1 小时。

"临走的时候他说一定要与大家告别握手，每个人都要握到，包括边上的服务人员，然后又送大家到电梯口，直到电梯关上才走。"

有人会想，李嘉诚的客气会不会因为他会见的是商人。其实这并不是例外，李嘉诚总是在竭尽所能对任何一个人都保持谦恭，即便是他已经名满天下，是一个成功得不能再成功的人。2007 年，《全球商业》杂志的记者采访李嘉诚时也受到了礼遇："在我们抵达之前，他已在会客室等候，见我们抵达，立即站起，掏出名片，双手递给我们。笑容让他的双眼如同弯月，财富并未在他身上留下刻痕，虽拥霸业，却无霸气。"

是的，每个人一生中都要扮演很多不同的角色。最关键的成功方法就是寻找到导航人生的坐标。没有原则的人会飘浮不定。有正确的坐标，做什么角色都可以保持真我，会有不同程度的成就，并且生活得更快乐、更精彩。

真正花时间做慈善

20 世纪 80 年代，拥有雄厚财力的李嘉诚成立慈善基金会，命名为"李嘉诚基金会"。至 2010 年 2 月底，基金会已捐出及承诺款项达 113 亿港元。李嘉诚有过少年失学之痛，因此重视教育投资。父亲因病去世、自己与肺结核奋战多年则使他关注医疗。李嘉诚说："我对教育和医疗的支持，将超越生命的极限。"

1981 年，广东潮汕地区第一所大学汕头大学，在李嘉诚的资助下成立。李嘉诚从加拿大、香港挖名师担任各学院院长。其中的医学院是中国最优秀的医学院之一。这种真正花时间做慈善的行为和细节化的行动为汕大带来了生机。不仅如此，李嘉诚还动用他的国际人脉，广邀名人授课，例如请星巴克咖啡创办人霍华·舒尔兹讲授商业道德课程。即便是在李嘉诚的公司面临较大困难时，他也没有停止对汕头大学的资助。

在给汕大筹委会的信中，李嘉诚动情地写道："汕大创办成功与否，较之生意上及其他一切得失更为重要……即使可能面对较大困难的经济情况下，也一定要做这件有重大意义的事情。"李嘉诚到汕头大学访问时，学生和教职员工对他的爱戴和景仰之情溢于言表。

由此可见，在李嘉诚的眼里，慈善并非是一件可有可无的事情，而是一件要真正花出时间去做的事情。在面对重大困难时，能够不为金钱利益而动摇，不故作姿态，不打肿脸充胖子，而是慎重决策，分清轻重，目光长远，并且平和面对公益事业，舍得并且甘心于投入时间，亲自参加建设。这，才是慈善的真正意义所在吧！

在汕头大学之外，香港大学、清华大学 FIT 未来互联网络研究中心和长江学者奖励计划，亦有李嘉诚基金会巨资捐助的轨迹。2007 年，中国残疾人联合会 / 李嘉诚基金会合作的第二期"长江新里程计划"项目同时开展 10 万名残疾人士安装义肢、就业计划；2008 年 5 月，李嘉诚基金会宣布推出第三轮地震灾区支持计划，全部免费替灾区内所有断肢灾民提供义肢装配服务及轮椅……难以俱述，但从中我们可以看到一个有着毅力与坚持的人，是怎样为自己所倾心的慈善事业添砖加瓦的。

这远没有结束。2003 年，李嘉诚做了一个大胆的决定。有人曾经这样模拟当时的情景：有一段时间里，75 岁的李嘉诚为了基金会的未来，彻夜未眠。他年事已高，但他希望基金会能永远地运作下去。但这需要有一大笔资金做基础，才能钱滚钱，做更多的事。他陷入沉思："几十年的努力工作，每一分一毫都得之不易，都是清白的钱，却要把这么多的钱送给你不认识的人。这样做值不值得？"

在李嘉诚的内心天平上，一端是他的骨肉至亲，他一定不要下一代经历他曾经经历过的苦难；另一端是可实现他认为很重要的善事。他非常矛盾。像 47 年前的那个夜晚一样，李嘉诚再一次大彻大悟："我现在有两个儿子，如果，我不是有两个儿子，而是有三个儿子，我是不是也要给第三个儿子一份财产？"只要将基金会视为第三个儿子，财产分 1/3 给基金会，就理所当然。"这个思想上的突破，让我开心了很多天！那种安慰、愉快的感觉，实在是笔墨难以形容！"

2006 年，李嘉诚宣布捐出 1/3 财产给基金会后，他跟家人说："我一生可以成立这样规模的基金会，心里绝对不会惋惜。捐出来，是高高兴兴捐出来；去做，也是高高兴兴去做，一点都不会后悔。"

在李嘉诚的一生里，财富是其攀登的一个顶峰，然而不是终极目标。只有公益事业，似乎才是李嘉诚拼其一生都在进行的事业。他不单做慈善，更是身体力行地抽出时间做，从而极大地提高了慈善事业存在的价值。这才是一位真正的慈善家应该做的事情吧！

法国总统希拉克在巴黎总统府爱丽舍宫为李嘉诚颁授法国荣誉军团司令勋章，表彰他多年来对社会的奉献、对人道精神的承担和对中国和法国之间文化交流的支持。希拉克对李嘉诚说："你的慷慨是举世公认的，对法国也不例外。"这，是一句真正的褒奖。

犹太人也认为，提供帮助是"富人的责任"，获得帮助是"穷人的权利"。在长期流亡的艰苦岁月中，犹太富人往往自觉地替穷人掏腰包，接济贫穷在犹太人中成为一种社会习惯。《塔木德》中这样记载："有钱是好事，但是知道如何使用更好。"这些传统让犹太富人总是热衷于捐助公益事业。

犹太人洛克菲勒成为当时世界首富的时候，别人劝他把这些钱留给他的孩子们，洛克菲勒回答："这些钱是从大众那里来的，因此也应该回到大众那里去，到它们应该发挥作用的地方去。"

洛克菲勒成立了以自己名字命名的洛克菲勒基金会，他帮助成千上万的食不果腹的孩子，让他们可以吃上饭，让他们上学接受教育，让他们成为对社会有用的人。他主要投资在医疗教育和公共卫生上面。他的基金会先后投资达数亿美元，是世界上最大的慈善机构。

提供帮助不仅仅是富人的责任，无论你是贫还是富，只要你能够帮助到别人，就不应该吝啬自己的善心。普通人也可以成为令人尊敬的慈善家。

这一类的故事和比尔·盖茨捐出家产、李嘉诚捐出家产一样让人动容，再平凡再普通的人只要有一颗爱心，一样能做出让所有人感动的善行。富不忘本，穷也不忘本，做一个真正的人，不只捐钱捐物有爱心，真正付出行动去做慈善、做公益，这才是最真实的回馈社会。

以善小而为

孟子曰："人皆有不忍人之心。"爱人之心，人皆有之；怜悯之心，人皆有之。故而，当同情弱者成为一种天性时，以善小而为才真正称得上善。李嘉诚说，莫以善小而不为。世间任何事都是由小到大，积沙成塔，为小善而成就大善才是每个人都应该做的事情。

有人把慈善捐赠称之为是一种时尚，也是一种习惯、一种生活态度。的确如此，就如同心之天平，根本不是称物的，而是一种平衡的态度一样。要看到自己的力量，走出"我穷，我救济不了别人"的误区。

有人说，为小善亦可以让人幸福，内心得到宁静。的确如此，善待社会，善待他人，并不是一件困难的事，只要心中常怀善念，自己也会为之欣慰。

1848 年，美国南部一个安静的小镇上，一声刺耳的枪声划破了午后的沉寂。刚进警察局不久的年轻助手，听到枪声，就随警长匆匆奔向出事地点。发现一位青年人倒在卧室的地板上，身下一片血迹，右手已无力地松开，手枪落在身旁的地上，身边的遗书笔迹纷乱。他倾心钟情的女子，就在前一天与另一个男人走进了教堂。

屋外挤满了围观的人群，死者的 6 位亲属都呆呆伫立着，年轻的警察不禁向他们投去同情的一瞥。他知道，他们的哀伤与绝望，不仅因为亲人的逝去，还因为他们是基督教徒。对于基督教徒来说，自杀便是在上帝面前犯了罪，他的灵魂从此将在地狱里饱受烈焰焚烧。而风气保守的小镇居民，会视他们全家为异教徒，从此不会有好人家的男孩子和他们的女儿们约会，也不会有良家女子肯接受这个家族男子们的戒指和玫瑰。

这时，一直双眉锁紧的警长突然打破沉默开了口："这是一起谋杀。"他弯下腰，在死者身上探摸了许久，忽然转过头来，用威严的语调问道："你们有谁看见他的银挂表吗？"那块银挂表，镇上的每个人都认得，是那个女子送给年轻人唯一的信物。人们都记得，在人群集中的地方，这个年轻人总是每隔几分钟便拿出这块表看一次时间。在阳光下，银挂表闪闪发光，仿佛一颗银色温柔的心。

所有的人都忙乱地否认，包括围在门外看热闹的那些人。警长严肃地站起身："如果你们谁都没看到，那就一定是凶手拿走了，这是典型的谋财害命。"死者的亲人们号啕大哭起来，耻辱的十字架突然化成了亲情的悲痛，原来冷眼旁观的邻居们也开始走近他们，表达慰问和吊唁。警长充满信心地宣布："只要找到银表，就可以找到凶手。"

门外阳光明媚，6月的大草原绿浪滚滚。年轻助手对警长明察秋毫的判断钦佩有加，他不无虔诚地问道："我们该从哪里开始找这块表呢？"警长的嘴角露出一抹难以察觉的笑意，伸手慢慢地从口袋里掏出了一块银表。

年轻人禁不住叫出声来："难道是……"警长看着周围广阔的草原，依然保持沉默。"那么，他肯定是自杀。你为什么硬要说是谋杀呢？""这样说了，他的亲人们就不用担心他灵魂的去向，而他们自己在悲痛之后，还可以像任何一个基督徒一样清清白白地生活。""可是你说了谎，说谎也是违背十诫的。"

警长用锐利的眼睛盯着助手，一字一顿地说："年轻人，请相信我，6个人的一生，比摩西十诫重要百倍。而一句因为仁慈而说出的谎言，只怕上帝也会装着没有听见。"

的确，生活中的小小善行，对我们来说或许是举手之劳，但是却能为他人解决莫大的困难，也能为社会增添一份爱的温暖，更能给自己留下付出的快乐和内心的安宁，何乐而不为呢？

以善小而为，才能在任何时刻做出正确的举措。一位作家将人生比作两只相互取暖的豪猪，彼此都渴望得到对方的温暖。无论是谁，只要主动伸出自己的手，为哪怕一小点善，也能因此收获心灵的共鸣，内心得到真正的富贵。罗曼·罗兰说过："不知道善意不一定就不能为善。善不是一种学问，而是一种行动。"

钱财 + 心富 = 财富，财富 + 心贵 = 富贵

很多人都知道，看一个人是否富有，就要估测他的身价。钱越多，他就越富有。那么，富有就是真富贵了吗？李嘉诚为我们做了这样一个方程式：财富 + 心贵 = 富贵。他说，"财富不是单单用金钱来比拟的。衡量财富就是我所讲的，内心的富贵才是财富。如果让我讲一句，'富贵'两个字，它们不是连在一起的，这句话可能得罪了人，但是，其实有不少人，'富'而不'贵'。真正的'富贵'，是作为社会的一分子，能用你的金钱，让这个社会更好、更进步、更多的人受到关怀。所以我就这样想，你的贵是从你的行为而来。"

引申到社会现实便是：有的人，他虽然非常长寿，但是，人家也没有得他的益处，所以他这一生是有一点浪费了。的确，一个人心富方能财富，一个人心贵方能富贵。口袋富不算富，心与口袋一起富，才是真正的富。

李嘉诚曾经说，他二十七八岁的时候，当赚了一些钱，一些富贵之家所拥有的都已什么都不缺，也够自己富足半辈子了。那样就满足了吗？不，因为没有心富。看看这些年来，从《福布斯》到胡润，各类财富排行榜充斥着人们的视野。丁磊、陈天桥、施正荣、张茵、杨惠妍……内地首富桂冠几易其主，但他们依然在追求。很早就已经退居幕后的丁磊对于个人财富的激增不愿意再发表任何评论。他只是说，不能太在意网易的股价和自己的身价。他说，他不希望财富的多少影响到自己的生活、工作及思考问题的方式。

因为财不是富，人只有在拥有巨额物质财富的同时，坚持追求自己的生活目标，为更多人创造财富，帮助更多人，自己的心灵才能富有起来。

真正的快乐，不是用金钱和权势换来的，有钱有权的富贵者们，不一定人人都快乐、个个都会领略生活的乐趣。真正的富翁们是乐善好施者，热心于公益活动和慈善事业，投资或提供赞助资金，如修建孤儿院、学校、

老年福利院，为残障者办福利工厂等。在各种慈善活动中，在各种赈灾义演的场合里，我们随时可以看到他们的身影。

1980 年李嘉诚基金会成立，主要在教育、医疗、文化、公益事业几方面进行有系统的资助。根据基金会网站公布的数字，这些年来，基金会已捐和承诺捐出的款项已经达约 76 亿港元。而且，李嘉诚把自己持有的加拿大帝国商业银行的普通股份出售，并宣布由此得到的约 78 亿港元的收入全部捐作公益事业。

这笔捐赠成为全球华人圈内有史以来最大的一笔公益事业捐款。李嘉诚说："能够在这个世上对其他需要你帮助的人有贡献，这个是内心的财富。"

霍英东叱咤商界半个世纪，但他说，"做人，关键是问心无愧，要有本心，不要做伤天害理的事"。成为巨富后，霍英东从未忘记回报社会："今天虽然事业薄有所成，也懂得财富是来自社会，应该回报于社会。"

在一些人越来越重视对金钱、权势的追求和对物质的占有的今天，正是这些真正的富贵者们告诉了人们，什么才是最重要的。

过去有个大富翁，家有良田万顷，身边妻妾成群，可日子过得并不开心。而他家高墙的外面，住着一户穷铁匠，夫妻俩整天有说有笑，日子过得很开心。

一天，富翁的小老婆听见隔壁夫妻俩唱歌，便对富翁说："我们虽然有万贯家产，还不如穷铁匠开心！"富翁想了想笑着说："我能叫他们明天唱不出声来！"于是拿了家里的金条，从墙头上扔过去，打铁的夫妻俩第二天打扫院子时发现不明不白的金条，心里又高兴又紧张，为了这些金条，他们连铁匠炉子上的活也丢下不干了。

男的说："咱们用金条置些好田地。"女的说："不行！金条让人发现，会怀疑我们是偷来的。"男的说："你先把金条藏在炕洞里。"女的摇头说："藏在炕洞里会叫贼娃子偷去。"他俩商量来，讨论去，谁也想不出好办法。从此，夫妻俩吃饭不香，觉也睡不安稳，当然再也听不到他俩的欢笑和歌声了。

富翁对他小老婆说："你看，他们不再说笑，不再唱歌了吧！"而富翁却因家里再也没有金条，不用防备盗贼，心里变得轻松起来，他们夫妻倒能每天都有好心情唱歌了。

铁匠夫妻俩之所以失去了往日的开心，是因为得了不明不白的金条，为了这不义之财，他们既怕被人发现怀疑，又怕被人偷去，有了金条不知如何处置，所以终日寝食难安。而这个富翁有如此多的财富却不懂得如何运用，终在违背道德的行径中获得暂时的平静。

现实生活中也是如此，故而，若想咀嚼到人生的真趣味，就应该明白何为真财富、真富贵。其实，财富人生，是一种境界，更是一种感觉。当我们有一个商业帝国作为后盾支撑的时候，"身心托付事业，财富回报社会"才是最能体现自己价值的。有些人谈到富有，就指钱财。事实上，金钱本身并不等于富有，唯有具备与金钱价值相等的东西才是真正的财富。这就是心富、心贵。任何人要想成为真正的富人，必须先丰富自己的心灵，物质上的富有只是表面的富贵，精神上富有才是真正的富贵。

做善事不能沽名钓誉

2008 年 5 月 12 日，四川发生大地震，第二天李嘉诚就以李嘉诚基金会的名义，向四川地震灾区捐助 3000 万元人民币赈灾。第二轮捐助达到 1.2 亿元，而这只是李嘉诚慈善事业的冰山一角。这是沽名钓誉吗？有谁会为了沽名钓誉如此迅捷捐助，并且不大张旗鼓？

2006 年 8 月，李嘉诚宣布把其私人持有的约 28.35 亿股长江生命科技股份悉数捐给李嘉诚基金会，这些股权总值约 24 亿港元。李嘉诚还承诺，未来还将有巨资投入，"直到有一天，基金一定不会少于我财产的 1/3"。据测算，基金会未来收到的捐款将超过 80 亿美元。这是沽名钓誉吗？有谁会为了沽名钓誉赔上自己一生辛勤打造的财富帝国的大半金钱？

是的，当今随着对善行的推崇，社会上也出现了过分夸张善行，过分强调"付功"的现象。

有些人做慈善，只是为了博名，为了沽名钓誉。

李嘉诚并不是如此，他做善事不是为了给别人看，更不是为了沽名钓誉，所以他低调，很多时候都是过去很多年慈善行为才被挖掘出来。不管顺境、逆境都持之以恒地待人以善心；特别是在受到他人的讽刺、毁骂、误解时也不改为善之心。

有一篇人生感悟，名字叫《不管怎样，总是要——》

在加尔各答儿童之家墙上写着这样一段话：

如果你做善事，人们说你沽名钓誉，别有用心，不管怎样，总是要做善事。

你所做的善事明天就被遗忘，不管怎样，总是要做善事。

诚实与坦率使你易受欺骗，不管怎样，总是要诚实坦率。

……

将你所拥有的最好的东西献给世界，你可能会被踢掉牙齿，不管怎样，总是要将你所拥有的最好的东西献给世界。

强调内心的感受，而不是沽名钓誉，说些冠冕堂皇的话，让我们可以从侧面发现一个人的内心的真实想法。

李嘉诚之所以低调，在很大程度上正是源自于其对自我感受的重视，和对他人话语的宽容。一个人生之如斯，当无愧于天下。

余彭年亦是如此。他欲将毕生财产捐给慈善福利事业。一个快要80岁的人，为慈善事业捐出自己毕生奋斗得到的万贯家财，你会认为其是在追求名利吗？

曾有记者这样问道：如果有人认为您做善事是为沽名钓誉，您会怎么想？

他很坦率地回答，"我做善事不求任何回报，做了那么多善事，我从不接受戴任何帽子（头衔）——除了'深圳市荣誉市民'，这个称号就足够了。我向老家湖南也捐了数千万善款，但一个湖南的头衔都没接受，也没有和湖南做一笔生意，何必要有交换条件呢？"

他表示，"我没有什么养生之道，做善事就好有精神。做善事就是我的养生之道。"

一个人一生做几件善事并不难，难的是一辈子做善事，这种在任何情况下都要一心与人为善的境界，是需要长期磨炼才能达到的，这种富不忘本、平心静气的情怀才是真真正正富贵的体现。

真正的成功者必定也是爱国者

有人说，国家繁荣昌盛，人民安定富足，是李嘉诚最大的心愿。的确如此。江泽民在北京人民大会堂接见李嘉诚时就盛赞他"是一位真正的爱国者"。李嘉诚的爱国热忱，使得全球华人都对他表示了无限的钦佩和爱戴。他所取得的成就固然令人惊叹，但是其一个成功者富不忘本的情怀，更值得我们终生学习。

有资料称，在香港《大公报》工作了40多年的年近70的杭州人韩老先生曾感慨万千地说："李嘉诚确实是个能人！确实聪明才智过人！潮汕人真了不起。他能吃大苦耐大劳才有了今天。人们不仅佩服他会做生意、会赚钱，更佩服他有独到的眼光，爱国爱乡呀！"

李嘉诚从不忘家、不忘乡，更不忘国，致力于香港与内地的经济发展，发展中国中药事业，关注慈善事业，躬亲于公益事业，等等，一系列爱国举措无不被人们看在眼里，记在心里。

2008年是中国的奥运年，作为著名的爱国商人，李嘉诚在北京申办以及筹备奥运会的过程中坚持了自己长期以来的慈善方针，对于北京组委会的工作给予了大力支持。

2000年11月，北京申奥前夕，时任北京市2008年奥运会申办委员会主席、北京市市长刘淇特聘香港多位知名人士担任北京市2008年奥运会申办委员会顾问，李嘉诚也在被请之列。在担任奥运会申办委员会顾问期间，李嘉诚在香港和整个东南亚地区利用自己的影响力为北京申奥积极造势，为北京最终申办成功积聚了广泛的人气。

在北京申办奥运会成功之后，李嘉诚以及旗下的李嘉诚基金会多次赞助了庆功仪式，将香港地区的奥运会欢乐气氛接连推向高潮。2004 年，在北京人民大会堂举行的奥运捐赠仪式上，李嘉诚更是捐资 1 亿元，用于奥运会的场馆建设，这笔巨资主要被用于奥运会游泳场馆"水立方"的建设。

从当年身先士卒担任北京奥运会申办委员会顾问到捐款 1 亿元帮助北京修建奥运会场馆，李嘉诚充分展现了爱国商人的高尚情操。

与此同时，李嘉诚非常关心我国公益事业，他说，人在无助的时候，得到帮助，是最有益的。早在 1984 年，中国残疾人福利基金会成立，邓朴方首次访问香港，李嘉诚就捐款 200 万港元。其间的小故事十分有趣。

1991 年 8 月，邓朴方率中国残疾人展能团和艺术团访港。时值华东水灾，港澳同胞纷纷为灾民捐款。邓朴方申明，此次赴港不进行募捐筹款。李嘉诚执意前往看望，在刚刚向华东灾民捐献 5000 万港元后，又当面送给中国残联一张 500 万港元的支票。

李嘉诚的捐款，根据邓朴方的口头协定，将被作为启动经费引出 7 倍的配套费，即把此捐款作为"种子钱"，每用 1 元，带动各方面拿出 7 倍以上的配套资金，用到残疾人最急需的项目上。

李嘉诚连声称赞，并索要了残疾人事业的资料回去参阅。同年，8 月 16 日，李嘉诚决定再捐 1 亿元，也作为一颗种子。"你们只需争取四五倍的配套经费，便可帮助更多的残疾人士。我捐钱，你们落实计划，为残疾人办事。"

李嘉诚对复明工作情有独钟，特别期望 5 年把内地 400 多万白内障患者全部治好。李嘉诚又说："邓，我对于能够帮助残疾人士感到很有意义。你知道吗？上次与你谈了两个小时后，我返回办公室，很兴奋，竟然忘了肚子空着，便拿了杯白兰地喝下，立即感觉有些醉了。"

中国残联深入调查后得出的结论是：鉴于中国残疾人事业刚刚起步，百业待举，急需制订实施一个均衡的、务实的整体计划，却苦于缺少资金。

为使捐款发挥更大的作用，中国残联期望将其作为更多领域发展的启动资金，成为一颗给各类残疾人带来更多利益的大种子。李嘉诚在了解情况后写信给邓朴方，表示支持他对残障人士所做的决策。

1991年12月29日，国务院正式批准颁发《中国残疾人事业"八五"计划纲要》及与其配套的16个业务领域实施方案，这是中国的首个中国残疾人事业与国民经济和社会发展计划同步的系统发展计划。李嘉诚选择其中最急需资金的8个项目投入了他的1亿元。从中央到地方，各级政府也为此投入了十几亿资金，同时，社会各界热心关注。

如今，李嘉诚播下的这粒种子结出了丰硕的果实，不仅促进残疾人事业由小到大、从点到面，走上系统发展的轨道，而且使众多残疾人实实在在地受益。

爱国不论贫富，李嘉诚认为只要爱国，人人都可以找到自己的表达方式；爱国是与生俱来、不分阶级地位的，一个人一定要有国家及民族观念，不论贫富都要爱国爱家。如果一个人没国家民族观念，即使富有，也令人惋惜。

李嘉诚启示录

李嘉诚如是说

人生在世，如果在自己能力所及的时候，对社会有所贡献，同时为无助的人寻求及建立较好的生活，我会感到很有意义，并视此为终生不渝的职志。

一个人当他在生命的最后几分钟，想到曾为国家、民族、社会做些过一些好事时也就心满意足了。

我是中国人，我希望能够尽到一个中国人应该有的责任，做到对教育、医疗事业有一点贡献，我就心满意足了。

财富不是单单用金钱来比拟的。衡量财富就是我所讲的，内心的富贵才是财富。真正的"富贵"，是作为社会的一分子，能用你的金钱，让这个社会更好、更进步，让更多的人受到关怀。

所有建筑物和赠品，都不要写有我的名字！我个人是不求名的。

月是故乡明，我爱祖国，思念故乡，能为国家为乡里尽点心力，我是引为荣幸的。

我目睹祖国之高速进步，在四个现代化政策之推动下，一切欣欣向荣，深感雀跃。支援国家建设，报效桑梓，此乃本人毕生奋斗之宗旨也。

我别无所求，只求为祖国为民族家乡的教育事业做出贡献。

本人平生宗旨，对大众有利之事，能力所及，不遗余力以赴，绝不为名，绝不欲宣扬，事情完善办妥后，内心已感快慰。

李嘉诚精彩演讲及访谈录

李嘉诚八十智慧　12 问启迪 80 后

——李嘉诚 2010 年汕头大学演讲

　　孔子曰：吾十有五而志于学，三十而立，四十不惑，五十知天命，六十而耳顺，七十而从心所欲不逾矩。

　　2010 年 6 月 30 日，李嘉诚在汕大毕业典礼上发表演讲，如今这位年逾八十的商界巨子，早已是过了知天达命的阶段，随心而不逾矩或许只是个精神理想层次，但 50 多年的人生与商海跌宕，李嘉诚的胸怀间饱含着沧桑与智慧。李嘉诚在演讲中说，空抱宏愿无意义，漫无目的地行动只会令自己身陷疲累，一事无成，他激励年轻一代要化理想为热切努力，用实际行动去实现自己的梦想；并提出十几个问题启发学生们的人生思考。这篇演讲比以前显得更朴实更富于智慧，它既是给 80 后毕业生的赠言，同时亦是给所有的向往成功的青年们的人生启迪。

　　李嘉诚在演说中，祝贺毕业同学经过数年努力，完成人生一个重要阶段，他勉励学生必须立志，并以热切的努力去追寻自己的梦想，否则漫无计划地急于求成只会令身心疲累；他没有引经据典启发学生，认为只要学生尽力地在责任路上活出丰盛、快乐和充满尊严的人生，便会成为明日经典。以下是演讲全文。

各位同学，你们知道吗？我和你们一样也是80后（学生们是1980年以后出生，他已经80岁出头），所以今天想和大家互动一下：在座有多少同学认为在汕大的岁月可以为你日后的成功奠下基础？有多少同学认为自己具备充沛的精神与力量、矫健的体魄，以及所有必需的重要元素来实现抱负和目标？

空抱宏愿并无大意义

有多少同学不甘心光是活着，而是能攀登理想高峰，创出非凡成就？有哪些同学相信自己仍有很多需要学习的空间？有哪些同学知道什么障碍令你却步？

现在进入一个较难回答的问题：有多少同学可肯定自己必会一直坚持原则，拒绝自欺欺人，拒绝把走捷径视为正途？

各位同学，我们都知道空抱宏愿并无太大意义；漫无计划地急于求成徒然令自己身心疲累。人生必须立志，必须以热切的努力来追寻自己的梦想。如何追求个人快乐与满足不一定能在课本中找到答案，只有在你积极实践与心灵共鸣的行为时，富具意义的体验才可驱赶心灵的空虚，让你享受富足人生的滋味。

你对自己有多少信心？你有没有不屈不挠的精神，知道如何正视和克服成长过程中将不断出现的挫折和障碍？你是否愿意信赖自己？面临选择时无惧接受考验？逆境求存中的你，能否在磨炼中孕育更强的生命力？你是否懂得承担责任的意义，有坚持公平公正的公义心，为自己和社会追求进步？你是否懂得珍惜有选择的福分，有耐心成为后辈的良师益友，有奉献心，为国家、为民族当中流砥柱的角色，在天地间寻找和活出恒久的价值观？

有没有知遇感恩胸怀

以下是我今天问你们最后的一个问题：你有没有知遇感恩的胸怀，有没有在这快乐一刻中想起在你成长路上一直给予无怨扶持的父母和悉心善导的老师而心灵有所触动？

各位同学，在准备今天的讲稿时，我的同事们建议说到这里最好来一下引经据典，以强化学富五车的感觉，我不同意这观点，前人的启发固然重要，但如何让哲理历久常新更需要你们的思考和提炼；若你能尽你的忠诚，努力在责任路上活出丰盛、快乐和充满尊严的人生，日后能成就大业者，能出类拔萃者，能出尘不染者，舍你其谁？你就是精彩，你就是经典。今天你以汕大为荣，明天汕大必以你为荣。谢谢大家。

2010 年 6 月 30 日

赚钱的艺术

——汕头大学长江商学院"与大师同行"系列讲座之一

韦钰部长、项兵院长、徐校长、谢书记、齐教授、EMBA 的各位教授和同学、汕大的各位老师、同学们：

EMBA 的同学，因为你们都是在社会多方面有宝贵经验的人，所以我讲话的时间不会太长，由于我所讲的内容未必是你们每一个人都想听的，在我讲完之后，我会尽量答复你们有兴趣的问题。

我每次出门，在机场都看到很多关于我的书籍，不知道为什么其中最多人感兴趣的题目总是我如何赚钱，既然那么多人有兴趣，我今天便选定了这个题目。

首先，让我回顾一下我和"长和系"的发展里程碑。我是在 1940 年因战乱随家人从内地来港，不久因日军来到，我便失学了。到 1943 年，父亲因贫病失救去世，我开始负起家庭的重担。

1950 年，我创立自己的公司"长江塑胶厂"，顺便一提，我选择"长江"作为公司名字，是希望勉励自己要广纳人才，像长江不择细流，才能浩瀚千里。至 1971 年，我成立"长江地产有限公司"，一年后，改名为"长江实业集团"并上市。1979 年，我从汇丰银行收购英资"和记黄埔集团"22.4% 的股份。2002 年集团业务已遍布 41 个国家和地区，雇员人数逾 15 万。

很多人只看见我今天的成就，而已经忘记，甚至不理解其中的过程，我们公司现时拥有的一切其实是经过全体人员多年努力的成果。当年，我事业刚起步的时候，除了我个人赤手空拳，我没有比其他竞争对手更优越的条件，一点也没有，这包括资金、人脉、市场等。

很多人常常有一个误解，以为我们公司快速扩展是和垄断市场有关系，其实我个人和公司跟一般小公司环境一样，都要在不断的竞争中成长。当我整理公司发展资料时，最明显的是我们参与不同行业的时候，市场内已有很强、很具实力的竞争对手，担当主导角色，究竟"老二如何变第一"？或者更正确地说"老三老四老五如何变第一第二"？我们今天可以探讨一下。

竞争与市场环境紧密相连，已有很多书籍探讨这个题目，我不再多谈。很多关于我的报道都说我懂得抓紧时机，所以我今天就想谈谈时机的背后是什么？

我个人认为是否能抓住时机和企业发展的步伐有重大关联，要抓住时机先要掌握准确数据和最新信息，能否主导时机是看你平常的步伐是否可以在适当的时候发力，走在竞争者之前。

等一会儿我会用"橙"作为案例来说明下面几个很重要的因素。

一、知己知彼。

二、磨砺眼光。

三、设定坐标。

四、毅力坚持。

知己知彼

做任何决定之前，我们要先知道自己的条件，然后才知道自己有什么选择。在企业的层次上，身处国际竞争激烈的环境中我们要和对手相比，知道什么是我们的优点、什么是弱点，另外更要看对手的长处，人们经常花很长时间去发掘对手的不足，其实看对手的长处更是重要。掌握准确、充足数据可以做出正确的决定。

20世纪90年代初，和黄原来在英国投资的单向流动电话业务

Rabbit，面对新技术的冲击，我们觉得业务前途不大，决定结束。这亦不是很大的投资，我当时的考虑是结束更为有利。

与此同时，面对通信技术很快的变化、市场不明朗的关键时刻，我们要考虑另一项刚刚在英国开始的电讯投资，究竟要继续，或是把它卖给对手？当然卖出的机会绝少，只是初步的探讨而已。

我们和买家刚开始洽谈，对方的管理人员就用傲慢的态度跟我们的同事商谈，我知道后很反感，将办公室的锁按上了，把自己关在办公室15分钟，冷静地衡量着两个问题：

一、再次小心检讨流动通信行业在当时的前途看法。

二、和黄的财力、人力、物力是否可以支持发展这项目？

当我给这两个问题肯定的答案之后，我决定全力发展我们的网络，而且要比对手做得更快、更全面。"橙"就在这种环境下诞生。

当然我得补充一句，每个企业的规模、实力各有不同，和黄的规模让我有比较多的选择。

磨砺眼光

知识最大的作用是可以磨砺眼光，增强判断力，有人喜欢凭直觉行事，但直觉并不是可靠的方向仪。时代不断进步，我们不但要紧贴转变，还要有国际视野，掌握和判断最快、最准的信息，要创新比对手走前几步。不愿意改变的人只能等待运气，懂得掌握时机的人另一方面就能创造机会。幸运只会降临那些有世界观、胆大心细、敢于接受挑战但是又能够谨慎行事的人身上。

1999年我决定把橙出售，也是基于我看到流动通信技术的进步和市场的转变，当时我看到三个现象：

第一，话音服务越来越普及，增长速度虽然很快，但行业竞争太大，使到边际利润可能减低。

第二，数据传送服务的比重越来越大，增长速度的百分率比话音要高很多。

第三，在科技通信股热潮的推动下，流动通信公司的市场价值已达到巅峰。

三个现象加在一起，让我看到流动电话加互联网是一个重要的配搭，潜力无限。所以我把握时机，在现有通信技术价值最高的时候，决定把橙卖出去，再把钱投资在更切合实际需求的新科技领域上，例如第三代流动电话。

设定坐标

我们身处一个多元的年代，面临四面八方的挑战，以和黄为例，集团业务遍布 41 个国家，公司的架构及企业文化必须兼顾全球来自不同地方同事的期望与顾虑。

我在 1979 年收购和黄的时候，首先思考的是如何在中国人流畅的哲学思维和西方管理科学两大范畴内，找出一些适合公司发展跟管理的坐标，然后再建立一套灵活的架构，发挥企业精神，确保今日的扩展不会变成明天的包袱。

灵活的架构为集团输送生命动力，让不同业务的管理层有自我发展的生命力，互相竞争，不断寻找最佳发展机会，带给公司最大利益。

完善的治理守则和清晰的指引可以确保"创意"空间。

企业越大，单一的指令行为是不可行的，因为最终不能将管理层的不同专业和管理经验发挥。

我再举一个例子：卖出橙之前两个月，管理层曾经向我提出想展开一项重大的收购行动，我虽然感到市场价格已经超出常理，但是仍然在安全线内给他们想办法，我的大前提是要保护全体股东的利益，就给他们列了四个条件，如果他们办得到，便按他们的方法去做，我说：

第一，收购对象必须要有足够的流动资金。

第二，橙在完成收购之后，负债比率不能增高。

第三，橙发行新股去进行收购后，和黄仍然要保持 35% 的股权。我向他们说：35% 的股权不但保护和黄的利益，更重要的是保护橙全体股东的利益。

第四，对收购的公司有绝对控制权。

他们听完之后很高兴，而且也同意这四点原则，认为守在这四点范围内他们就可以去进行收购，结果他们办不到，这个提议当然就无法实行。

这只是众多例子中的一个，其实在长和系集团里面我们有很多子公司，我都会因应每家公司经营的业务、营商环境、财政状况、市场前景等，给他们定出不同的坐标，让管理层在坐标的范围内灵活发挥。

毅力坚持

因为市场的逆转情况，有太多的因素引发，成功没有百分百绝对的方程式，但是失败都有定律，减低一切失败的因素就是成功的基础。例如：

紧守法律和企业守则；

严守足够的流动资金；

维持溢利；

重视人才的凝聚和培训。

以上四点可以加强克服困难的决心和承担风险的能力。

结语

1.现今世界经济严峻，成功没有魔法，也没有点金术，但人文精神永远是创意的泉源。作为企业领导，他必须具有国际视野、能全景思维、有长远的眼光、务实创新，掌握最新、最准确的资料，做出正确的决策，迅速行动，全力以赴。更重要的是正如我曾经说过的，要建立个人和企业的良好信誉，这是在资产负债表之中见不到但价值无限的资产。

2.领导的全心努力投入与热诚是企业最大的鼓动力，透过管理层与员工之间的互动沟通、对同事的尊重，这样才可以建立团队精神。

人才难求，对具备创意、胆识和审慎态度的同事应该给予良好的报酬和显示明确的前途。

3.商业的存在除了创造繁荣和就业机会，最大的作用是为服务人类的需求，企业本身虽然要为股东谋取利润，但是仍然应该坚持"正直"是企业的固定文化，也可以被视是经营的其中一项成本，但它绝对是企业长远发展最好的根基。一个有使命感的企业家，应该努力坚持，走一条正途，这样我相信大家一定可以得到不同程度的成就。

2002 年 12 月 19 日

李嘉诚透露成功秘诀——"自负指数"

——汕头大学演讲

尊敬的宋海主席、尊敬的航天英雄杨利伟先生、各位校董、校领导、老师、各位嘉宾、家长们、同学们：

首先让我代表校董会，祝贺各位毕业同学，在今天这个令人兴奋的早上，正好是思考未来的美好时刻。

在过去几年的校园生活中，你们投入了大量的时间和精力，取得学位。顾佩华执行校长向我表示，汕头大学的核心理念是培育你们成为慎思明辨、有原则、能独立思考的人。大学致力扩阔你们的智慧领域，令你们领会人世间多元契机和其永恒的挑战，也重视建立你们的"自觉力"，因为认识自己的兴趣和能力是一件非常重要的事。

你们每一个都是果敢、与众不同、具有思考和独立性的人，有能力做到一些别人只能梦想的事情；你们永远抱着好奇和追求真理的心，有坚定的信念敢于挑战你们不认同的所谓"真理"，阐述你们的观点，和在适当时刻挺身而出，揭破"皇帝的新衣"。你们有成功的决心，但成功内涵还有更多关键。

在今天，我想和大家分享我的一项秘诀，那是终生指引我能凭仗情感和智慧，超越感受和本能的导航器。

要活出有意义的非凡生命，需要有能超乎匹夫的英雄特质，一个英雄所具备的品德不单要有勇气、有胜不骄的度量和败不馁的懿行，更要知道生命并不仅仅是连连胜利的短暂欢欣或失败的挫折。希腊哲学家对"卓越"与"自负"有一个非常发人深省的观念，他们相信每一个人都有责任把自己潜能发挥得淋漓尽致，但同时，人的内心应有一戒条，不能自欺地认为

243

自己具有超越实际的能力，系统性夸大变成自我膨胀幻象，如陷两难深渊，你会被动地、不自觉地步往失败之宿命。

在"卓越"与"自负"之间取得最佳平衡并不容易，因为有信心、"勇敢无畏"也是品德，但沉醉于过往和眼前成就、与生俱来的地位或财富的傲慢自信，其实是一种能力的"溃疡"。我们要谨记传统智慧，老子的八字箴言："知人者智，自知者明。"

我想和大家分享的诀窍是什么？我称它为"自负指数"，那是一套衡量检讨自我意识、态度和行为的简单心法。我常常问问自己，我有否过分骄傲和自大？我有否拒绝接纳逆耳的忠言？我有否不愿意承担自己言行所带来的后果？我有否缺乏预视问题、结果和解决办法的周详计划？

我深信"谦虚的心是知识之源"，是通往成长、启悟、责任和快乐之路，在卓越与自负之间，智者会亲前者而远后者。背道而驰的结果，可能是一生净成就得之极少，而懊悔却巨大，成为你发挥最佳潜能的障碍，减弱你主控人生处境的能力。在现今无限可能的计算机时代，大家对"重新启动"按钮相当熟悉。然而，在生命这场永无休止的竞争过程中，我们未必有很多"重新启动"的机会，我相信，给你这个机会，也没有人期望过着一个不断要"重新启动"的人生。

同学们，你们绝对是最幸福的幸运儿，你们生于一个充满机会和希望的黄金时代，你们都很棒，而且雄心壮志、准备就绪、有巩固的根基应付未来的挑战和机遇。不过，请大家谨记，迈向成功要通过层层考验和淬砺。当你们走出校园，踏进人生这真正的大学堂，请坚守常思考、常反思的守则，并怀着奉献和关怀的心态处事。只知撷取而不懂付出的人，他的人生仅是个虚影，只有能活出原则，真正懂得如何奉献国家民族及世界的人，才是真英雄。应如庄子所说："势为天子，未必贵也；穷为匹夫，未必贱也；贵贱之分，在行之美恶。"如果你们愿意这样做，并谨记常常检讨自己的诀窍，那么你们定能攀登高峰后再达巅峰。各位同学，我衷心祝福你们一生快乐成功，请放胆迈步活出精彩，今天你以汕头大学为荣，我深深相信，明天汕头大学将以你为荣！

　　谢谢各位。

2008 年 6 月 26 日

成功 3Q——李嘉诚谈成功的三个因素

——香港理工大学李嘉诚楼命名典礼

　　今天很高兴在这里与各位聚首一堂。理工大学在胡应湘主席、校董会同仁和潘宗光校长悉心领导下，成功地为香港的高等教育肩负重要的使命。理大历史悠久，她前身是培养专业技术及管理人才的理工学院，是中小型企业的摇篮，很多毕业生亦已成为各行各业的骨干，她对香港的成长，实有不可磨灭的贡献。本人能为理工大学的发展尽一份力，是一件非常有意义的事，承大学方面以本人名字为这座宏伟的大楼命名，谨表衷心谢意。

　　你们可能不知道，当我为今天讲话定题的时候，同事们马上议论纷纷，不同的分析论点接踵而来。有些说光是 3Q 是不准确的，5Q 比较切实，有些说无限 Q（nQ）才是绝对概括，老实说我并非学者，今天也不是做学术报告，我所知的都是从书本及杂志吸收而来，但我的知识及见解却是自己的经验和观察所累积。究竟成功人生有没有放之四海而皆准的方程式？

　　每个人都可以有巨大的雄心及高远的梦想，分别在于有没有能力实现这些梦想，当梦想成真的时候，会否在成功的台阶上更知进取？当梦境破灭、无力取胜、无能力转败为胜时，会否被套在自命不凡的枷锁？抑或会跌进万念俱灰无所期待的沮丧之中？再有学识再成功的人，也要抵御命运的寒风，虽然我在事业发展方面一直比较顺利，但和大家一样，无论我喜欢或不喜欢，我也有达不到的梦想、做不到的事、说不出的话，有愤怒、有不满，伤心的时候，我亦会流下眼泪。

　　人生是一个很大、很复杂和常变的课题，我们用分析、运算、逻辑等理性智商（IQ）解决诸多问题；用理解力和自我控制的情绪智商（EQ）去面对问题；用追求卓越、价值及激发自强的心灵智商（SQ）去超越问题。在我个人经历中，对此3Q的不断提升是必要的。IQ、EQ、SQ皆重要：学术专业的知识，使我们有能力去驰骋于社会各行各业中；对自己及他人环境的了解，能发挥人与人之间的同理心，加强家庭、学校、机构的团队精神；慎思明辨的心灵能力驱使我们对意义和价值的追求，促动创造精神，把经验转化成智慧，在顺境和逆境之中从容前进。

今日全球经济明显欠佳，平常生活中经历的所有挫折，均显得更加沉重，遗憾的是在经济转型中，并没有实时显效的灵丹妙药，亦没有人可以向你保证说所面对的问题会持续多久，只有聪明睿智的人洞悉到今天不是昨天，知道要承担无可逆转的改变，尽管今天没有破译的方法，他们也不会凝固于痛苦与自我折磨之中，不会天天斤斤计较眼前的得失，不会天天计算眼前的利弊，因他们知道每日积极正面地面对、思考及冲破问题，是构成丰盛人生的重要环节，以及为人生累积最有价值的财富。即使处境可能不会因自己的主观努力或意志转移，但他们早已战胜生活的苦涩，为转危为安做好一切准备。

各位朋友，世人都想有一本成功的秘籍，有些人穷一生精力去找寻这本无字天书，但成功的人，一生都在不断编制自己的无字天书。今天在这里希望能与大家共勉。谢谢大家。

2001 年 1 月 24 日